Breve historia de la Informática y las Computadoras

Javier Arévalo Royo

Breve historia de la Informática y las Computadoras

© Javier Arévalo Royo
ORCID 0009-0002-6377-1200
SRCTI 00263-01-IN
CPITIR 261-0054P

2º Edición, mayo 2024
ISBN- 9798874114725
Publica APROCYT (NIF- G56793482)
Asociación para la promoción de la Ciencia y la Tecnología de la Rioja

A mi hija Sara

Índice

2

3

4

Prólogo

«Breve historia de la Informática y las Computadoras» tiene como objetivo divulgar el origen y la evolución tanto de la informática como ciencia que estudia la información y su procesamiento automático, como de las máquinas computadoras que son artefactos capaces de poner en práctica lo que las matemáticas e informática teorizan. El futuro ya hace tiempo es presente, y lo que llamamos computadora u ordenador está integrado en nuestras vidas de manera directa, o embebido dentro de cualquier porción de tecnología cotidiana.

La cronología aquí utilizada parte de los albores de la cultura occidental, hasta el comienzo del tercer milenio de nuestra era. En la ordenación de los capítulos, se opta por seguir el enfoque al uso en los años ochenta del pasado siglo XX. Se divide por tanto la evolución de las computadoras en cuatro generaciones, mencionando una computación cuántica en ciernes, que comenzó a desarrollarse a finales del pasado milenio. Cierto es, que hoy en día parece más razonable hacer esta división en base a una era mecánica y una era electrónica, y dentro de esa era electrónica, en antes y después de la invención del microprocesador. Esta división también se ha tenido en cuenta, dejando abierta para futuras edición la inclusión de una era de la computación cuántica.

Esta segunda edición respeta los contenidos de la primera edición publicada hace ya quince años, ampliando y desarrollando contenidos mediante fuentes contrastadas, que se citan al final del libro para el lector que desee pueda corroborar los datos que aquí se aportan, o ampliar sus conocimientos.

1 Introducción

1.1 La Informática y sus definiciones

El término "informática" fue acuñado por el físico Philippe Dreyfus en 1962. Esta palabra de origen francés nace de la unión de *«information»* y *«automatique»*, dando como resultado *«informatique»*, la cual fue utilizada por Dreyfus para su empresa *Société d'informatique appliquée*. Dreyfus había sido profesor en la Universidad de Harvard a comienzos de los años cincuenta, en la época en la que las computadoras más avanzadas del mundo como la *Mark I* de la que hacía uso tenían menos potencia de cálculo que un reloj digital actual. En España, el término original se tradujo directamente del francés, dando lugar a la palabra *«informática»*.

En el Diccionario de la Real Academia Española (DRAE) en su actualización 2023, define informática como *«Conjunto de conocimientos científicos y técnicas que hacen posible el tratamiento automático de la información por medio de ordenadores»*, y esta definición, conviene ser matizada. Si seguimos buscando el significado de las palabras que forman esta definición nos encontraremos con lo que sigue:

Ordenador, ra. (Del latín ordinator, -ris).

1. *Que ordena.*
2. *Jefe de una ordenación de pagos u oficina de cuenta y razón.*
3. *Computadora electrónica*

Por lo que se asume por definición que una computadora es electrónica. También de este mismo diccionario, puede leerse que una computadora electrónica es una *«máquina electrónica que, mediante determinados programas, permite almacenar y tratar información, y resolver problemas de diversa índole»*.

Como veremos cuando tratemos sobre Hollerith y sus artefactos, durante muchas décadas la información se trató de manera automática con máquinas mecánicas sin partes electrónicas, pero capaces de tabular tarjetas perforadas, procesar la información, y generar un resultado. También veremos los ejemplos de la Z1 de Zuse o del Integrador Hidráulico de Lukiánov, el cual computaba por medios no electrónicos, y ni siquiera binarios en el caso del ingenio analógico. Llegado este punto ¿qué es computar?

Computar (Del lat. computare).

1. *Contar o calcular algo numéricamente, por ejemplo, los años, el tiempo o la edad.*
2. *Tomar en cuenta, ya sea en general, ya de manera determinada.*

Computador, ra.

1. *Que computa (calcula).*
2. *m. calculadora (aparato para cálculos matemáticos).*
3. *m. computadora electrónica.*
4. *f. Calculadora (aparato para cálculos matemáticos).*
5. *f. computadora electrónica.*

Actualmente en España comenzamos a recuperar el más apropiado término «computadora» en contraposición al de «ordenador», al igual que se ha venido haciendo en América desde los orígenes. La palabra computadora expresa con mayor exactitud el cometido y funcionamiento de estas máquinas, que básicamente, computan. El vocablo «ordenador» que todavía se sigue usando con frecuencia, fue usado primero por los franceses con su palabra «*ordinateur*» y después trasladado fonéticamente a nuestro idioma. La contienda entre utilizar la palabra «*computador*» o la palabra «*ordenador*» duró unos años en España entre el cambio de décadas del 1970 y 1980, pero la influencia decisiva en favor del último término se debió a la multinacional IBM.

En los libros de instrucciones y manuales técnicos para España, así como en sus programas y clases de capacitación para usuarios y técnicos, IBM se refería a sus máquinas computacionales con el nombre de ordenadores. Al desapego histórico de IBM por usar la misma palabra que su competencia, es decir, «*computer*», se unía en ese momento entonces el enfoque mercadotécnico de presentar sus máquinas como ingenios distintos, mejores que las computadoras ofrecidas por sus competidores.

¿Qué término es el más correcto? Lo más exacto sería tal vez hablar de computadoras en vez de ordenadores, y de Ciencias de la Computación en el sentido ampliado que se le da a la Informática. Pero no hemos de olvidar que la semántica del lenguaje no siempre captura todos los posibles significados en todos los contextos, y que La Real Academia Española tiene su propio ritmo a la hora de actualizar definiciones, e incorporar nuevas palabras. Las veintitrés Academias que con ella integran la Asociación de Academias de la Lengua Española (ASALE), recogen tanto el uso la palabra ordenador como de computador o computadora.

Ahora bien, también hay que recordar que la palabra correcta para designar un CDROM (*Compact Disc Read Only Memory*), según la actualización de la DRAE de 2023 continúa siendo «cederrón», en un momento en el que este dispositivo de almacenamiento masivo o al menos masivo en su momento está ya en desuso.

En futuras ediciones del Diccionario de la Real Academia Española, encontraremos sin duda nuevos vocablos relacionados con la informática y las computadoras. Hace quince años, en la primera edición de este libro hicimos este mismo pronóstico. Entonces no existían las palabras «bitcóin», «bot», «ciberacoso», «ciberdelincuencia», «criptomoneda», «geolocalizar» o «webinario», las cuales se incluyeron en su actualización numerada como 23.5

Mención aparte merecen las palabras «*hardware*» y «*software*», ambas voces inglesas incorporadas al DRAE. La primera DRAE indica que se utilice como «equipo», etimológicamente en inglés significa entre otras acepciones ferretería, y todo lo que tenga que ver con lo productos físicos que en ella se venden. «*Hardware*» también significa según el diccionario Oxford equipo militar pesado, y durante el último siglo además los cables y otros componentes físicos de una computadora. Respecto a «*software*», la palabra apareció de manera espontánea entre los programadores de las computadoras de principios de los años cincuenta, para designar el fruto de su trabajo que era suave en el sentido de etéreo, en contraposición a lo pesado y sólido de la estructura física de la computadora. En el DRAE se recoge que esta voz inglesa designa el «conjunto de programas, instrucciones y reglas informáticas para ejecutar ciertas tareas en una computadora», ilustrado con ellos la apreciación de que, en los últimos quince años, la palabra «computadora» se ha vuelto a recuperar.

La mayoría de los usuarios y profesionales de la Informática, han aceptado durante décadas que un Sistema Informático está formado por el *hardware* y *software*. Este planteamiento, lejos de ser inexacto, es cuando menos incompleto, porque un Sistema Informático completo lo conforman las máquinas, los programas, y los usuarios. «*Liveware*» fue la palabra utilizada en 1966 en la prestigiosa revista británica *Computer Weekly*, en una tira cómica para designar al equipo de personas que trabajaban con las computadoras. Ese *liveware* suele ser por otra parte el componente más conflictivo y propenso a errores de todo Sistema Informática, y en más de una ocasión porque el profesional a cargo todavía no ha interiorizado que los informáticos trabajamos con personas, no con máquinas.

1.2   La medida de la información

La confusión entre Bits y Bytes hace que muchos usuarios no sean capaces de ser conscientes de la capacidad de almacenamiento de un disco, o la velocidad de su conexión a la red.

El bit es la unidad mínima de información tal cual la definió Claude Shannon en los años 1940. Es un «sí» o un «no». Bit significa "Binary digIT" (digito binario) utilizándose 1 y 0, para cada bit. La mayoría de los ordenadores actuales trabajan con estos ceros y unos representados mediante niveles de tensión eléctrica. Los diseñadores de computadoras se percataron de que el manejo de bits de 8 en 8 es una buena medida para por ejemplo con las 256 combinaciones posibles en un byte, codificar 256 caracteres con los que se crean textos. Así que para hacer más fácil su manejo, los bits se agrupan en unas unidades mayores, llamadas bytes que se componen cada una de 8 bits. «*bib*» en ingles viene a significar pequeño mordisco y «*byte*» mordisco. Aunque también hay que recordar algo hoy en día en desuso, y es que un «*nibble*» (muerdo) son 4 bits. Ciertamente durante un tiempo con los 16 estados de un nibble se podían hacer muchas cosas.

El uso de la letra «k» y otros prefijos mayores son habituales en el terreno de la informática. Partiendo del bit (2 posibles estados), se utiliza el resultado exponencial matemático de manera rigurosa en intervalos de 10 en 10.

Kilobit = 2^{10} = 1.024 bits Megabit =2^{20} = 1.048.576 bits
Gigabit = 2^{30} = 1.073.741.824 bits Terabit = 2^{40} = 1.099.511.627.776 bits
Petabit = 2^{50} = 1.125.899.906.842.624 bits
Exabit = 2^{60} = 1.152.921.504.606.846.976 bits

Cuando se trata de comunicaciones, los prefijos mantienen el significado de las potencias de mil redondeando. Así la red Ethernet de 1000 Mbps es capaz de transmitir 100.0000.000 de bits por segundo, y no 100.485.760 de bits por segundo. El problema se acrecienta por no ser las unidades de información bit y byte unidades del Sistema Internacional, y por eso la *Comisión Electrotécnica Internacional* (IEC) publicó la enmienda 2 de la norma CEI 60027-2, con lo que se eligieron nuevos prefijos binarios para representar la medida de la información. Estos prefijos están oficialmente vigentes desde 1998 y básicamente el sistema consiste en colocar un «bi» tras la primera sílaba del prefijo decimal (siendo el símbolo binario como el decimal más una «i»).

2 Las máquinas computadoras hasta la era electrónica

2.1 El mecanismo de Anticitera

Arístipo, filósofo socrático fundador de la escuela cirenaica, habiendo naufragado en el mar de Rodas y observado en la playa dibujos con diseños geométricos llego a la conclusión de que la diosa fortuna estaba de su lado, dado que habían encontrado huellas de hombre civilizado. Aunque la tecnología de la Grecia Clásica era mucho más avanzada que una simple varilla de madera o cualquier otro material que permitiera hacer surcos en la arena. A esta época histórica se remonta, por ejemplo, la invención de lo que podemos considerar un antecedente de las máquinas de cálculo automático y por añadidura de las computadoras: el Odómetro de Arquímedes. Esta máquina basada en ruedas y engranajes, montada en un carro, era capaz de medir distancias tirando una bola en un contenedor cada cierto espacio recorrido. Fue descrito siglos después por el ingeniero romano Vitruvio, que a su vez influyó a Leonardo Da Vinci en sus diseños de maquina sumadora, que a su vez influiría en Blaise Pascal, comenzando así una larga tradición de artilugios mecánicos de cálculo.

Aunque más sorprendentes todavía son los restos de mecanismo hallados en el año 1900 en el mar Egeo, justo frente a la isla de Anticitera. Estos se encontraban entre lo que quedaba de una antigua galera griega, la cual se determinó naufragó aproximadamente en el año 80 antes de nuestra era. Hoy en día, lo rescatado puede verse expuesto en el Museo Arqueológico Nacional de Atenas, conteniendo un total treinta y dos ruedas dentadas de bronce, y diales señalados con inscripciones relacionas con el Sol, la Luna, Marte y otros planetas y estrellas además de signos del zodíaco. Analizándolo se llegó a la conclusión de que se trataba de una máquina de cálculo analógica y de operación manual, utilizada para el cálculo astronómico. Nada igual se ha vuelto a encontrar en ninguna de las excavaciones arqueológicas del Mundo Heleno, ni hay menciones de este tipo de artefactos en los textos de la Antigua Grecia.

El físico e historiados de la ciencia Derek John de Solla Price, publicó en junio de 1959 un artículo titulado «*An Ancient Greek Computer*» en la revista *Scientific American*, en el que se analizaba el funcionamiento de

los engranajes y diales, con dibujos, medidas y una determinación de la precisión que habían logrado. Posteriormente además se han realizado réplicas del mecanismo para comprobar su funcionamiento, y todas ellas funcionaron sorprendentemente bien. Aunque el artefacto de Antikythera no era una computadora tal y como hoy en día entendemos, sí que en cierto modo podemos considerar que lo fue. Recordemos que la palabra computadora proviene de cómputo palabra de origen latino cuya etimología implica conteo: *com = junto + putare = contar*. Con este artefacto se contaba y se calculaba. «Cálculo» proviene del latín. «calculus», lo cual significa piedra en alusión a las piedrecillas que se utilizaban en época arcaica para contar.

2.2 Los sistemas numéricos

Parece evidente que las operaciones de conteo llegaron a producirse en la antigüedad con la ayuda de piedras, es decir, se utilizaron unidades físicas para representar algún tipo de magnitud. Estas piedras, juntamente con marcas pueden considerarse las primeras expresiones de los mecanismos de cálculo rudimentarios, y no automáticos.

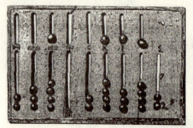

El ábaco se considera la primera herramienta de cálculo elaborada, que ayuda a ejecutar operaciones matemáticas. La palabra ábaco deriva del griego «*abax*» o «*abakon*», que significa superficie plana o tabla.

En el ábaco unas bolas usualmente de madera resbalan de un lado a otro en alambres paralelos. De esta forma para el operador representan según su posición una cantidad u otra. Durante muchos siglos los romanos usaron ábacos con piedrecitas, a las que llamaban como antes decíamos cálculos, y que eran desplazadas sobre una tabla con canales cifrados con sus números (I, V, X, L, C, D, M).

También se ha hecho uso del propio cuerpo para contar, con por ejemplo los dedos y de aquí la palabra «digital», del latín, «digitus», es decir, dedo. La cultura precolombina de los guaraníes, contaban solo hasta cinco usando los dedos de una mano. Cinco se dice igual que mano en su idioma, y más de cinco es mucho, algo indeterminado. Por su parte los Mayas también tenían un sistema de numeración basado en los dedos. Pero en los dedos de ambas manos y de los pies, es decir, vigesimal. Otras culturas, dado que tenemos catorce falanges en cada mano, dos en el pulgar y tres en el resto de los dedos, contaban desde la falange inferior del dedo de abajo hacia arriba en cada dedo, y con las dos manos se llegaban hasta el veintiocho.

Volviendo a occidente, para que pudieran darse aquí mecanismos de cálculo automático más evolucionados, la base era el desarrollo de un sistema de numeración más apropiado que el del sistema romano. Operaciones básicas de cálculo, resultan muy complicadas utilizando como referencia la notación romana o griega basadas en letras. Cuando llegaron a occidente lo que hoy en día conocemos como números arábigos o guarismos, las cosas cambiaron mucho, y para bien. Desde ese momento los caracteres adquirían un valor posicional en el número que formaban.

Al-Khowârizmî (se lee Algorizm) vivió en el siglo noveno de nuestra era, y fue un matemático y astrónomo de origen persa, que conoció alrededor del año 825 los números originarios de la India. Estos números se cree que llegaron a Bagdad como resultado de la traducción de unas tablas astronómicas, realizada alrededor del año 773. Al-Khowârizmî explicó su uso en un pequeño libro, aunque la primera copia manuscrita que se conserva de los guarismos en un texto occidental se encuentra en el *Codex Conciliorum Albeldensis seu Vigilanus* escrito alrededor del año 976 en el monasterio de San Martín en La Rioja.

Aunque un italiano, llamado Leonardo de Pisa, también conocido como Fibonacci (1170-1250) sería el difusor del sistema de numeración actual en occidente, con sus nueve dígitos más el cero. Fibonacci viajó a través de los países del Mediterráneo para estudiar con los matemáticos árabes, y en 1202, publicó lo que había aprendido en su *Liber Abaci*. A partir de este momento la ciencia y las matemáticas en occidente mejoraron de manera exponencial.

2.3 El cálculo logarítmico

Con el sistema de numeración basado en guarismos, se abrieron nuevas posibilidades para mecanismos de cálculo más sofisticados como el logarítmico. El primero que ideó un nuevo mecanismo suficientemente significativo e influyente, basado en el nuevo sistema, fue un escocés llamado John Napier (1550-1617). Napier era el Barón de Merchiston, lo cual le permitió disfrutar de una educación en la universidad de *Saint Andrews*, y viajar por Europa. En el año 1614 publicó su obra «*Mirifici Logarithmorum Canonis Descriptio, ejusque usus in utroque Trigonometría; ut etiam in omni logística mathematica, amplissimi, facillimi, et expeditissimi explicatio*», en que se se presentó a todo el mundo los logaritmos que él llamó números artificiales. Gracias a estos números las multiplicaciones pueden sustituirse por sumas, las divisiones por restas, las potencias por productos y las raíces por divisiones, lo que no sólo simplificó enormemente la realización manual de los cálculos matemáticos, sino que permitió realizar otros que sin su invención no hubieran sido posibles. En el año de su muerte, apareció su obra «*Rabdologiæ seu numerationis per virgulas libri duo: cum appendice expeditissimo multiplicationis promptuario, quibus accesit et arithmeticæ localis liber unus*», en la que describe el ábaco neperiano. Esto si que era un avance sustancial de cara a mecanizar los procesos de cálculo.

El ábaco neperiano, consistía en nueve tablas de nueve posiciones cada una. En la intersección de cada fila con cada columna va la multiplicación del número de la fila por el número de columna. Así fila 9 por columna 9 era igual a 9 x 9 = 81. Además, el cuadro que contiene este número estaba dividido por una diagonal. El 8 de 81 se coloca en el rectángulo superior izquierdo y el 1 en el inferior derecho. De ese modo, si se desea multiplicar 1572 x 9, se forma ese número utilizando la tabla 1, la 5, la 7 y la 2, y se busca el resultado sumando los números entre las diagonales. Los cuadrados son: /9, 4/5, 6/3 y 1/8. Los números que se suman, respetando los pases de decenas son, de unidades a unidades de mil: 8, 3 + 1 = 4, 5 + 6 = 1 y acarrea 1, 9 + 4 + 1 de acarreo = 14. El número buscado es 14148. Todo un avance en la mecanización de los procesos de cálculo.

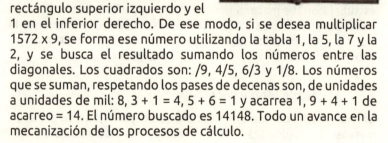

El siguiente paso en los mecanismos de cálculo basado en estos principios, fue la regla de cálculo. Se acredita a William Ougtred (1575 - 1670) su invención. Además de esto, Ougtred fue el primero que introdujo los términos seno, coseno y tangente para las funciones trigonométricas. La regla de cálculo de Ougtred, de forma circular, se basaba en los trabajos sobre logaritmos de su contemporáneo Edmund Gunter.

2.4 Rechenmaschine

Wilhelm Schickard (1592-1635) dejó por escrito en una carta que envió al astrónomo Kepler, que construyó la que se considera primera calculadora mecánica en el año 1623. Shickard había nacido en la ciudad alemana de Herrenberg, estudiando en la Universidad de Tubunga lenguas orientales, teología, matemáticas y astronomía. Fue profesor en esa misma universidad de arameo y hebreo además de matemáticas y astronomía. A lo largo de los años Inventó un buen número de máquinas para diversos fines, entre las que se cuenta una para calcular fechas astronómicas y otra para ayudar a aprender la gramática del hebreo. Pero fue cuando Schickard conoció a Johannes Kepler, y debido a sus intereses comunes y a sus contactos mutuos en la universidad, cuando su interés se centró en los mecanismos de cálculo. Los dos científicos establecieron una correspondencia más o menos constante, y para 1617 ya se encontraban discutiendo el trabajo de John Napier de los logaritmos, así como su dispositivo de cálculo. Al parecer, esto último motivó a Schickard a diseñar su máquina para efectuar cálculos.

En la famosa carta a Kepler fechada el 20 de septiembre de 1623, Schickard afirma que su dispositivo podía efectuar las cuatro operaciones aritméticas fundamentales con acarreos manejando números de hasta seis dígitos cada uno. En la carta pueden verse esbozados con trazos irregulares y toscos, el diseño de la maquina y decía «*te haré en otra ocasión un diseño más cuidadoso de la máquina aritmética; en resumidas cuentas, mira lo siguiente: aaa son los botones de los cilindros verticales que llevan las cifras de la tabla de multiplicación, que aparecen a la voluntad en las ventanas de las correderas bbb. Los discos ddd son solidarios con ruedas dentadas interiores, de diez dientes, engranadas entre sí de manera que, si la rueda de la derecha da diez vueltas su vecina de la izquierda sólo da una; y que si la primera*

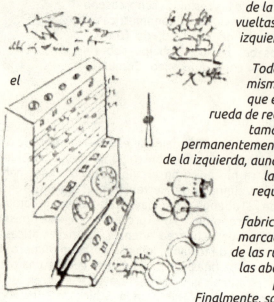

el

de la derecha da cien vueltas la tercera de la izquierda da una, y así sucesivamente. Todas ellas giran en mismo sentido por lo que es necesaria una rueda de reenvío del mismo tamaño engranando permanentemente con su vecina de la izquierda, aunque no con la de la derecha, lo que requiere un cuidado especial en la fabricación. Las cifras marcadas en cada una de las ruedas se leen en las aberturas ccc de la plancha central. Finalmente, sobre el zócalo se encuentran los botones eee que sirven para inscribir en las aberturas fff las cifras que se hayan de anotar en el curso de las operaciones. Sería muy prolijo completar esta rápida descripción que se comprendería mejor con la práctica. Te había hecho fabricar un ejemplar de esta máquina por J. Pfister, que vive aquí; pero ha sido destruido hace tres días junto con algunas de mis pertenencias en un incendio nocturno» No se han encontrado ninguna máquina de este tipo de la época de la carta, y solo siglos después, se han creado réplicas como la de la ilustración que acompaña a estas líneas, basándose en las anotaciones y dibujos originales. Hay una expuesta, por ejemplo, en el Museo de la Ciencia de Múnich desde 1960, y desde entonces hay quien da a Schickard el título de creador de la antecesora de todas las computadoras.

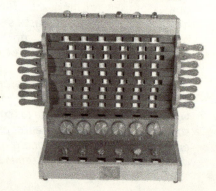

2.5 Pascaline

Un joven Blaise Pascal (1623-1662) construyó una máquina sumadora, con la intención de ayudar con los cálculos a su padre, encargado del cobro de impuestos en Ruán, Francia. Las máquinas consistían en ocho diales. Por cada revolución completa de un dial, la máquina agrega un décimo de revolución a la rueda de la izquierda. Para sumar se fijaban los diales hasta que aparecieran ceros en todas las ventanas. Luego, con un estilete se fijaban los diales, comenzando por la derecha, rotando el dial como un dial telefónico, desde el número a sumar hasta que una barra detuviera al estilete. Para restar, se movía una regla que ponía al descubierto un nuevo juego de ventanas que mostraba el resultado. El invento resultaría de utilidad para llevar la contabilidad propia de la labor de recaudador de impuestos, por lo que decidieron explorar la idea, y fabricar más unidades para ponerlas a la venta.

Pascal recibiría un Privilegio Real en 1649 que le otorgaba el derecho en exclusiva de hacer y vender calculadoras en Francia. Sin embargo, aunque construyó aproximadamente cincuenta prototipos solo consiguió vender un poco más de una cuarta parte. La Pascalina tenía un alto coste y no era sencilla manejar. Además, tan solo permitía sumar y restar por los que su comercialización carecía de argumentos para alcanzar el éxito esperado. Finalmente, Pascal dejaría a un lado este negocio de la fabricación y ventas de sus calculadoras mecánicas, y no continuara con más investigaciones para intentar mejorar el diseño, en términos de costes, funcionalidades o facilidad de uso.

A pesar de su fracaso comercial, la Pascalina abrió el camino y el interés por diseñar y construir máquinas mecánicas capaces de cálculos de mamera automática. Aunque era mecánica, requería de mucha interacción por parte del usuario, y era infinitamente limitada en comparación con las computadoras modernas, introdujo la idea de que tareas de cálculo repetitivas podían ser llevadas a cabo de manera más eficiente mediante una máquina que de manera manual.

En su libro «*Pensées*», Pascal decía que su máquina de calcular producía acciones que se acercaban al pensamiento más que las acciones de los animales, con lo que podemos encontrar en este planteamiento un antecedente en el siglo XVII de lo que hoy en día entendemos por Inteligencia Artificial.

2.6 Multiplying Instrument

En 1666 la primera máquina de multiplicar fue construida por Samuel Morland (1625-1695) el cual había estudiado matemáticas en la Universidad de Cambridge, y hacía 1653 fue enviado a Suecia con el objeto de servir al Embajador de Inglaterra, en la corte de Cristina de Suecia. La reina era una mujer instruida y de gran curiosidad hacia los avances científicos de su época. También el padre del Método Científico, Rene Descartes, había andado por aquel entonces en la Corte Sueca como invitado de la Reina. Decimos había andado, porque René Descartes murió de pulmonía en Estocolmo un par de años antes de la llegada de Morland a la ciudad, con la Atribución básica de espiar.

Así fue como Morland se encontraría con una de las máquinas sumadoras de Blaise Pascal. Morlans copiaría entonces su diseño, construyendo una nueva máquina basada en el mismo. El aparato constaba de una serie de ruedas, una representaba unidades, otras decenas, otras centenas, y así sucesivamente. Un alfiler de acero movía los diales para ejecutar los cálculos, aunque a diferencia de la Pascalina, el aparato no tenía avance automático de columnas.

Además de la sumadora mecánica inicial, a lo largo de su vida, Morland desarrolló otros dos tipos diferentes de máquinas de cálculo. Una hacía cálculos trigonométricos, y otra era una versión mecánica del ábaco de Napier. Esta última es considerada como la primera máquina de multiplicar de la historia. En 1673 Morland publicó un libro titulado "Description and Use of Two Arithmetic Instruments", el cual describía las dos máquinas y su funcionamiento. La máquina de multiplicar servía como ayuda para la multiplicación y división. Parte integrante de ella era una placa de bronce plana con una compuerta articulada perforada y varios puntos semicirculares sobre los cuales podían colocarse discos planos. Los discos eran simplemente una versión circular del Ábaco de Napier con los productos colocados alrededor de su perímetro de tal forma que los dos dígitos de un número quedaban en los extremos opuestos de una diagonal. La máquina venía con treinta discos para efectuar multiplicaciones y cinco discos especiales adicionales (marcados con las letras Q/QQ) que se usaban para calcular raíces cuadradas y cúbicas.

2.7 Staffelwalze

Gottfried Wilhelm Leibniz (1646-1716), fue el siguiente en la lista en aportar sustanciales mejoras a los mecanismos de cálculo. El prolífico Leibniz, realizó a lo largo de su vida importantes contribuciones en materias como la metafísica, epistemología, filosofía de la religión, jurisprudencia, geología, historia, así como en la matemática, y la lógica., mejorando la máquina de Pascal.

La *Staffelwalze* de Leibniz de 1673 superaba a la Pascalina gracias al empleo de cilindros de paso escalonados para reemplazar los dígitos de 1 a 9. Con ello, además de sumar y restar, podía multiplicar y dividir. Ahora bien, si el éxito comercial de la Pascalina fue escaso, la máquina de calcular de Leibniz no lo tuvo en absoluto. Aun así, las primeras máquinas calculadoras que se diseñaron con fines comerciales incorporaron las ruedas escalonadas base de la máquina de Leibnitz.

Además de esto, Leibniz que ya había desarrollado el cálculo infinitesimal a la par que Newton, también fue el padre del sistema aritmético binario. Perfeccionó su sistema hacía 1679 pero no publicó nada hasta 1701 cuando envió el artículo «*Essay d'une nouvelle science des nombres*» a la Academia de París, sentado las bases formales que finalmente harían que la aritmética binaria, fuera la que se impusiera como base fundamental de nuestras actuales computadoras.

2.8   Demonstrator

En la misma época de Leibniz, Charles Stanhope (1753-1816), construyó en 1777 dos máquinas aritméticas de calcular. La primera tenía platos y pequeños índices movibles con un alfiler de acero. Ésta ejecutaba con precisión, complicados cálculos de adición y sustracción. La segunda permitía realizar la multiplicación y la división sin la posibilidad de error por la revolución de un torno pequeño.

Pero además de esto, y he aquí lo destacable, Mahon desarrolló la que es considerada la primera máquina lógica del mundo, el Demostrador de Stanhope. El primer modelo fue construido en 1775 y constaba de dos diapositivas coloreadas en rojo y gris montadas en un marco cuadrado de latón. Esto se utilizaba para demostrar la solución a un problema de tipo silogístico en el que los objetos podían tener dos propiedades diferentes, y la pregunta era cuántos tendrían ambas propiedades. Se usaron escalas marcadas de cero a diez para establecer los números o proporciones de objetos con las dos propiedades.

Este tipo de inferencia anticipó el silogismo numéricamente definido que Augustus De Morgan presentó en su libro «*Formal Logic*» de 1847.

2.9 Tarjetas perforadas

Alrededor de 1725, los franceses Basile Bouchon y Jean Baptiste Falcon, inspirados por instrumentos musicales que se activaban usando trozos de cartulina perforados, crearon un sistema de rollos de papel perforados para controlar telares textiles. Así fue como Joseph Marie Jacquard (1752- 1834) en plena revolución industrial, adopto y perfeccionó este invento dándole su nombre. Con esta nueva tecnología creó una máquina en 1801 que podía controlar automáticamente los dibujos y diseños de la tela, usando tarjetas agujereadas. La idea de Jacquard, que revolucionó el hilar de seda, con el tiempo sería la base de muchos artefactos relacionados con la informática. Jacquard en realidad no aportó nada a ciencia de la computación, aunque si a la informática en cuanto a tal, es decir, al tratamiento automático de la información.

Otro aspecto por destacar respecto al nuevo sistema de telares es el relativo a los llamados Luditas, movimiento social que surgió en Inglaterra durante la Revolución Industrial, especialmente en la primera década del siglo XIX. Los Luditas eran trabajadores textiles y artesanos que se oponían a la introducción de maquinaria industrial en la producción textil, ya que veían estas máquinas como una amenaza para sus empleos y condiciones laborales. Por eso llevaban a cabo acciones directas, como la destrucción de maquinaria, en un intento de frenar el avance de la tecnología industrial que percibían como perjudicial para su medio de vida. Este ejemplo histórico ejemplifica la resistencia al cambio tecnológico y el temor a la automatización y la informática que persisten hasta hoy. A lo largo de la historia, la introducción de nuevas tecnologías a menudo ha generado preocupaciones entre los trabajadores sobre la pérdida de empleo, cambios en las condiciones laborales y la posibilidad de quedar obsoletos en el mercado laboral. Esto ha ocurrido, a la par que también ha ocurrido la creación continua de nuevos oficios y especialidades.

2.10 Máquinas Diferencial y Analítica

A Charles Babbage (1791-1871) le debemos el primer intento serio y documentado, de crear un mecanismo de cálculo automático. Babbage estudió matemáticas y se licenció en la Universidad de Cambridge en 1814. Un año después fundaría junto al astrónomo J.Herschel la Analytic Society, con el propósito de la renovación de la enseñanza de las matemáticas en Inglaterra. Babbage percibió que se daban graves errores en

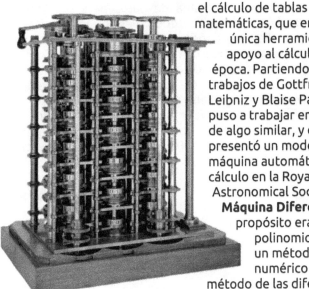

el cálculo de tablas matemáticas, que eran la única herramienta de apoyo al cálculo de su época. Partiendo de los trabajos de Gottfried Leibniz y Blaise Pascal, se puso a trabajar en el diseño de algo similar, y en 1822 presentó un modelo de máquina automática de cálculo en la Royal Astronomical Society: la **Máquina Diferencial**. Su propósito era tabular polinomios usando un método numérico llamado el método de las diferencias. Su idea fue aprobada, y se apoyó su petición de una concesión de 1500£ otorgadas para el desarrollo del prototipo por el gobierno británico. Sin embargo, después de diez años de trabajo, y el gasto acumulado de 17000£, la máquina no funcionaba. Babbage cambiaba los diseños constantemente, y además la tecnología de la época no era capaz de crear los engranajes tan exactos que requería su artefacto. Hubo que esperar hasta 1991 para que el museo de la ciencia de Kensington construyera una Máquina Diferencial operativa, basándose en los dibujos de Babbage, gracias a la exactitud de la ingeniería de finales del siglo XX. La máquina funcionó sin problemas finalmente, aunque fuera con más de dos siglos de retraso.

Cuando Babbage dejó el proyecto de la Máquina Diferencial, poco después lo intentó de nuevo con un otro diseño, al que llamó Máquina Analítica. Esta vez, intentaba construir una máquina que fuese programable para hacer cualquier tipo de cálculo, no sólo los referentes al cálculo de tablas logarítmicas o funciones polinómicas. El diseño se basaba en tarjetas perforadas, las cuales como ya citamos, habían sido perfeccionadas por el francés Joseph Marie Jacquard para su uso en telares. Babbage adaptó el mecanismo de Jacquard para crear un dispositivo de entrada de datos para su Máquina Analítica, lo cual sentaría un precedente en futuros diseños de máquinas de similares propósitos. Además de esto, la nueva máquina de Babbage contaba con un procesador aritmético, que calculaba números, una unidad de control que determinaba qué tarea debía ser realizada, un mecanismo de salida y una memoria donde los números podían ser almacenados hasta ser procesados. Es decir: era toda una máquina computadora que trabajaba con una aritmética de coma fija en base 10, y tenía una memoria capaz de almacenar 1000 números de 50 dígitos cada uno.

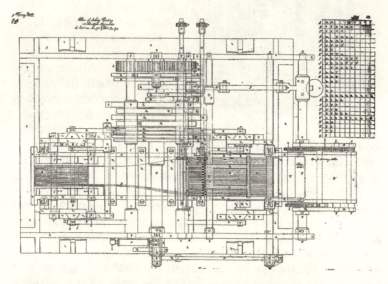

Sobre esta línea pueden verse los planos originales creados por el propio Babbage. Para mover todos los mecanismos necesarios, se tenía previsto conectarlos a la fuerza de una máquina de vapor, que a la sazón era el mejor motor que la tecnología de la época podía ofrecer. Con todo esto la **Máquina Analítica** mediría del orden de 30 metros de largo por 10 de ancho, y al final del proceso automático de cálculo, una campana avisaría de la disponibilidad del resultado. Tampoco esta llegaría nunca a ser plenamente funcional, continuando Babbage refinando su diseño hasta su muerte en 1871.

Babbage diseñó su Máquina Analítica, para ser programada mediante un lenguaje similar al código máquina de las computadoras que con el tiempo llegarían. Este lenguaje de programación quedaba plasmado en un conjunto de tarjetas perforadas. Se utilizaban tres tipos diferentes de tarjetas: una para operaciones aritméticas, una para constantes numéricas y otra para operaciones de almacenamiento y recuperación de datos de la memoria, y la transferencia de datos entre la unidad aritmética y la memoria. Había también tres lectores diferentes para los tres tipos de tarjetas.

Ada Lovelace

Ada Augusta Byron King (1815 – 1852) condesa de Lovelace y por lo tanto más conocida con el nombre de Ada Lovelace, nació en Londres siendo la única hija del ilustre poeta británico Lord Byron. Su posición social y su educación la llevaron a conocer a literatos de renombre como Charles Dickens, y a científicos importantes como Michael Faraday y Charles Babbage, gracias al cual entró en contacto con sus máquinas computacionales.

En 1842, Lovelace tradujo del francés al inglés un artículo escrito por el matemático italiano Luigi Federico Menabrea sobre la Máquina Analítica. En el proceso de traducción, Lovelace agregó sus propias notas extendiendo el contenido original, dando como resultado algo que sería mucho más que una simple traducción. En esas notas, Lovelace describió detalladamente cómo la máquina analítica podría manipular símbolos, no solo números, y propuso un método para calcular una secuencia de números de Bernoulli utilizando la máquina. Este proceso es considerado por muchos como el primer algoritmo destinado a ser procesado por una máquina, lo que hace que Ada Lovelace sea reconocida como la primera programadora de la historia. Suyos son conceptos tan familiares en un lenguaje de programación como un conjunto de instrucciones que permiten que otras se repitan en un bucle o subrutina. Ada también destacó la importancia de la creatividad en la programación señalando que la máquina podía generar no solo resultados lógicos, sino también producir música, arte y otras formas creativas. Esta perspectiva influyó en la idea de que las computadoras no solo podrían realizar cálculos, sino también ser herramientas para la creatividad, que permitieran incluso generar toda clase de contenidos, tal cual las técnicas de inteligencia artificial computacionales de hoy en día nos permiten. Por lo citado y en su honor, el lenguaje de programación diseñado en los años 1970 por Jean Ichbiah de la Honeywell Bull, se llamó ADA.

De la Máquina Analítica de Babbage para la que Ada creo estos primeros programas, el Museo de la Ciencia de Londres basándose en los planos originales, construyó algunos componentes, entre ellos la impresora que pesa 2.5 toneladas y está formada por ocho mil piezas. También Howard Aiken basándose en el diseño de la Máquina Analítica construiría a mediados del siglo XX una de las primeras computadoras modernas, la Mark I.

2.11   Lógica Booleana

A mediados del siglo XIX, el británico George Boole (1815-1864) en su libro: "*The Mathematical Analysis of Logic*" (1847) y "*An Investigation of te Laws of Thought*" (1854), desarrolló la idea de que las proposiciones lógicas podían ser tratadas mediante herramientas matemáticas. Esto fue de inmensa influencia en el desarrollo de la teoría implícita en las futuras máquinas de cálculo automático. Boole consideró que las proposiciones lógicas (asertos, frases o predicados de la lógica clásica) son aquellas que únicamente

pueden tomar valores de verdadero o Falso, o preguntas cuyas únicas respuestas posibles sean o sí o no. Según Boole, estas proposiciones pueden ser representadas mediante símbolos y la teoría que permite trabajar con estos símbolos, sus variables y sus respuestas es la Lógica Simbólica desarrollada por él. Dicha lógica simbólica cuenta con operaciones lógicas que siguen el comportamiento de reglas algebraicas. Por ello, al conjunto de reglas de la Lógica

Durante el desarrollo de las computadoras tal y como hoy las conocemos, a mediados del siglo XX, el álgebra Booleana resultó de una gran importancia práctica en el procesamiento de información de manera digital. Basándose en ella Claude Elwood Shannon pudo formular su teoría de la codificación y John von Neumann pudo enunciar el modelo de arquitectura que define la estructura interna de las computadoras desde la primera generación. Al igual de las computadoras binarias, todas las variables y constantes del Álgebra Booleana admiten sólo uno de dos valores en sus entradas y salidas. El Álgebra booleana se puede entender por tanto cómo el Álgebra del Sistema Binario. Todas las operaciones algebraicas pueden ser materializadas mediante elementos físicos mecánicos, eléctricos, neumáticos o electrónicos, que admiten entradas binarias o lógicas y que devuelven una respuesta también binaria o lógica. Ejemplos de dichos estados son un interruptor abierto o cerrado, una bombilla apagada o encendida, un condensador con carga o sin ella, y con ello se representa un nivel lógico 0 ó 1. Los dispositivos con los cuales se implementan las funciones lógicas son llamados puertas lógicas.

2.12 La calculadora

Ramón Verea (1833 -1899) nació en Galicia en y emigró a Cuba a mediados del siglo XIX en busca de fortuna. Lo intentó inicialmente como escritor, con dos novelas «*La cruz de piedra*» y «*Una mujer con dos maridos*», y como periodista en *El Progreso de Colón,*

antes de trasladarse a Nueva York en 1865. Estando en allí, y al parecer motivado por su afán de demostrar que los españoles podían por aquel entonces inventar tan bien o mejor que los americanos, diseñó y construyó una máquina de calcular. Esta máquina fue la primera que realizaba multiplicaciones de forma directa en vez de emplear múltiples vueltas de manivela, y que además efectuaba las cuatro reglas matemáticas de modo exacto e instantáneo con hasta quince cifras. La oficina de patentes estadounidense le concedió la patente de su invento el 10 de septiembre de 1878 con el número 207918. Éste mismo año se le otorgaba una medalla en la Exposición Mundial de Inventos de Cuba.

El invento de Ramón Verea pesaba 23 kilogramos, medía 35 centímetros de largo, 30 de ancho, y 20 de alto. Multiplicaba de manera extraordinariamente rápida para su época, mediante un método directo basado en un mecanismo patentado por Edmund D.Barbour en 1872, que empleaba un sistema que obtenía valores de una tabla de multiplicar codificada de manera similar al sistema Braille. Una multiplicación de un número de nueve cifras, por otro de seis cifras podía ser calculada así en veinte segundos. Influido por este diseño En 1892, el suizo Otto Steiger construyó la primera calculadora que tuvo éxito comercial: la Millonaria. La máquina realizaba rápidamente las cuatro operaciones fundamentales. Era muchísimo más rápida multiplicando y dividiendo que otras calculadoras de la época, ya que no realizaba estas operaciones mediante sumás sucesivas y restas. Esta máquina y otras parecidas fueron producidas en serie entre 1895 y 1935 por el ingeniero suizo Hans W. Egli tras comprar la patente, desarrollando también toda una seria de predecesoras, denominadas *Madas (Multiplication, Automatic Division, Addition, Subtraction)*.

2.13 El Aritmómetro Electromecánico

El Ingeniero de Caminos Leonardo Torres Quevedo (1852-1936) desarrolló su labor inventiva en diversas áreas. En aerostática, diseñó y dirigió la construcción de dirigibles en España, en la misma época en la que Ferdinand von Zeppelin lo hacía en Alemania. En transbordadores, proyectó el funicular de las cataratas del Niágara, entre Estados Unidos y Canadá. En radio control inventó el *Telekino*, un autómata que ejecutaba órdenes transmitidas mediante ondas hertzianas tal y como su contemporáneo Nikola Tesla haría. En pedagogía patentó el invento del puntero proyectable, también conocido como puntero láser.

En computación, Torres Quevedo diseñó diversas máquinas analógicas automáticas de cálculo, buscando la solución de ecuaciones matemáticas mediante su traslado a fenómenos físicos. Aquí los números se representaban por magnitudes físicas, que pueden ser rotaciones de determinados ejes, potenciales, estados eléctricos o electromagnéticos, etcétera. De esta forma el problema matemático se resolvía mediante el modelo físico del mismo. Básicamente sus planteamientos eran muy similares a los de Charles Babbage, y fruto de ellos publicó en su *"Memoria sobre las máquinas algebraicas"*. Sus estudios teóricos germinaron en toda una serie de máquinas analógicas de cálculo, incluyendo una máquina para resolver una ecuación de segundo grado con coeficientes complejos, o un integrador, que en la actualidad se conserva en el museo de la ETS de Ingenieros de Caminos de la Universidad Politécnica de Madrid.

El **Aritmómetro Electromecánico** fue una máquina de calcular de tecnología electromecánica creada por Torres Quevedo presentada en 1920. Esta calculadora hacía uso de los relés propios de la tecnología telefónica de su tiempo, disponiendo de una máquina de escribir en la que se anotaban los datos de la operación aritmética que se deseaba realizar. La calculadora daba con el resultado, y lo escribía a través de la propia máquina de escribir, siendo por lo tanto la interfaz tanto de entrada de datos como de salida de resultados. Con este invento se iniciaría la era electromecánica de las máquinas cálculo automático.

Otro famoso desarrollo llevado a cabo por Torres Quevedo dentro de la ciencia de la computación fue el **Ajedrecista**, el cual era un autómata jugador de final de partidas de ajedrez rey y torre blancos gobernado por la máquina, contra el rey negro gobernado por el humano. El resultado de la victoria de las blancas está determinado algorítmicamente así que el autómata lograba siempre el jaque mate, aunque no siempre por el camino más corto. Disponía de un brazo mecánico para mover las piezas, y de sensores eléctricos en el tablero para conocer su ubicación. Estos sensores se llamaban aritmóforos, y estaban constituidos por un móvil y un índice que permitían leer la cantidad representada para cada posición de este. El móvil es un disco o un tambor graduado que gira en torno a su eje.

Los desplazamientos angulares eran proporcionales a los logaritmos de las magnitudes a representar. De esta forma utilizando una diversidad de elementos de este tipo, se puso a punto una máquina capaz de resolver ecuaciones algebraicas. Mediante la aplicación del mecanismo, se consigue la resolución de una ecuación de ocho términos, obteniendo sus raíces con una precisión de milésimas.

Años después diseñaría un segundo jugador, que esta vez sería construido por su hijo Gonzalo en 1920. En este nuevo artefacto el movimiento de las piezas se conseguía mediante imanes dispuestos bajo el tablero, de manera que parecía que las mismas se desplazaban solas, algo impactante para la época. Además, el autómata era capaz de avisar a través de una bombilla que se iluminaba, si había un jaque o si se había realizado algún error en los movimientos. El ajedrecista estaba programado para dar la partida por terminada al tercero de los errores cometidos, tal cual sesenta años después los arcades de salón harían.

2.14 La Tabuladora

De padres alemanes, Herman Hollerith (1860-1929) nació en Buffalo, Nueva York, y se graduó en 1879 en la Escuela Universitaria de Minas de Columbia. Tras concluir sus estudios académicos, consiguió trabajo en la Oficina Nacional de Empadronamiento de Estados Unidos. Gracias a este trabajo, Hollerith colaboró en el procesamiento de los datos del censo del año 1880, lo que le permitió sufrir en primera persona todo el trabajo que se realizaba de forma manual, y el excesivo tiempo y errores que esto implicaba. Diez años después, en el momento de realizar el nuevo censo, todavía el antiguo continuaba sin ser procesado del todo, también en parte porque en aquella época los Estados Unidos eran un continuo destino de inmigración, y el censo variaba de manera caótica constantemente. Hasta tal punto Hollerith fue consciente del problema y de lo rentable económicamente que podría resultar encontrar una solución, que se puso a trabajar en nuevas ideas al respecto.

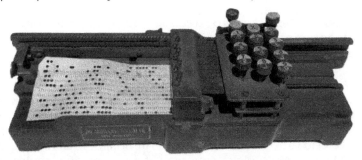

Inspirándose inicialmente en el sistema de billetes perforados de los ferrocarriles, intentó codificar los datos en una cinta de papel, dividida en espacios o campos marcados con tinta. En cada uno de estos campos, se codificaba un dato realizando o no un orificio. Por ejemplo, existía un dato que señalaba el sexo de la persona, de manera que si en el campo que se le asignaba a esta información había un agujero esto significaba que la persona era una mujer, mientras que si no se detectaba un orificio obviamente era un hombre. Esta tira de papel podía ser leída después por un dispositivo electromecánico, con lo que se aceleraba el proceso de los datos. Con sus diseños bajo el brazo, en 1884, Hollerith solicitó sus primeras patentes para registrar su tira de papel y el proceso de codificación.

Durante los dos años siguientes, Hollerith se dedicó a aplicar su invento a las estadísticas de sanidad de algunas ciudades norteamericanas, mientras continuaba perfeccionando su diseño y su funcionamiento. Para 1887, su sistema ya estaba lo suficientemente maduro, como para utilizarlo para procesar datos estadísticos sobre mortalidad en la ciudad de Baltimore. En esa época, Hollerith ya había cambiado su diseño inicial, al sustituir para la codificación la tira de papel inicial por una serie de tarjetas (más fiables y duraderas). Al principio, estas tarjetas eran del tamaño de un billete de dólar y los orificios que se practicaban en ellas eran circulares, ya que se hacían con punzones. Más tarde, se diseñaron herramientas especiales que realizaban un orificio cuadrado de 6 mm, con lo que se podía incluir mucha más cantidad de información en cada tarjeta. Finalmente, en 1889, Hollerith patentó su sistema de tarjetas perforadas y éste fue utilizado para organizar las estadísticas sanitarias del ejército.

En 1989, el Departamento Estatal de Censo convocó un concurso para adquirir nuevos equipos mecánicos que realizasen el censo que debía comenzar en 1890. Hollerith presentó su sistema, y ganó. Sus máquinas podían procesar trescientas tarjetas por minuto, con lo que consiguió disminuir el tiempo de proceso de los datos. De esta forma, en solo dos años, ofreció los resultados del censo, que tradicionalmente tardaban en conocerse más de una década. Esto supuso una auténtica revolución en términos de velocidad de procesamiento de la información. Las máquinas tabuladoras por definición no computaban, sino que tabulaban, y este procedimiento mecánico basado en la representación de la información mediante tarjetas perforadas, demostró ser muy eficiente a la hora de clasificar y ponderar grandes cantidades de información. Hasta ese momento, tal y como hemos visto, era muy complicado y tedioso el hacerlo al contar tan solo tan solo con medios humanos para esta tarea, así que el invento de la tabuladora supuso al procesamiento de la información, lo que la rueda al transporte.

Tras el éxito que supuso el proceso del censo, Hollerith decidió dar a sus máquinas una orientación más comercial y adaptó sus diseños para que funcionasen en tareas mercantiles. Así que en 1896 Hollerith fundó una compañía llamada *Tabulating Machine Company*, con el objeto de desarrollar comercialmente el proceso de datos. Con el tiempo, esta empresa en virtud de varias fusiones se transformaría en la *International Bussiness Machines* (IBM).

2.15 El Integrador Hidráulico

Vladímir Serguéyevich Lukiánov (1902-1980) desarrolló en 1936 una máquina hidráulica que permitía resolver ecuaciones diferencias parciales. El flujo del agua es muy parecido a la distribución del calor y cómo este afecta a los materiales, por lo que extrapolando esto se pueden crear máquinas en la que se visualice la distribución del calor en forma de niveles de agua, consiguiendo así los resultados de los cálculos matemáticos que se desean obtener de una manera que podemos llamar natural.

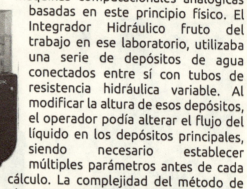

Kuliánov fundó en 1938 un laboratorio de máquinas computacionales analógicas basadas en este principio físico. El Integrador Hidráulico fruto del trabajo en ese laboratorio, utilizaba una serie de depósitos de agua conectados entre sí con tubos de resistencia hidráulica variable. Al modificar la altura de esos depósitos, el operador podía alterar el flujo del líquido en los depósitos principales, siendo necesario establecer múltiples parámetros antes de cada cálculo. La complejidad del método de operar aumentó con los nuevos modelos de dos y tres dimensiones, pero, aun así y dado lo asequible de su construcción en comparación con otras alternativas computacionales, cuando en 1949 se creó el Instituto Estatal de Máquinas de Cálculo, el Integrador fue uno de los primeros modelos en comenzar a ser producido de manera masiva. Varios modelos fueron diseñados y fabricados en serie, encontrando aplicaciones en la construcción de plantas de energía, metalurgia, minería, geología y cohetería en la antigua Unión Soviética.

Así como la Tabuladora es un ejemplo de máquina que procesa información sin computarla de manera digital tal cual hacen los ordenadores actuales, el Integrador Hidráulico es un ejemplo de computadora analógica, la cual se basa en la representación y procesamiento de datos de manera continua, en contraste con la computación digital que utiliza valores discretos.

2.16 El libro electrónico

Ángela Ruiz Robles (1895-1975) nacida en la localidad de Villamanín, estudio magisterio en León, siendo allí más tarde profesora de taquigrafía, mecanografía y contabilidad mercantil. Además, impartía clases para opositores en su propia academia, y llegó a escribir dieciséis libros versados en gramática, ortografía y taquigrafía, dando conferencias sobre dichos temas, y viendo la necesidad de impartir una educación que permitiera adaptarla a los estudiantes, imaginó un artefacto que facilitara la lectura de libros. Su invento fue patentado con el número 190698 el 7 de diciembre de 1949 pasando desapercibido por la comunidad científica y el mundo empresarial.

Sin detenerse en su ímpetu creativo, Ángela patentaba el 10 de abril de 1962 con el número de patente 276346 lo que se conocería como su «enciclopedia mecánica». Esta enciclopedia, de la que llegó a realizar un prototipo real siguiendo sus indicaciones en el parque de artillería del Ferrol, era un libro «ideovisual» interactivo, pertrechado de luces y sonidos indicativos, y botones para escoger distintas opciones, haciendo presión en abecedarios y números mediante los que se formaban sílabas, palabras y lecciones. Este primer libro electrónico constaba de dos partes; la primera, de conocimientos básicos como lectura, escritura, numeración y cálculo. La segunda, funcionaba con bobinas, cada una dedicada a una materia. Todo bajo una lámina transparente e irrompible, con cristal de aumento, además de una luz para que se pudiese leer en la oscuridad.

2.17 Z1

Konrad Zuse (1910 - 1995) nacido en Berlín, diseñó y construyó la primera computadora electrónica digital plenamente funcional. Sus trabajos no fueron de gran influencia en el resto de los diseños de su época y la posterior evolución de las computadoras, debido al aislamiento al que se vio sometido al durante la Segunda Guerra Mundial (IIGM) Alemania. Sin embargo, cronológicamente su serie de computadoras «Z» son las primeras que pueden llevar el nombre de computadoras digitales plenamente funcionales.

Sin tener plenamente decidido si su vocación era la pintura o la ingeniería, su formación académica comenzó en 1927 con estudios de ingeniería mecánica, para continuar por la arquitectura, y finalmente graduarse como ingeniero civil en 1935. Desde el final de sus estudios, que costeó con la venta de sus cuadros, hasta el comienzo de la IIGM en 1939, Zuse construyó dos computadoras, superando su problema con la falta de conocimientos de electrónica y transmisión, con ingenio. En esos años se estaban llevando a cabo en Estados Unidos diversos estudios sobre computación, pero Zuse no tenía la más mínima referencia sobre los mismos, así que trabajo en inicialmente en solitario y en casi completo aislamiento. Su idea no era perfeccionar las arcaicas calculadoras mecánicas basadas en el sistema decimal, sino diseñar una máquina que superase con creces a dichas calculadoras partiendo de cero y nuevas ideas.

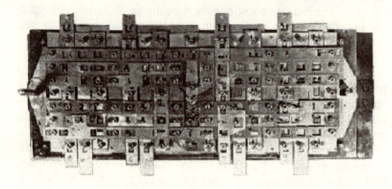

Zuse diseñó la primera computadora y su plan lógico en 1936. A esta máquina le dio el nombre de V1, aunque más tarde se lo cambiaría por Z1, por acusa de la bomba volante *Vergeltungswaffe* (V1). Desarrolló buena parte del trabajo en el salón de su casa entre 1936 y 1938. Zuse estaba obsesionado con la idea de que las computadoras debían poder ser programadas de manera libre, lo que significaba que fueran capaces de leer y comprender una secuencia de instrucciones. Este primer prototipo de computadora era de naturaleza electromecánica. En vez de relés electromagnéticos utilizaba una serie de láminas muy finas de metal, ensambladas con la precisión de un reloj. Contaba con un pequeño motor eléctrico, y su memoria estaba constituida en bloques y compuesta por sesenta y cuatro palabras, que contenían cada una veintidós bits. Una copia de esta primera computadora digital binaria está expuesta en el Museo del Transporte y la Tecnología de Berlín.

La Z1 demostró su funcionamiento en 1938, y en vista del éxito que había tenido, Zuse puso más empeño en el diseño y construcción del que sería su segundo prototipo, la computadora Z2. Esta nueva máquina era una evolución de la anterior, puesto que utilizaba su misma memoria, pero incorporaba un total de ochocientos relés. Esta cantidad de relés se pudo conseguir gracias a las compañías telefónicas, y con esto Zuse pudo construir las unidades aritméticas y de control. Cuando comprobó que el rendimiento de la computadora se beneficiaba del uso de relés, fundó su propia empresa en Berlín, la *Zuse Apparatebau*, para el desarrollo de sus máquinas. De esta forma Zuse terminó un nuevo diseño en 1941, la Z3, que fue la primera computadora electrónica digital totalmente funcional.

En el transcurso de la guerra Zuse vería su compañía destruida por las bombas, así que habiendo conseguido rescatar el prototipo de la Z4, decidió trasladarse a Gottinga. Allí continuaría con sus trabajos en el laboratorio del Instituto Experimental de Aerodinámica. Pero tampoco Gottinga se libró de los bombardeos aliados, por lo que Zuse tuvo que trasladarse de nuevo a una pequeña villa de Baviera llamada Hinterstein. Allí pudo finalizar su tarea de construcción ya terminada la guerra, en el año 1946. La máquina, mucho más sofisticada que las anteriores, era la primera computadora ideada para ser producida en serie. Sin embargo, su fabricación quedó estancada por la situación económica de la postguerra.

En 1949 Zuse se estableció en la ciudad de Neukirchen, donde volvió a fundar su empresa de computadoras, ahora con el nombre de *Zuse KG*. En un principio tuvo varios socios, pero más tarde decidió establecer una empresa familiar en la que sólo participaría su mujer. La fundación de la compañía fue ciertamente relevante, al ser la primera empresa alemana dedicada a la fabricación masiva de computadoras. Hasta tal punto cosechó éxito, que en 1957 Zuse tuvo que trasladar la fábrica a Bad Hersfeld, ya que la antigua se le había quedado pequeña.

Sus investigaciones se centraban, en esos momentos, en el desarrollo de un lenguaje de programación para sus computadoras. El sofisticado lenguaje de programación que creó, llamado «*Plankalkül*», aplicaba los estados puros para el cálculo numérico y utilizaba las reglas de la lógica matemática. Zuse había diseñado este lenguaje de programación de alto nivel en 1945, después de mudarse de Berlín al final de la guerra, con un sorprendente carácter actual, en un momento en el que los dos únicos ordenadores operativos en el mundo eran el ENIAC y Mark I, que no utilizaban compiladores, sino que tenían que modificados directamente a nivel de hardware, para indicar las operaciones a realizar, por ejemplo, mediante el cableado de sus conexiones internas.

A pesar de que una versión operática de «*Plankalkül*» ya estaba terminada en 1946, no fue publicado este avance hasta 1972 en su libro *"Gesellschaft für Mathematik und Datenverarbeitung"*. Zuse se refería a sus programas como «*rechenplans*» (planes informáticos) y con ellos llegó incluso a crear un juego informático de ajedrez.

Zuse intentó obtener las patentes de sus máquinas desaparecidas durante la guerra, por lo que reconstruyó la Z3 a comienzos de la década del 1960, para demostrar así que eran funcionales cuando fueron destruidas. La reconstrucción de la máquina tenía cinco metros de largo, dos de altura y ochenta centímetros de ancho. Sin embargo, a pesar de su demostración, el tribunal de patentes alemanas dictaminó en 1967 no a su favor, por lo que Zuse perdería una importante fuente de ingresos con la que contaba, y no tendría más remedio que vender su compañía a la *Siemens AG*, donde se le concedió un puesto de consejero, que ocupó hasta 1969.

A pesar del revés que supuso la sentencia de los tribunales, el mundo científico reconoce a Zuse como el inventor de la primera computadora digital automática de la historia que fue completamente funcional.

2.18 Alan Turing

Alan Mathison Turing (1912-1954) es uno de los grandes en la historia del desarrollo conceptual y teórico de las computadoras. Nació un 23 de junio en Paddington, Londres, y estudió en la Universidad de Cambridge, mostrando gran interés en mecánica cuántica, probabilidad y lógica, y licenciándose en matemáticas con honores en 1934. En abril de 1936 publicó el artículo *"On computable numbers, with an application to the Entscheidungsproblem"*, en el que introduce el concepto de algoritmo, y de máquina de Turing. En este artículo, refuta la teoría de Hilbert, que en 1900 había formulado que todos los problemás tienen solución algorítmica. Este es uno de los cimientos más importantes de la teoría de la computación. John von Neumann leyó este artículo, y le ofreció una beca en la Universidad de Princeton, en Estados Unidos, así que en septiembre de 1936 viajo allí para continuar sus estudios. De esta forma consiguió su doctorado en matemáticas en 1939. Tras esto, rechazó una plaza como asistente en Princeton, y decidió regresar a Cambridge en Gran Bretaña en donde vivió de una beca universitaria mientras estudiaba filosofía de las matemáticas.

Fue entonces cuando estalló la Segunda Guerra Mundial (IIGM). En tiempos de guerra, las matemáticas para descifrar mensajes secretos son más importantes que la filosofía de las matemáticas. Turing continuaba sus investigaciones como miembro del King's College, ajeno a la guerra, pero el 4 de septiembre de 1940 fue oficialmente requerido por la *Escuela Gubernamental de Codificación y Descodificación* para descifrar el código secreto de los alemanes. El *Ministerio de Relaciones Exteriores* se había percatado que los teóricos de los números tenían una mayor probabilidad de encontrar la clave para romper los códigos secretos y, para comenzar, nueve de los más brillantes teóricos de los números británicos fueron reunidos en la nueva sede de la escuela en Bletchley Park, una mansión victoriana en Bletchley, condado de Buckinghamshire. Turing tuvo que abandonar sus máquinas hipotéticas con cinta infinita y tiempo de procesamiento ilimitado para enfrentarse a un problema práctico con recursos finitos y un límite de tiempo muy real. La criptografía es una lucha intelectual entre el creador del código y el descifrador. El reto para el diseñador del código es mezclar y enredar un mensaje de salida hasta el punto en que no pueda ser descifrado, y el tiempo en descifrar el mensaje es un factor crítico.

Los alemanes utilizaban las máquinas **Enigma** que habían sido creadas en la década de los años veinte, y que habían mejorado progresivamente. En 1937 la Escuela gubernamental de Codificación y descodificación penetró en el modelo menos modificado y seguro de esta máquina, modelo que utilizaban los alemanes, los italianos y las fuerzas nacionalistas españolas durante la Guerra Civil Española. Pero aparte de esto, las nuevas versiones de Enigma se resistían al ataque, y todo parecía indicar que continuaría haciéndolo indefinidamente. Estas máquinas consistían en un teclado conectado a una unidad de codificación. La unidad de codificación incluía tres rotores separados cuyas posiciones determinaban como sería codificada cada letra del teclado. Lo que hacía que el código Enigma fuera tan difícil de romper era la enorme cantidad de maneras en que la máquina se podía configurar. Primero, los tres rotores de la máquina se podían escoger de un grupo de cinco, y podían ser cambiados e intercambiados para confundir a los descifradores. Segundo, cada rotor podía ser ubicado en una de veintiséis diferentes posiciones. Esto quiere decir que la máquina se podía configurar en más de un millón de maneras. Además de las conmutaciones que permitían los rotores, las conexiones eléctricas de la parte posterior de la máquina podían ser cambiadas manualmente dando lugar a más 150 millones de millones de millones de posibles configuraciones. Para aumentar la seguridad aún más, la orientación de los tres rotores cambiaba continuamente, así que cada vez que se transmitía una letra la configuración de la máquina, y por lo tanto la codificación, cambiaban para la siguiente letra. De tal forma, teclear «DODO» podría generar el mensaje «FGTB», enviándose la «D» y la «O» dos veces, pero siendo codificadas de manera distinta cada vez. Las máquinas Enigma fueron entregadas al Ejército, a la Marina y a la Fuerza Aérea alemanas, y se operaban incluso en los ferrocarriles y otros departamentos del gobierno. Como sucedía con todos los sistemas de código que se utilizaban durante este período, una debilidad del Enigma era que el receptor tenía que conocer la configuración establecida por el emisor.

Para conservar la seguridad las configuraciones del Enigma tenían que ser alteradas todos los días, así que una de las maneras que tenían los emisores para cambiar las configuraciones con frecuencia y mantener a los receptores informados era la publicación de las configuraciones diarias en un libro de códigos secreto. El riesgo de este método era que los británicos podrían capturar un submarino alemán y conseguir el libro de códigos con las configuraciones diarias para el próximo mes. El método alternativo, y el que se adoptó durante la mayor parte de la guerra, consistía en transmitir las configuraciones diarias como preámbulo al mensaje presente, pero codificadas según las configuraciones del día anterior.

Durante la guerra, Turing lideró un equipo de matemáticos que intentaba construir una réplica de la máquina Enigma. Incorporó sus ideas abstractas de antes de la guerra en estos nuevos dispositivos, que en teoría podían verificar metódicamente todas las posibles configuraciones de la máquina Enigma hasta romper el código. Las máquinas británicas, con más de dos metros de altura y más aun de anchura, empleaban relés electromecánicos para verificar todas las potenciales configuraciones del Enigma. El tictac permanente de los relees hizo que se les apodara bombas (**bombe**). A pesar de su velocidad, era imposible para estas máquinas testear los 150 millones de millones de millones de posibles configuraciones de Enigma dentro de un tiempo razonable, así que el equipo de Turing tenía que encontrar maneras de reducir en forma significativa el número de permutaciones posibles extrayendo la información que pudieran de los mensajes enviados. En la imagen a continuación puede apreciarse el tamaño de una de estas máquinas.

La tarea se simplificó cuando el equipo de Turing se dio cuenta de que la máquina Enigma no podía codificar una letra como ella misma, es decir, si el emisor tecleaba «R» la máquina potencialmente podía dar como respuesta cualquier letra, excepto «R». Este hecho aparentemente trivial era suficiente para reducir el tiempo de desciframiento de un mensaje de manera espectacular. Conforme los alemanes sospecharon que sus mensajes estaban siendo descifrados, modificaban sus tácticas de envío de mensajes. Inicialmente respondieron limitando la longitud de todos los mensajes que enviaban. El planteamiento era que inevitablemente, todos los mensajes contienen pistas para el equipo de descifradores, y cuanto más largo el mensaje, mayor la cantidad de pistas. Limitando todos los mensajes a un máximo de 250 letras, los alemanes esperaban compensar la característica de la máquina Enigma de no poder codificar una letra como ella misma. Una forma de romper el código era adivinar palabras claves en los mensajes. Si se acertaba se aceleraba enormemente el proceso de descifrar el resto del código. Por ejemplo, si los descifradores sospechaban que un mensaje contenía un informe sobre el clima, el mensaje tendría que contener palabras como «niebla» y «velocidad del viento». Si la suposición era correcta, se podía descifrar rápidamente ese mensaje, y por con siguiente, como el método de codificación duraba todo un día, deducir las configuraciones del Enigma para todo ese día. Durante el resto del día podían descifrar con facilidad otros mensajes más valiosos.

Aproximándose el final de la guerra Turing ayudó a construir el Colossus, cuyo diseño original fue realizado por el ingeniero Tommy Flowers. Era una máquina totalmente electrónica compuesta de 1.500 válvulas que le proporcionaba mucha más velocidad que los relés electromecánicos empleados anteriormente. Colossus era ya una computadora en el sentido moderno de la palabra, y su velocidad adicional y sofisticación hicieron que Turing lo considerara un cerebro primitivo. Se llegaron a construir unos diez Colossus hasta el final de la guerra.

Cuando la guerra terminó Turing continuó construyendo máquinas cada Vez más complejas y completas. Colaboró en la construcción del ENIAC. Posteriormente recibió el encargo de empezar a trabajar en la construcción de un ordenador totalmente británico, destinado al National Physical Laboratory, y que recibiría el nombre de ACE (Automatic Computing Engine). Esta máquina tardó mucho tiempo en ser construida, pero era superior a ENIAC en muchas características. Frustrado por el lento avance, dimitió y se fue a vivir a Manchester, colaborando en el proyecto del MARK I, el ordenador de la universidad. Al mismo tiempo, era asesor de la compañía Ferranti y, por tanto, colaboró en la construcción de los primeros ordenadores fabricados en Gran Bretaña.

Alan Turing murió el 7 de junio de 1954. La causa oficial de su muerte fue envenenamiento por cianuro. Se encontró una manzana envenenada cerca de su cuerpo, y se concluyó que había ingerido cianuro de potasio. Su muerte fue registrada como suicidio, aunque ha habido especulaciones y debates sobre las circunstancias exactas de su fallecimiento. En 2009, el gobierno del Reino Unido emitió una disculpa oficial por el trato que Turing recibió debido a su homosexualidad, que fue legalmente perseguida en ese momento en el Reino Unido. Turing fue sometido a castración química como resultado de su condena por indecencia grave en 1952. La disculpa reconoció la importancia de su contribución a la informática y la injusticia de su tratamiento legal.

El Test de Turing

Sin duda, uno de los artículos académicos más influyentes de Turing es *"Computing Machinery and intelligence"*, publicado en 1950. Aquí propone una prueba, que permita concluir si una máquina es capaz de demostrar una inteligencia análoga a la humana, con un paso previo en el planteamiento que enuncia del que no se suele hablar, y cuando se lee el artículo original puede comprobarse. En esta prueba propuesta, primero se presenta a un juez que ha de interrogar mediante una serie de preguntas a dos sujetos. Estos sujetos deben responder de acuerdo con su naturaleza, siendo uno un hombre y el otro una mujer, y debiendo decidir el juez quien es hombre y quien mujer. Las alusiones aquí a la vida personal de Turing son más que claras. Después Turing propone el cambio de uno de los sujetos por una máquina, para ver si el juez es capaz de diferenciar entre una persona y una máquina. En el caso de que no sea capaz, entonces la maquina podemos decir que es inteligente, o al menos emula la inteligencia humana. Al humano le resultaría difícil hacerse pasar por máquina, dado que sus limitadas capacidades aritméticas le delatarían, pero a la máquina tendría que llegarle a ser posible pasarse con humano.

El **Premio Loebner** fue una competición anual celebra entre 1991 y 2018 que premiaba al programa de ordenador que estuviera considerado por el jurado que lo compone, como el más inteligente de los que se presentaban. Siguiendo las pautas marcadas por Turing, el juez plantea preguntas a dos pantallas y recibía respuestas. Sobre la base de esas respuestas, el juez debe decidir qué pantalla era la controlada por el ser humano y cuál por el programa. Marvin Minsky (1927-2016), uno de los padres de la Inteligencia Artificial, mantuvo que esto era un mero truco publicitario que no ayudaba en nada al desarrollo de esta ciencia.

La Máquina de Turing

Turing dedicó gran parte de su esfuerzo intelectual, a la demostración teórica planteado por David Hilbert, sobre si las matemáticas son definibles, es decir, si existe una metodología aplicable a cualquier sentencia matemática, y que no diga si dicha sentencia es cierta o no. En su trabajo *"On computable numbers, with an application to the Entscheidungsproblem"*, publicado el 28 de mayo de 1936, definió un modelo formal de automatismo, para demostrar que existen problema que una máquina no puede resolver. Este modelo formal, terminó por ser conocido como Máquina de Turing. Básicamente es un autómata que se mueve sobre una secuencia lineal de datos. En cada instante la máquina puede leer un solo dato de la secuencia y realiza ciertas acciones en base a una tabla que tiene en cuenta su estado actual y el último dato leído. Entre las acciones está la posibilidad de escribir nuevos datos en la secuencia, recorrer la secuencia en ambos sentidos y cambiar de estado dentro de un conjunto finito de estados posibles.

La variedad de máquina de Turing más sencilla ha de ser un mecanismo que cumpla las siguientes condiciones:

1. Tener un cabezal de lectura/escritura capaz de desplazarse a izquierda o derecha sobre una cinta en la que puede escribir, leer y borrar.
2. Tener una cinta con un tamaño ilimitado, con una serie de celdas. En cada una de las celdas puede escribirse un símbolo de un conjunto finito denominado alfabeto de la máquina. Todas las celdas no escritas previamente contienen un carácter especial que se representa por 0. La cinta puede contener tantas celdas a derecha e izquierda del cabezal como sean necesarias para el funcionamiento de la máquina.
3. Existe un registro de estado que almacena el estado de la máquina.
4. El número de estados posibles es finito, y no se exige ningún estado especial con el que sea iniciada la máquina.
5. Existe una tabla de acción, que contiene las instrucciones de lo que hará el autómata. Estas instrucciones representan el programa de la máquina. La ejecución de cada instrucción de la tabla de acción incluye cuatro pasos:
    a. Leer un carácter en la posición actual.
    b. Escribir un nuevo símbolo en esta posición, incluido el mismo que había. Además, el símbolo a escribir ha de ser alguno del alfabeto de la máquina, y depende del carácter leído y del estado actual.
    c. Desplazar el cabezal una celda a derecha o izquierda, o permanecer en ese paso en la posición actual (detener H).
    d. Computar cual será el nuevo estado en función del carácter que se acaba de leer y del estado actual. Si la tabla de acción no contiene ninguna correspondencia con el estado actual y el símbolo leído, entonces la máquina detiene su funcionamiento.

Se define como sistema Turing completo aquel que puede simular el comportamiento de una máquina de Turing. Claro está, salvando los problemas de las limitaciones de una memoria que es finita, los ordenadores modernos junto con sus lenguajes de programación de uso general son sistemas Turing completos. Además, con independencia de su forma concreta, cualquier dispositivo que se comporte como un sistema de Turing completo puede en principio ejecutar cualquier cálculo que realice cualquier computador.

La máquina de Turing supone los fundamentos para comprender la teoría subyacente en la computación, y ha influido de manera significativa en el desarrollo y diseño de las computadoras modernas. Su importancia va más allá de ser simplemente un modelo teórico, ya que ha proporcionado las bases conceptuales para la comprensión de la computación y sus límites. Los problemas indecidibles, aquellos para los cuales no se puede construir un algoritmo que siempre dé una respuesta correcta, demuestran las limitaciones inherentes a la computación.

2.19   Model I

George Robert Stibitz (1904-1995) sin haber cumplido los treinta años, ya poseía los doctorados en matemáticas, y física matemática. Con esas titulaciones en su haber, fruto de su brillante mente y su capacidad de trabajo y concentración, comenzó a trabajar en los Bell Labs de la AT&T, centrando su actividad creativa en el diseño y desarrollo de calculadoras electromecánicas basadas en relés. Aunque la puesta en práctica de una computadora de propósito general hecha con relés llegaría demasiado tarde, y originaría a una máquina demasiado lenta para los estándares de la época, estás máquinas diseñadas por Stibitz fueron un eslabón muy importante en el posterior despegue tecnológico de las computadoras electrónicas.

Inicialmente en Bell Labs asignaron la tarea de crear una calculadora basada en reles a Stibitz, entendiendo que el futuro de las máquinas de cálculo pasaba por el uso de estos dispositivos. Stibitz no tenía experiencia en el uso de relés, de forma que le entregaron unos cuantos para que experimentara con ellos y Stibitz se los llevó a su casa. De esta forma, empezó a madurar la idea de que la aritmética binaria era la más compatible con el comportamiento de estos dispositivos, y para ilustrar su planteamiento diseñó un sumador binario rudimentario. Como lo creó en la cocina de su casa («*kitchen*» en inglés) este fue el denominado *Modelo K*.

Stibitz motró su **Modelo K** al doctor Thornton C. Fry, que era el jefe de su grupo de trabajo en los Bell Labs, y le hizo ver que debía ser posible efectuar todo tipo de operación aritmética basándose en relés. Como en Bells Labs había una gran necesidad de agilizar los cálculos con números, Fry solicitó a Stibitz  que creara una calculadora basada en su prototipo, pero capaz de efectuar operaciones con números complejos.

Stibitz creó entonces la **Complex Number Computer**, la cual comenzó a construirse en abril de 1939, y se terminó en apenas seis meses. La génesis de la Complex, desencadenó la creación de otros ingenios similares, como el **Model I**, el cual se usó durante toda la década de los años cuarenta en los Bell Labs. Para acceder a este modelo, se instalaron tres estaciones de operación dentro del edificio principal de los Bell, cada una de las cuales contaba con una terminal de teletipo. Con esto la máquina computadora de Stibitz se convirtió en la primera en dar servicio a más de una terminal, y la primera en poder ser accedida de manera remota.

Este Model I constaba de 450 relés electromagnéticos y 10 conmutadores de barra. Tan sólo podía efectuar las cuatro operaciones aritméticas básicas con números complejos, pero se podían realizar varias operaciones sucesivas y almacenar el resultado en un registro. Los resultados se imprimían con ocho decimales, aunque internamente la máquina trabajara con diez decimales. Fue presentado públicamente el 11 de septiembre de 1940, en una reunión de la Sociedad Matemática Americana celebrada en el Dartmouth College, en Hanover, New Hampshire. Para esta ocasión, Stibitz colocó una terminal de teletipo y la conectó vía una línea telefónica con la Modelo I que estaba en Nueva York. Sin embargo, a pesar del éxito, los 20.000$ que costó el desarrollo de esta computadora a los Bell Labs, hicieron que estos no se plantearan construir nuevas más grandes, basadas en los diseños de Stibitz para máquinas capaces de trabajar con números en punto flotante y no solo con números complejos.

Cuando Estados Unidos entró en la guerra, Stibitz se fue a trabajar al *National Defense Research Council* (NDRC), y aquí no tendría apenas restricciones con el presupuesto. Uno de los proyectos del NDRC era la construcción de un dispositivo que permitiera apuntar de forma automática la artillería antiaérea. Las etapas iniciales del proyecto requerían cálculos muy complicados, y se decidió apoyar una propuesta de Stibitz para construir una máquina que simulara el funcionamiento de la pieza de artillería. Este ingenio pasó a ser la computadora de relés electromagnéticos Modelo II. Como se usaba principalmente para realizar interpolaciones lineales se le llamó también "*Relay Interpolator*". Este diseño actualizado contaba con un grupo de cinco registros, cada uno de los cuales podía almacenar un número de cinco dígitos. Tenía un circuito específico para realizar sumas, y una unidad de control encargada de controlar las operaciones de máquina. La entrada de los datos se llevaba a cabo mediante cinta de papel perforada, y la salida mediante impresoras de teletipo. Podía ejecutar 31 instrucciones diferentes, gracias a los 493 relés por los que estaba compuesta. Comenzó a operar en septiembre de 1943, y tras finalizar la guerra se donó al Laboratorio de Investigación Naval de los Estados Unidos, donde permaneció en uso hasta 1961. Aunque la tarea de Stibitz para el ejército no concluyó en el Modelo II. Tras él hubo un Modelo III y un Modelo IV, de la cual finalizó su construcción en marzo de 1945. La Modelo IV, era casi idéntica al Modelo III, incluyendo circuitos adicionales para calcular funciones trigonométricas de ángulos negativos.

Después de este éxito cosechado gracias a sus computadoras balísticas, Stibitz contó con el apoyo necesario para diseñar una computadora de propósito general, y programable. Este fue el **Model V** de 1946. Este modelo era realmente dos máquinas dentro de una, puesto que podía  dividirse en dos partes de funcionamiento independiente, o combinar ambas partes para cálculos más complicados que requerían de todo el potencial de sus 9000 relés y 10 toneladas de hardware desplegados en 90 metros cuadrados. Cada una de las dos unidades de procesamiento, constaba a su vez de dos unidades aritméticas que usaban una tabla de sumas proporcionada por hardware. Además de esto tenían cuatro estaciones de entrada de datos, con doce lectoras de cinta de papel cada una, y dos estaciones de salida de resultados con una teleimpresora y una perforadora de cinta de papel. Todo este intrincado universo mecánico contaba también con mecanismos de autochequeo automático. El funcionamiento del sistema era secuencial, aunque el esquema que utilizaba puede considerarse como el predecesor de los sistemas de procesamientos de lotes, también llamados batch. Incluso había cierta tolerancia a fallos, porque si se producía algún error al procesar la información de una de las estaciones, el control se pasaba a otra,

La Modelo V no sumaba, sacaba los resultados directamente de una tabla. Esto fue conocido como arquitectura CADET (*Can't*

Add, Doesn't Even Try), lo que son las siglas de ni puedo sumar ni lo intento. La arquitectura CADET sentó precedente por la ventaja de la sencillez del diseño de las unidades aritméticas, y se utilizó en varias computadoras posteriores, como la IBM 1620 Modelo I. Para restar se manipulaba el signo en las sumas, para multiplicar se sumaba varias veces, y para dividir o calcular raíces cuadradas, se restaba. Con todo esto la Modelo V era una de las computadoras más lenta de su época, pues tardaba 0.3 segundos para realizar una suma o resta, 0.8 segundos para una multiplicación, 2.2 segundos para una división y 4.3 segundos para una raíz cuadrada. Para imprimir o perforar un número necesitaba otros 3 segundos, y esto ralentizaba más aún si cabe el funcionamiento global, a pesar de que la máquina permitía leer y ejecutar la siguiente instrucción mientras esto ocurría. Con todo, lo realmente lento era la lectura de datos, que solía costar seis veces más que la obtención de los resultados. Todo esto al precio de medio millón de dólares de la época por unidad.

Aunque Stibitz abandonó los Bell Labs, se crearía un Modelo VI sin su intervención, y fue instalada en los Bell Labs en noviembre de 1950, era una versión mejorada del Modelo V, con unas doscientas subrutinas por hardware que eliminaban la necesidad de leer una y otra vez de las cintas de papel. El Modelo VI fue donado al Instituto Politécnico de Brooklyn a fines de la década de los cincuenta, que a su vez lo donó al Instituto de Tecnología de Bihar en la India en 1961.

Stibitz consiguió a lo largo de su vida un total de 38 patentes, además de las que quedaron en propiedad de los Bell Labs. En 1964 llegaría a miembro de la Facultad de Dartmouth College, dedicándose a la investigación de las aplicaciones de las computadoras en medicina. Continuaría trabajando hasta 1983.

2.20 Memex

Vannervar Bush (1890-1973) nació en Everett, Mássachusetts. Después de terminar sus estudios de ingeniería en la Universidad de Tufts, trabajó entre 1913 y 1914 en la General Electric, como inspector de electricidad. A la vez preparaba la tesis para su doctorado en la Universidad de Claï k, con lo que entró a trabajar en el *Instituto de Tecnología de Massachusetts* (MIT) en el programa de Ingeniería Eléctrica. Finalmente conseguiría su doctorado en el MIT y la Universidad de Harvard conjuntamente. Durante la Primera Guerra Mundial, siendo ya un ingeniero reputado, trabajó con el Consejo Nacional de Investigación en el desarrollo de técnicas para la detección de submarinos. Se reincorporaría al Departamento de Ingeniería Eléctrica en el MIT en 1919, y fue profesor allí entre 1923 y 1932. Fruto de su trabajo en esa época, durante 1922, él y Laurence K. Marshall, crearon un dispositivo llamado el tubo-S. Este dispositivo era un rectificador de gas, inventado inicialmente por C.G. Smith, que mejoraría considerablemente la eficiencia de los receptores y transmisores de radio. Con este invento Bush haría mucho dinero, creando una empresa llamada *Raytheon*, que vendía productos fundamentalmente al Departamento de Defensa. Con todo ello, a partir de 1927, Bush construyó un analizador diferencial, y una computadora analógica capaz de resolver ecuaciones diferenciales con hasta dieciocho variables independientes. El propio Claude Shannon, estudiante postgrado de Bush en el MIT, influenciado por su trabajo comenzaría su teoría de diseño de los circuitos digitales.

La computadora analógica de Bush estructuralmente estaba compuesta por amplificadores mecánicos, contando cada uno de ellos por un disco de cristal y una rueda metálica. El conjunto se accionaba gracias a un motor eléctrico. Mediante trenes de engranaje se conectaban de doce a dieciocho integradores de ruleta, lo que producía el resultado. Basándose en este analizador diferencial analógico, se construiría en 1942 en secreto, una versión más potente que se utilizaba para el cálculo de tablas de tiro de los buques de guerra, resolviendo ecuaciones balísticas para las trayectorias de los proyectiles. Este ingenio costaba de unos 2000 tubos de vacío, varios miles de relés electromagnéticos, y aproximadamente 320 kilómetros de cable, pesando el conjunto unas 200 toneladas.

De 1932 a 1938 Bush sería vicepresidente y decano de ingeniería en el MIT, siendo 1939 el año en que aceptó el puesto de presidente del *Instituto Carnegie de investigación científica de Washington*. Allí Bush tendría influencia directa sobre la investigación de Estados Unidos con fines militares, y asesoraría de manera directa al gobierno sobre temas científicos. Incluso comenzaría a participar en política con su nombramiento de presidente del *Comité Consultivo Nacional para la Aeronáutica*, que dirigió hasta 1941. En 1940, con el estallido de la guerra, Bush propuso al presidente Roosevelt la creación del *Comité de Investigación de la Defensa Nacional* (CEDR), con el fin de aunar los esfuerzos de los investigadores en materia de armamento. La propuesta fue aceptada de inmediato.

Una vez instituido el CEDR, Bush nombraría a cuatro científicos de su confianza como responsables de cuatro áreas fundamentales de investigación. Compton, Conant, Jewitt, y Tolman, fueron puestos al frente respectivamente de las investigaciones en radar, química y explosivos, municiones y blindajes, y patentes y nuevas invenciones. El trabajo de Bush ayudaría decisivamente a los Estados Unidos a ganar la guerra. Todo lo más cuando fue uno de los artífices y coordinadores del Proyecto Manhattan, que dio como resultado la bomba nuclear.

La principal aportación de Bush a la historia del desarrollo de la informática reside en que durante este periodo tuvo que diseñar un sistema para coordinar los trabajos y los esfuerzos de unos 30.000 científicos y técnicos, de cuyo trabajo salieron más de 200 nuevos inventos y desarrollos. Con toda la problemática derivada de coordinar el trabajo y compartir los conocimientos de tanta mente brillante, Bush desarrolló entonces el concepto de **Memex** (Memory Expander).

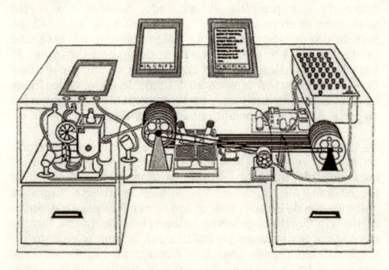

Este modelo de asistente, nunca llevado a la práctica por Bush, definía un dispositivo en el que se almacenarían todo tipo de documentos. Este dispositivo era básicamente una mesa con un teclado y unas palancas que permitiría la consulta de datos almacenados en microfilms, que eran proyectados en unas pantallas translúcidas. El ingenio contemplaba también la inclusión de una opción para que el usuario pudiera tomar anotaciones en los márgenes. De esta forma el usuario era también editor, y autor. Todo esto quedó recogido en un artículo publicado por Vannevar Bush en 1945, titulado "*As we may think*".

Bush era consciente de que, a mediados de la década de los cuarenta, el conjunto de la experiencia humana estaba creciendo a un ritmo frenético, y que los medios empleados para procesar y sacar partido de esa ingente cantidad de datos eran muy rudimentarios. Los estudiosos de un tema tenían que invertir varios días de trabajo y de búsqueda, para llegar al dato que realmente necesitaban. Para cuando conseguían esto, probablemente ya no podían mantener la síntesis de todos los datos recabados, y por consiguiente generar algo nuevo. Para Bush, la solución al problema vendría si se resolvía lo que él denominó el asunto de la selección, es decir: la recuperación de la información. Bush describe los medios de almacenar y clasificar el saber de su época, y concluye que la mente humana no funciona tal y como esos medios imponen. Afirma que la mente humana funciona por asociación, por lo que el sistema de consulta de información ideal debería seguir un esquema análogo, siendo capaz de conectar asuntos relacionados.

El Memex sería entonces el dispositivo, capaz de llevar a cabo, de una manera más eficiente y parecida a la mente humana, la manipulación de la información. Textualmente *«un memex es un dispositivo en el que una persona guarda sus libros, archivos y comunicaciones, dotados de mecanismos que permiten la consulta con gran rapidez y flexibilidad. Es un accesorio o suplemento íntimo y ampliado de su memoria».* Como ejemplo de utilización citaba: *«al elaborar un trayecto, el usuario primero le da un nombre, luego introduce dicho nombre en su libro de códigos y lo teclea en el teclado. Delante de él están los dos artículos que han de unirse proyectados en dos superficies de visionado adyacente. Debajo de ellos, hay unos espacios para códigos en blanco y un puntero para designarlos. El usuario sólo tiene que tocar una tecla y los dos artículos se encuentran unidos. En cada espacio para códigos consta el código pertinente del código asociado. También en el espacio para códigos, pero sin que se vea, hay una serie de puntos que serán leídos por una célula fotoeléctrica; estos indican, con su posición relativa, el número de índice del otro artículo. Más adelante, cada vez que se visione uno de los artículos, el otro podrá ser recuperado con simplemente apretar un botón situado debajo del correspondiente código. Cuando se han unido numerosos artículos para formar un trayecto es exactamente como si se hubiesen reunido artículos físicos desde fuentes muy distantes, y se los hubiese encuadernado juntos para formar un libro nuevo. De hecho, va incluso más lejos, ya que cada artículo puede estar unido en numerosos trayectos a la vez».*

El consorcio W3C, organización internacional que desarrolla estándares para la World Wide Web (WWW), considera que Memex, es el precursor de la web actual tal y como la conocemos, en la que toda la información y el conocimiento están entrelazados.

2.21 Cybernetics

Norbert Wiener (1894– 1964) es el padre de la cibernética, término y disciplina que definió y fundó en 1948, con la publicación de su libro « *Cybernetics: Or Control and Communication in the Animal and the Machine»*. Hijo de un profesor universitario de lenguas eslavas en Harvard, sus padres lo educaron de manera privada en casa hasta graduarse en el instituto con once años. A esa edad ingresaría en la Universidad Tufts para estudiar matemáticas, donde se licenció con quince años, y entró en Harvard. En Harvard estudiaría zoología, pero finalmente en 1910 se trasladaría a la Universidad Cornell para empezar estudios superiores en filosofía. Al año siguiente volvería a Harvard para continuar con la filosofía, donde obtendría el doctorado a los dieciocho años, con una tesis sobre lógica matemática.

 Siendo doctor en Harvard, Wiener se fue a Cambridge en Inglaterra para continuar ampliando sus conocimientos, y a Göttingen en Alemania con la misma intención. Regresaría a Harvard con el estallido de la Primera Guerra Mundial, y allí fue profesor de filosofía, y a la vez trabajó para la General Electric y la Encyclopedia Americana. También se dedicó a trabajar en cuestiones de balística en el campo de pruebas de Aberdeen, en Maryland, para finalmente conseguir un puesto como profesor de matemáticas en el MIT. Sin embargo, Wiener continuaría con su frenética actividad profesional y docente, viajando continuamente entre América y Europa, visitando repetidas veces Göttingen y Cambridge.

Durante la Segunda Guerra Mundial regresaría a Estados Unidos, para trabajar en un proyecto para guiar a la artillería antiaérea mediante radar, para lo cual había que predecir la trayectoria de los bombarderos, y dirigir las baterías antiaéreas automáticamente. Para hacer estos cálculos, el mecanismo de ajuste debía realizar correcciones basadas en las diferencias entre trayectoria prevista y real. A esto se le llamaba innovaciones del proceso, lo que introduce el concepto de retroalimentación en los autómatas.

Si bien Wiener no influyó de manera directa en el desarrollo de la informática en cuanto tal, sus trabajos en psicología cognitiva, teoría de la comunicación, causalidad, y teoría de sistemas, fueron de gran influencia sobre los que de manera directa desarrollaron la informática, las técnicas de control de proceso industrial, o la inteligencia artificial.

2.22 Teoría de la Información

Claude Elwood Shannon (1916-2001) es el padre de la teoría de la información. Nacido en Michigan, consiguió los títulos de Ingeniero Eléctrico y Matemático por la universidad de su estado, en 1936 cuando tan solo tenía veinte años. Aceptó entonces el puesto de asistente de investigación en el departamento de ingeniería eléctrica en el Instituto de Tecnología de Mássachusetts (MIT). Allí trabajaría en la construcción de la computadora analógica de Vannevar Bush, y otros proyectos, como el de simplificación de centralitas telefónicas de relés. De esta manera tuvo contacto directo con los componentes básicos de un circuito digital que le permitieran poner en práctica sus conocimientos teóricos sobre lógica y el álgebra booleana. Así, en su tesis doctoral en el MIT en 1938, demostró teóricamente cómo el álgebra booleana se podía utilizar en el análisis y la síntesis de la conmutación de los circuitos digitales. Sería una obra decisiva que cambiaría la forma de diseñar los circuitos digitales de ahí en adelante.

Para 1940 tenía un Máster en Ingeniería Eléctrica y un Doctorado en Filosofía Matemática, entrando a trabajar en los laboratorios Bell, donde coincidiría con tantos otros influyentes precursores de la informática. En 1948 publicaría su «*Teoría matemática de la comunicación*». En ella demostraba matemáticamente que todas las fuentes de información se pueden medir, y que los canales de comunicación sean de la naturaleza que sean, tienen una unidad de medida similar. En el también sentó las bases para la corrección de errores, supresión de ruidos y redundancia en las comunicaciones.

En el área específica de las computadoras y de la inteligencia artificial, publicaría en 1950 un trabajo que describía la programación de una computadora para jugar al ajedrez, base de desarrollos futuros. También crearía automatismos, como un ratón mecánico controlado por un circuito de relé que le permitía desplazarse por un laberinto, que podía modificarse a voluntad. El ratón mecánico lo recorría hasta encontrar el objetivo, memorizando el trayecto. Es considerado como uno de los primeros automatismos capaces de aprender.

2.23   IBM

Thomás Watson (1874-1956) nació en Nueva York en el seno de una familia humilde por lo que apenas tuvo formación académica, y comenzó su vida laboral como librero, ganando seis dólares a la semana. Más tarde se dedicó a vender máquinas de costura e instrumentos musicales de forma itinerante, con lo cual cultivó sus dotes de vendedor. Después de un tiempo de dificultades, sin dinero ni trabajo, colaboró con C.B. Barron, un experimentado hombre de negocios, vendiendo acciones en una compañía de préstamos. Barron resultó ser un estafador que un día desapareció con todo el dinero sin dejar rastro, y por ello Watson se quedó de nuevo en la calle. Entonces probó a montar una carnicería en Buffalo, pero le fue mal y se vio obligado a venderla junto con toda su maquinaria. Entre las máquinas se encontraba una caja registradora de la *National Cash Register Company* (NCR), y caprichos del destino, en 1895 cuando Watson fue a la NCR a transferir la propiedad al nuevo propietario de la carnicería, conoció a John Range, quien le ofreció un trabajo en la empresa y le formó como vendedor. Así, por pura casualidad, comienza el vínculo de Thomás Watson con la tecnología de computadoras y la informática; por la caja registradora de uno de los negocios que intentó infructuosamente sacar adelante.

Watson era bueno en su trabajo como vendedor, y no tardó mucho en ascender hasta el puesto de director general de ventas. Resultó ser tan hábil, que incluso tuvo problemas con la justicia y recibió denuncias por prácticas deshonestas, como vender máquinas registradoras defectuosas para captar clientes. La cuestión era que la NCR ejercía un claro monopolio de un mercado, el de las cajas registradoras, que no dejaba de crecer. La competencia era escasa y prácticamente se reducía a la venta de máquinas NCR de segunda mano. John Patterson, presidente de la compañía, no podía soportar que otros se enriquecieran a costa de un negocio que él consideraba suyo y sólo suyo. Decidió fundar una organización ficticia dedicada a la venta de máquinas registradoras cuyo único objetivo sería el de arruinar a la competencia. Puso a su cargo a Thomás Watson. No dudó Watson, para tal finalidad, en aprovechar el poderío de la NCR para recomprar sus máquinas usadas e incluso las originales de la competencia a un precio superior al que después las revendían. La esperanza de vida de estas máquinas era sospechosamente reducida y, tan pronto como dejaban de funcionar, un vendedor de la NCR visitaba al desdichado comprador para ofrecerle una máquina nueva. El éxito de la operación fue rotundo.

Pero con el tiempo los movimientos de la NCR acabaron llamando la atención del gobierno federal. Así que treinta de los altos cargos de la compañía, incluyendo al presidente y a Thomás Watson, fueron condenados a un año de prisión y a una multa de 5000$ por prácticas monopolísticas. No obstante, probablemente debido a la presión popular a favor de la compañía que había realizado un esfuerzo más que notable para paliar los daños producidos por la gran inundación de Dayton de 1913, la Corte de Apelaciones de Cincinati revocó la condena en 1915 basándose en la omisión de cierto material presentado por la defensa.

Para cuando todo esto sucedía Thomás J. Watson ya había sido promovido al segundo puesto de la empresa NCR, para ser despedido poco después, en 1914. Así que con la amenaza de la prisión pendiendo aún sobre su cabeza y con una familia recién formada, se marchó a Nueva York en busca de fortuna. Allí contactó con empresario Charles Ranlett Flint, el cual entre otros negocios se encargaba de las ventas de los primeros aeroplanos de los hermanos Wright allende los mares. Flint había creado la *Computing Tabulating Recording Company* (CTR) en 1911, y propuso a Watson hacerse cargo de su gestión. Charles R. Flint había inicialmente creado la empresa tras fusionar otras tres que adquirió: la *Tabulating Machine Company* que había sido fundada por Herman Hollerith, la *Computing Scale* y *la International Time Recording*. En 1914, su gestión se volvió complicada y por ello contrató a Thomás Watson, que entró como director general, y se hizo presidente en 1915. Para 1917, CTR se lanzó al mercado internacional, entrando en el mercado canadiense con el nombre *International Business Machines Co., Limited*. Y finalmente en 1924, CTR cambia su nombre a **IBM** (International Business Machines Corporation)

Inicialmente IBM tenía una producción muy diversificada, fabricando desde relojes de marcaje para empleados, hasta máquinas de cortar fiambre, pero Watson pronto se vio atraído por el potencial de las máquinas tabuladoras. Su mayor consumidor era la Oficina de Censos, aunque Watson tenía claro que otros grandes negocios podrían verse inclinados a explotar también las posibilidades de este producto. De hecho, Cuando Watson entró en IBM, ésta tenía menos de cuatrocientos empleados. Pero con el tiempo, y estando Watson como presidente, IBM se convirtió en una empresa muy potente; tanto que en 1952 fue denunciada por el gobierno por monopolio. En esos tiempos, IBM controlaba más del 90% de las máquinas tabuladoras de Estados Unidos.

La gestión de Watson se vio innegablemente influida por su experiencia al lado de John Patterson. La obsesión por la cultura heredada de su estancia en la NCR no tardó en empujarle a crear la fundación cultural que tan famosa haría después a IBM. Su experiencia en la NCR le enseñó, además, que un empleado feliz es un empleado leal y por ello les proporcionó unas condiciones de trabajo más que favorables. Importó también el sistema de división territorial para los vendedores, así como las cuotas obligatorias de ventas e institucionalizó las primas por superarlas. El resultado de todas estas medidas fue espectacular. Multiplicó los beneficios de la compañía y expandió sus dominios por Europa, América del Sur, África y Australia. E incluso al llegar 1929, en pleno desastre económico mundial, la IBM ya poseía el 20% del mercado de las máquinas tabuladoras. Pasó la crisis, y la compañía no sólo logró sobrevivir al hundimiento de la bolsa, sino que salió ampliamente reforzada aprovechando el plan económico *New Deal* del presidente Roosevelt. Ciertamente, el recién creado Sistema de Seguridad Social requería la tabulación del tiempo que cada empleado dedicaba a su puesto de trabajo e IBM fue la encargada de proporcionar el equipamiento necesario.

Otra de las personas que más influyeron en la carrera de Thomás Watson fue un antiguo colega de la NCR y, posteriormente, uno de los más importantes ingenieros de la General Motors llamado Charles Kittering. Inventor con más de trescientas patentes, entre las que se encuentra el motor eléctrico de arranque de motores de automoción. Kittering infundió en Watson el respeto por la investigación y el desarrollo. Thomás Watson estaba convencido de que la I+D guiaría su negocio al éxito. Es por ello que IBM dedicó a partir de los años 30 gran parte de su esfuerzo al desarrollo de nuevas tecnologías.

Thomás Watson mostró también un profundo interés por las relaciones internacionales. Trabajó codo con codo con la Cámara Internacional de Comercio y en 1937 fue elegido su presidente. Aquel mismo año, recibió de manos del canciller alemán Adolf Hitler la medalla del Águila con Estrella al mérito extranjero por los servicios prestados. IBM a través de su filial alemana, la **Dehomag**, abasteció durante años al régimen Nacional Socialista del material necesario para realizar censos, que más tarde se utilizaban en los campos de trabajo. IBM amasó una gran fortuna con el arrendamiento de máquinas tabuladoras continuamente actualizadas, y las tarjetas perforadas necesarias para procesar aquellos datos. Con el estallido de la Segunda Guerra Mundial en 1940, Watson en un gesto políticamente correcto decidió devolver la medalla a Hitler. Pero los negocios seguían, dado que, a fin de cuentas, el lema de IBM por aquel entonces era «*A la paz mundial por el negocio mundial*». Con la entrada de los EEUU en la guerra a partir de 1941, IBM obtuvo beneficios millonarios con la venta de material bélico y computacional al ejército de EEUU. Su plantilla se dobló y alcanzó los 22.000

empleados. En compensación por este éxito, dedicó un 1% de sus beneficios a crear un fondo para la ayuda a viudas y huérfanos.

Lo remarcable del sistema de trabajo que utilizó Thomás Watson en la IBM, era la forma que tenía de dar a los empleados unas condiciones algo especiales con tal de mantenerles felices y por tanto activos y leales. Todo el personal de ventas tenía que asistir a canciones sobre la grandeza de IBM al más puro estilo boyscout, o schutzstaffel. Watson también introdujo eslóganes que se convirtieron en imagen de la IBM. Por ejemplo «*THINK*» (piensa), del que salió el nombre de los portátiles IBM ThinkPad. Otros eslóganes que has superado peor la prueba del paso del tiempo fueron «*Ever Onward*» (siempre avanzando), y el ya citado «*World Peace Through World Trade*».

En los 1950s, Thomás Watson ya dejó poco a poco las riendas de la compañía, y cuando murió a los 82 años en 1956, su hijo mayor Thomás John Watson, Jr. (1914–1993), fue quien tomó las riendas de IBM.

Thomás John Watson Jr. sufría una dislexia que le impedía leer y escribir correctamente, y por eso le costó seguir sus estudios. Hasta tal punto que la Brown University le aceptó para estudiar economía sólo como un favor a su padre. Con el tiempo, Watson Jr. entró como vendedor en IBM, aunque con poco interés por este trabajo. Prefirió hacer de piloto durante la guerra para lo que sí que tenía facilidad. Aunque su gran mérito, fue en 1956 al hacerse presidente de IBM, cuando decidió cambiar la estrategia de la empresa, y en vez de dedicarse a las máquinas tabuladoras, contrató a muchos ingenieros eléctricos para hacer grandes ordenadores llamada *mainframes*, haciendo así a IBM protagonista no tan solo del desarrollo de la informática, sino también de las computadoras.

2.24 ABC

John Vincent Atanasoff (1903 – 1995), es considerado por algunos el creador de la primera computadora digital. Su padre era Ingeniero Electrónico, y junto con él y el resto de su familia se mudaron a Florida siendo muy joven. Con tan solo 21 años Atanasoff consiguió el título de Ingeniero Eléctrico en la Universidad de Florida, haciendo de seguido un Máster en Matemáticas por la Iowa State College. En este mismo centro sería años después profesor asistente de matemáticas y física, no sin antes haberse doctorado en física teórica por la Universidad de Wisconsin con una tesis sobre la constante dieléctrica del helio.

Durante todos estos años de estudios científicos, la única y más avanzada herramienta de cálculo con la que Atanasoff pudo contar, fueron las rudimentarias calculadoras mecánicas de principios del siglo XX. Mientras cursaba su Máster en Matemáticas en Iowa, tendría contacto directo con las tecnologías de cálculo mecanizado para resolución de problemas científicos. Principalmente utilizaría para sus investigaciones tabuladoras de la IBM, que, a pesar de no haber sido específicamente diseñadas para el cálculo sino para el procesamiento de información, sí que incorporaban estas funciones. Partiendo de estos estudios, En 1936 inventó una calculadora analógica para el análisis de la geometría de superficies. Está calculara analógica dependía para la exactitud de sus cálculos, de la tolerancia mecánica, y de la exactitud física de los componentes y materiales que la conformaban. En la mente de Atanasoff fue poco a poco fraguándose la idea de actualizar el diseñó de aquella máquina analógica, a uno que utilizara lógica digital.

Los principios básicos de esta computadora serian cuatro: uso de la electrónica, lógica de funcionamiento basada en numeración binaria, condensares como elementos de memoria, y cálculo directo de operaciones lógicas. En su desarrollo y puesta en práctica, Atanasoff recurrió a la ayuda de un alumno graduado recomendado por su compañero de trabajo Harold Anderson. Este alumno se llamaba Clifford Berry, de ahí el nombre de su computadora, ABC (Atanasoff Berry Computer). Comenzaron a trabajar en el montaje final de la computadora en septiembre 1939, y para noviembre de 1939 el primer prototipo operativo, sumaba o restaba dos registros de veinticinco bits usando un bit de acarreo. Esta es considerada históricamente la primera computadora electrónica digital conocida. Cuando se terminó de implementar el diseño, mediante lógica binaria se podía resolver sistemas de hasta veintinueve ecuaciones lineales, usando una memoria regenerativa a base de condensadores, tal y como hoy en día se sigue haciendo en las memorias DRAM. La máquina pesaba más de 320 kilos, tenía más de kilómetro y medio de cableado eléctrico, y 280 tubos de vacío.

Lo excepcional de la ABC, es que trabajaba con cincuenta bits de mantisa más un bit de signo de forma binaria y con gran precisión, en una época en la que la mayoría de los mecanismos de cálculo lo hacía de manera analógica, en decimal, y con baja precisión. Hoy en día el estándar orquestado por el comité IEEE, parte de un bit de signo, cincuenta y dos bits de mantisa, y once bits de exponente.

La historia comúnmente admitida de las computadoras da por sentado que la primera computadora digital electrónica de la historia fue la ENIAC. En justicia ENIAC fue la primera de propósito general, dado que la ABC estaba especializada en ecuaciones lineales, pero no la primera en términos absolutos. Además, si nos atenemos a computadoras digitales en cuanto a tales, Zuse con sus diseños electromecánicos fue sin duda el pionero. Ahora bien, ENIAC fue la primera computadora electrónica digital en ser desarrollada de manera completa, y explotada en profundidad. La ABC no dejó de ser un proyecto inacabado del que tan solo se llegó a crear un prototipo por falta de presupuesto. Paradójicamente el diseño de ENIAC fue directamente influenciado por John Atanasoff, quien conoció a uno de los padres del ENIAC, John Machly, en un encuentro de la *Asociación Americana para el avance de la Ciencia*. Este encuentro se celebró en Filadelfia en diciembre de 1940. Allí Mauchly realizaba una demostración del su *Harmonic Analyzer*, que era una calculadora analógica para el análisis de datos meteorológicos. Mauchly de inmediato quedó muy interesado por el ingenio digital de Atanasoff, el cual le invitó a conocerlo sin ningún tipo de reparo. De esta forma Mauchly visitó a Atanasoff en junio de 1941, para ver la ABC. En cuatro días como invitado de Atanasoff, Mauchly analizó minuciosamente el prototipo ABC, que, aunque Atanasoff quería ampliar, no podía por falta de fondos. También revisó el diseño inicial manuscrito de Atanasoff en detalle, porque no estaba familiarizado con el concepto de computadora digital, y sería a partir de ese momento cuando comenzó su conocimiento de esta materia.

Cuando en septiembre de 1942 Atanasoff abandonó el Iowa State College, confió la solicitud de la patente de su invento a los administradores del centro. Como resultado nunca fue cursada. Atanasoff entonces se mudó a Washington para trabajar en el Naval Ordnance Laboratory, siendo a partir de entonces visitado por Mauchly en múltiples ocasiones, en las que profundizaban juntos en teorías de computación. Por aquel entonces Mauchly se encontraba en pleno desarrollo del ENIAC, pero no mencionó el trabajo de su proyecto, por ser este un desarrollo de alto secreto para el gobierno de Estados Unidos inmersos en plena Segunda Guerra Mundial (IIGM). De esta manera Mauchly y Eckert, con la ayuda de fondo de Atanasoff construirían entre 1943 y 1946 el primer computador que podía realizar las mismas funciones que la máquina de Turing.

Atanasoff trabajaría para el gobierno de los Estados Unidos, y desarrollaría sismógrafos y microbarómetros especializados en la detección de explosiones a larga distancia. Después se pasó al sector privado, fundando en 1952 la *Ordnance Engineering Corporation* dedicada a todo tipo de proyectos de ingeniería.

En cuanto a la controversia sobre el inventor del computador moderno, la patente del ENIAC fue solicitada en 1947 pero no fue concedida hasta 1964. Al poco de la concesión de la patente, la empresa Honeywell Inc. basándose en la influencia de Atanasoff sobre los diseños del ENIAC, planteó un pleito contra la patente defendida por Sperry Rand en nombre de Mauchly y Eckert. Finalmente se dictaminó que la patente era inválida, porque el ENIAC había heredado muchas ideas claves del Atanasoff Berry Computer. Desde entonces, legalmente quedó escrito, que Eckert y Mauchly no inventaron ellos solos el primer computador electrónico digital, sino que partieron de los diseños de John Vincent Atanasoff.

Pero este veredicto fue poco publicitado en su tiempo, y sus consecuencias fueron más económicas para la empresa que perdió la concesión de la patente, que históricas. Eran tiempos del escándalo político Watergate en Estados Unidos, y a pesar de las posteriores reivindicaciones de Atanasoff, hoy en día continúa siendo considerada la ENIAC y no la ABC o la Z3 la primera computadora moderna. A Zuse prácticamente ni se le tiene en cuenta, a pesar de que él a comienzos de los años sesenta, en paralelo al pleito en Estados Unidos, también desde Alemania intentara hacerse con la patente de la computadora digital, basándose en sus ingenios anteriores a la ENIAC.

2.25 MARK I

Howard Aiken (1900 -1973) nació en Nueva Jersey, y creció en Indianápolis. Allí estudió en el *Arsenal Technical School*, graduándose en 1919 y continuando sus estudios en la Universidad de Wisconsin, en donde se especializó en electrónica, convirtiéndose en Ingeniero Electrónico en 1923. Mientras que trabajaba para la *Westinghouse Electric Manufacturing Company*, seguiría sus estudios en electrónica y física en Harvard, donde al concluirlos se quedó como profesor asociado. En paralelo estudió en profundidad los trabajos de Charles Babbage, y trabajó en el diseño de la continuación los primitivos artefactos computacionales electromecánicos. Sería en 1937, cuando Aiken presentó el proyecto de construcción de su diseño de computadora a IBM. En la IBM dirigida por Thomás Watson padre, apostaron por el proyecto de Aiken, asignándole inicialmente a este nuevo proyecto el nombre de IBM ASCC. A la historia pasó con el nombre de MARK I, siendo terminada en 1944 con un coste de un cuarto de millón de dólares, y trasladada a la Universidad Harvard rebautizándola como Harvard Mark I.

Uno de los primeros programas que corrió la Harvard Mark I, fue creado John von Neumann y se ejecutó el 29 de marzo de 1944. En ese momento, von Neumann estaba trabajando en el Proyecto Manhattan y necesitaba modelar si la implosión era una opción viable para detonar la bomba atómica que se usaría un año después.

La Harvard Mark I fue el origen de la **Arquitectura de Harvard**, en la cual básicamente los datos y los programas se almacenan por separado. Esta arquitectura se sigue estudiando hoy en día en Ingeniería Informática, en contraposición a la **Arquitectura von Neumann**, donde los datos y los programas comparten el mismo espacio de memoria.

La MARK I tenía 760.000 ruedas y 800 kilómetros de cable, 7 metros de largo, 3 metros de alto y 1 metro de profundidad. Funcionaba con relés electromagnéticos, se programaba mediante interruptores y cableado directo, y leía los datos de la secuencia de entrada de cintas de papel perforado. Empleaba además señales electromagnéticas para mover las partes mecánicas, con todo lo cual era muy lenta, y muy poco flexible en la programación de los cálculos. Aunque bien usada, mediante las operaciones matemáticas básicas que podía ejecutar, se podía llegar a realizar cálculos complejos de ecuaciones sobre el movimiento parabólico de proyectiles.

Esta computadora, debido a su naturaleza electromecánica, necesitaba de aproximadamente seis segundos para efectuar una multiplicación y doce para una división. Esto condicionaba en gran medida su eficiencia la hora de solucionar problemas que requerían de respuesta en un tiempo asumible, aunque las sucesivas mejoras implementado por ejemplo saltos condicionales en la ejecución de los programas, y la posibilidad de entrada de datos mediante varios archivadores de tarjetas de selección automática, incrementaron significativamente el rendimiento de los procesos de computación. Con el tiempo Aiken volvería a Harvard, donde siguiendo la línea inicial construiría también las computadoras MARK II (1947), MARK III y MARK IV (1952). El Mark III. Este fue el primero de la serie en incorporar algunos componentes electrónicos. El siguiente y último de la lista, el Mark IV, fue construido enteramente con componentes electrónicos y utilizaba como memoria núcleos magnéticos. Además, esta máquina era capaz de almacenar los resultados en tambores magnéticos.

3   Las computadoras hasta el microprocesador

3.1   Primera Generación

Las computadoras de la primera generación, que abarcan aproximadamente la década de 1940 a mediados de la década de 1950. En su mayor parte utilizaban o bien relés electromecánico o válvulas de vacío como elementos principales para el procesamiento de datos. Estos elementos eran grandes, generaban mucho calor en el caso a causa de las válvulas de vacío y eran propensas a fallos, aunque se contara con sistemas de refrigeración ponentes. Además, consumían una ingente cantidad de energía eléctrica, existiendo por ejemplo la creencia de la ciudad de Filadelfia, donde se encontraba instalada la ENIAC, sufría problemas con el suministro eléctrico cuando entraba en funcionamiento.

La programación de esta generación de computadoras se realizaba de manera manual utilizando lenguajes de máquina y ensamblador, dado que no existían lenguajes de programación de alto nivel, lo que los que existían todavía no habían alcanzado la difusión y popularidad necesaria. La entrada de datos se realizaba principalmente a través de tarjetas perforadas o interruptores manuales, y la salida se presentaba a menudo en forma de luces indicadoras, impresiones en papel o también en tarjetas perforadas que había que saber interpretar. El almacenamiento de datos se realizaba en cintas magnéticas, tambores magnéticos o tubos de Williams, que eran dispositivos primitivos en comparación con los modernos dispositivos de almacenamiento.

3.1.1   ENIAC

La computadora ENIAC (*Electronic Numerical Integrator And Calculator*), es el ejemplo más citado de computadora de primera generación. Su proyecto de fabricación fue catalogado de alto secreto por el gobierno de los Estados Unidos durante la Segunda Guerra Mundial, y no fue terminada de construirse hasta el año 1947. Su misión como la mayoría de las que fueron creadas en su época era calcular trayectorias balísticas, y así se pasó los ocho años que permaneció en activo. La historia oficial, ha querido que esta computadora sea considerada como la primera en términos absolutos jamás construida, sin embargo, el lector a estas alturas ya sabrá que no fue ni mucho menos así. Pero aun con todo la ENIAC no deja de ser una computadora muy avanzada para su época, y eso a pesar de que al contrario de la ABC de Atanasoff y de los ordenadores modernos, trabajaba con números en base 10, y no en binario. El elemento constructivo básico de la ENIAC fueron las válvulas de vacío, lo cual le proporcionó una clara ventaja respecto a las computadoras mecánicas de su época. Gracias al ingenioso uso de estos dispositivos, podía ejecutar 5000 sumas y 360 multiplicaciones por segundo. John Mauchly y John Eckert de la Universidad de

Pensilvania, fueron los que comenzaron su diseño, como ya vimos, bajo el consejo y la influencia de Atanasoff. John von Neumann fue el que dio los retoques definitivos a un diseño que comenzaba a plantear problemas en su implementación, creando un estándar de arquitectura que incluso hoy en día perdura. Aunque von Neumann merece capítulo aparte, y mencionaremos sus aportaciones a la informática en un apartado dedicado.

Una vez terminada, la ENIAC ocupaba todo un sótano de la Universidad de Pensilvania con cerca de 170 metros cuadrados. Sus 27 toneladas de peso, consumía entorno a los 200.000W de electricidad. Contaba con un imprescindible sistema de aire acondicionado para disipar el alto calor que generaban sus cerca de 18000 válvulas de vacío, 7000 diodos de cristal, 1500 relés, 10000 condensadores, 70000 resistencias, unidos entre sí por cinco millones de soldaduras. Aun así, la temperatura de la habitación se elevaba pese a todos los esfuerzos por evitarlo, a más de 50° centígrados en ocasiones, lo que quemaba algunas válvulas, y desencadenaba el tedioso proceso de tenerlas que localizar para su sustitución. Se estimaba que esto sucedía aproximadamente una vez por cada hora de funcionamiento. Aunque eso era sencillo comparándolo con la tarea de configurar sus más de seis mil interruptores, con el objeto de programar una tarea.

La programación de la ENIAC fue llevaba a cabo casi exclusivamente por un grupo reducido de mujeres, formado por Betty Snyder Holberton, Jean Jennings Bartik, Kathleen McNulty Mauchly Antonelli, Marlyn Wescoff Meltzer, Ruth Lichterman Teitelbaum y Frances Bilas Spence. Habían sido seleccionadas por sus sobresalientes capacidades, de otro grupo mayor de alrededor de ochenta, que durante la guerra habían comenzado a calcular a mano las trayectorias balísticas. Hasta aquel momento, la única ayuda con la que habían contado a la hora de realizar sus complejas operaciones matemáticas, eran las reglas de cálculo. Una regla de cálculo consiste en una regla con escalas numéricas y logarítmicas grabadas en ella, y generalmente una pieza móvil llamada cursor. El funcionamiento de la regla de cálculo se basa como ya vimos en las propiedades matemáticas de las escalas logarítmicas enunciadas por Napier. Al deslizar el cursor por la regla, se pueden realizar operaciones como la multiplicación, la división, la exponenciación y la extracción de raíces cuadradas, siendo esta la única ayuda disponible hasta que calculadoras electrónicas y computadoras fueron accesibles.

Cuando la ENIAC estuvo a disposición de aquel grupo de programadoras, antes de crear y poner el programa en ejecución, necesitaban entender y planificar detalladamente el problema a resolver. Esto implicaba especificar las operaciones matemáticas necesarias y la secuencia en la que debían ejecutarse. La ENIAC tenía paneles de control con numerosos interruptores y cables enchufables, y para llevar a cabo esta programación, se unían cables directamente en el hardware de la computadora. Con ello tenían que configurar físicamente la máquina, conectando esos cables y accionando los interruptores necesarios para establecer la ruta de los datos y las operaciones a realizar. De esta forma, las instrucciones que se codificaban manualmente utilizando un sistema específico de codificación de números y letras, se introducían de una manera compleja y extremadamente laboriosa, en la que era difícil no cometer errores. Sin embargo, gracias al incesante trabajo de este grupo de programadoras, la ENIAC se mantuvo operativa hasta el 2 de octubre de 1955 a las 23:45, momento en el que se apagó para no volver a encenderse.

3.1.2   John von Neumann

John von Neumann (1903 – 1957), científico prolífico donde los haya, es el padre conceptual de la computadora moderna. Los fundamentos de la arquitectura de computadora por el creada todavía hoy siguen vigentes en la mayoría de los diseños. Este matemático nacido en Hungría consiguió su doctorado en 1923 en matemáticas por la Universidad de Budapest. De allí acabaría por emigrar a los Estados Unidos, demostrando una brillantez insólita en todas las materias relacionadas con la ciencia. Durante la Segunda Guerra Mundial, fue reclutado para trabajar en el proyecto Manhattan, cuyo objetivo era la construcción de la bomba atómica. Daría solución en sus aportaciones a aspectos fundamentales de la física nuclear involucrada en reacciones termonucleares y la bomba de hidrógeno. A la par trabajaba con Eckert y Mauchly en la Universidad de Pensilvania en la construcción del ENIAC, e incluso tenía tiempo también para teorizar sobre los juegos y la economía, además de sobre mecánica cuántica y otras materias relacionadas con la ciencia. Investigando en su biografía y su obra, no podemos dejar de sorprendernos de por qué en su época se comenzó a decir que uno era un Einstein para denotar una gran inteligencia o nivel de conocimientos científicos o tecnológicos, y no se comenzó a usar en vez de esta la expresión ser un von Neumann.

En lo relativo al ENIAC, viendo las limitaciones del diseño inicial y los problemas que plateaba, diseño un futuro sustituto, y publicó un artículo en 1945 sobre el almacenamiento de programas llamado *"First Draft of a Report on the EDVAC"*. Este articulo tendría una decisiva influencia en los desarrollos futuros de computadoras. Introduciendo las modificaciones propuestas en el diseño de una computadora almacenando el programa dentro de la memoria central, la corrección y nueva ejecución del programa resultaba infinitamente más sencilla que con los métodos hasta entonces utilizados. Ésta es considerada desde entonces arquitectura de computadora de tipo von Neumann, en la que se utiliza el mismo espacio de almacenamiento para las instrucciones y los datos tanto de entrada como de trabajo. En contrapartida encontramos la arquitectura Harvard de la que ya tratamos. En esta, cuyo ejemplo básico es la serie MARK I de Aiken, las instrucciones y los datos se almacenan en sitios diferentes. Concretamente en la MARK I, los programas se almacenaban en tarjetas perforadas, y los datos en interruptores. En el nuevo diseño, se cargaba desde las tarjetas perforadas, pero se almacenaba y ejecutaba en memoria compartida.

Así, una computadora de Arquitectura von Neumann, realiza los siguientes pasos para su funcionamiento de manera secuencial:

1. Lee el registro de contador de programa, y lee la instrucción de la dirección de memoria indicada, y la guarda en el registro de instrucción.
2. Aumenta el contador del programa para apuntar a la siguiente. El contador de programa también puede variar en función de ciertas condiciones aritméticas.

3. Decodifica la instrucción que se encuentra en el registro de instrucción, utilizando la unidad de control. La unidad de control coordinara todos los componentes para realizar esa operación.
4. Se ejecuta la instrucción. La propia instrucción puede variar el valor del contador del programa, permitiendo así bucles.
5. Vuelve al paso 1.

En imagen puede verse a von Neuman junto a una EDVAC, la primera en implementar la arquitectura que lleva su nombre, y que tanta influencia ha tenido en el diseño de las computadoras durante todas las generaciones hasta llegar a nuestros días. Proporcionando un marco que ha demostrado ser versátil y adaptable a una amplia gama de aplicaciones, permitiendo la optimización de recursos y la simplificación de tareas.

La propuesta de von Neumann, fue desarrollado a posteriori por John Presper Eckert, John William Mauchly, y Arthur Burks, por eso podemos encontrarla referenciada dependido del texto como arquitectura del tipo von Neumann, o de tipo Eckert-Mauchly.

3.1.3   EDVAC & UNIVAC

A mediados de los años cincuenta, la tecnología de las computadoras había madurado lo suficiente como para que se comenzara su comercialización. Los dos principales creadores del ENIAC, J. Presper Eckert y John William Mauchly, habían recibido tal y como hemos visto ideas nuevas por parte de Von Neumman a raíz de verse atascados en su diseño original. Terminaron finalmente la ENIAC, pero a la par que lo hacían, diseñaban subvencionados también por el laboratorio de investigación balística de la Universidad de Pensilvania, una nueva computadora basada en el nuevo diseño, la EDVAC (Electronic Discrete Variable Automatic Computer). Eso ocurría en abril de 1946, con un presupuesto inicial de 100.000$.

Para empezar la EDVAC, a diferencia de la ENIAC no trabajaba en base decimal, sino binaria, y como gran novedad fue la primera diseñada para almacenar sus propios programas. La computadora contaba con una unidad de cinta magnética, una consola central con un osciloscopio para representación de datos y de estado, una unidad de escritura de instrucciones y memoria, memoria dual, reloj en tiempo real, y una unidad aritmética para realizar operaciones entre un par de números y enviar el resultado a memoria automáticamente. Tenía cerca de 6.000 tubos de vacío, y 12.000 diodos, consumiendo 56KW, ocupando una superficie de 45m/2, y pesando cerca de 8 toneladas.

La EDVAC se terminó de construir el 1949, comenzando su explotación en 1951. Estaría diez años en servicio, con un promedio de veinte horas diarias de trabajo, en intervalos sin errores de ocho horas seguidas. Todo un récord de fiabilidad. No sería hasta 1961 cuando fue sustituida por la BRLESC (Ballistic Research Laboratories Electronic Scientific Computer).

Pero Eckert y Mauchly eran de naturaleza inquieta y emprendedora. No dudaron en copiar de manera soterrada las ideas de Atanasoff o poner a la arquitectura descrita por von Neumann su nombre, ni en crearla *Eckert-Mauchly Computer Corporation*, con el objetivo de construir ellos mismos las computadoras que acabarían ofertando al gobierno y empresas privadas, hasta que decidieron que era la hora de vender.

La Eckert-Mauchly Computer Corporation sería comprada por Remington Rand en 1951, creando una división de nombre UNIVAC (UNIVersal Automatic Computer) para seguir con los desarrollos basados en el EDVAC.

El primer modelo del UNIVAC, fue llamado Atlas, e internamente se le asignó el código 1101. Esta computadora medía 11,5 metros de largo, y 6 de ancho, tenía 2700 tubos de vacío, y una memoria de tambor de 216 mm de diámetro que rotaba a 3500 rpm, y contaba con 2000 cabezales de lectura/escritura. Con esto se conseguía 16.384 palabras de 24 bits, es decir, un tamaño de memoria equivalente a 48 KB. Sperry Corporation y Remington Rand se fusionaron en 1955 para formar Sperry Rand Corporation, la cual saco el modelo UNIVAC 1105 con la que aparecen los fundadores de la compañía en la imagen de más arriba. La NIVAC 1105 lanzada en 1958 ya integraba transistores, por lo que puede considerarse de segunda generación.

Una de las primeras unidades de UNIVAC, fue usada por la cadena de televisión CBS, para predecir el resultado de las elecciones presidenciales de 1952. Mediante cálculos probabilísticos, con una muestra tan solo el 1% de la población votante predijo contra todo pronóstico que Eisenhower ganaría las elecciones, tal y como ocurrió. Eran los tiempos del comienzo de la ciencia ficción, un año después la película "*La guerra de los mundos*" mostraba una visión futurista llena de robots y mecanismos computacionales. Esta predicción por parte del UNIVAC tuvo un gran impacto social, siendo ese hecho el que daría a conocer las computadoras al gran público.

En conjunto, de las UNIVAC se fabricaron y entregaron cerca de cincuenta unidades. Los precios rondaban el millón y medio de dólares de la época, y tal vez por esto permanecieron en servicio durante mucho tiempo. La oficina de censos de Estados Unidos utilizó dos de ellas hasta 1963, la propia Sperry Rand mantuvo otras dos como la que podemos ver en imagen, funcionando hasta 1968, y la compañía de seguros Life and Casualty of Tennessee hasta el año 1970.

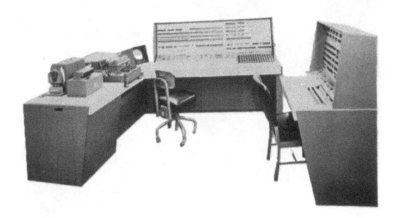

3.1.4   IBM 701,704

En sus inicios IBM enfocó su ámbito de negocio a la tecnología de las máquinas tabuladoras, la que hemos dicho que estaban ideadas para procesar información, pero no necesariamente para realizar complicados cálculos computacionales. Es a partir de la Segunda Guerra Mundial, cuando IBM entró de lleno en el mercado de la computación de propósito general, presentando en abril de 1944 el Mark I, el cual tal y como vimos había sudo ideado por Howard Aiken. Aunque en los cinco años que duró su desarrollo hasta la puesta en explotación, la tecnología electromecánica empleada había quedado obsoleta.

No fue hasta 1948 cuando IBM presentó su primera máquina electrónica: la SSEC (Selective Sequence Electronic Calculator). SSEC fue la primera computadora operativa, que combinaba computación electrónica con instrucciones almacenadas, no siendo en realidad un computador cien por cien electrónico, sino electromecánico. De hecho, fue el mayor computador electromecánico jamás construido, a base de válvulas de vacío, y relés electromecánicos. Se situó en la primera planta del edificio central del IBM en Nueva York, y podía ser visto por la gente que paseaba por el lateral del edificio a modo de reclamo publicitario. Funcionó desde el 27 de enero de 1948, hasta agosto de 1952, momento en el cual fue reemplazado por un IBM 701. Era el final de una era y el comienzo de otra nueva.

En la imagen de la izquierda, puede verse a Thomás Watson padre frente a una IBM 701. Este modelo de computadora de propósito general estuvo disponible para su venta en diciembre de 1952, aunque no sería anunciado hasta el 7 de abril de 1953. Entre sus novedosas características la IBM 701 incorporaba dos modelos 706 de unidades de almacenamiento electrostático, un modelo de 711 de lector de tarjetas perforadas, una impresora modelo 716, el modelo 721 de grabación de tarjetas perforadas, y el modelo 726 de lector/grabador de cinta magnética. Además, tenía la posibilidad de usar una memoria de tambor magnético llamada modelo 731. Aunque el sistema utilizaba tubos Williams para la memoria en un total de 72 tubos de 76mm, con una capacidad de 1024 bits, lo que le proporcionaban una memoria total de 2048 palabras de 36 bits cada una. Esta memoria podía y solía ser sustituida por la más fiable de núcleos de ferrita. De este modelo, se construyeron diecinueve unidades desde 1952 hasta 1955, las cuales en su mayoría fueron remitidas a los organismos gubernamentales para la defensa, la investigación atómica, la marina y la oficina meteorológica.

La IBM 704 que se sacó al mercado no mucho después se basó en la 701, incorporando esta vez una aritmética que se basaba en operaciones de punto flotante. Este nuevo modelo introducido en abril de 1954 fue el primero de la historia fabricado en cadena y comercializado a una relativa gran escala. La memoria definitivamente estaba basada en núcleos de ferrita, en vez de los problemáticos tubos de Williams. Se creó un nuevo conjunto de instrucciones, basadas en expresiones de 36 bits, que serían tan exitosas que formarían parte de futuras computadoras como las IBM 700/7000. Con ello esta computadora podía ejecutar 40.000 instrucciones por segundo, lo cual le sirvió entre otras cosas para vender las 123 unidades comercializadas entre 1955 y 1960.

Sus aplicaciones fueron de los más variopintas, he incluso en 1962 el físico John Larry Kelly preparó uno de los más memorables eventos en la historia de Bell Labs, al usar una IBM 704 para sintetizar el habla. Un sintetizador de voz de tipo *vocoder* acoplado a la computadora, cantó la canción «Daisy Bell» ante los asistentes.

Aunque la verdadera novedad que vendría de la mano del modelo 704, fue que para este sistema se desarrollaron inicialmente los lenguajes de programación orientados a la resolución de problemas científicos FORTRAM y LISP. El primero de ellos como veremos, ha venido siendo utilizado ampliamente en campos como la ingeniería, la física, la investigación científica y otros entornos donde se requiere realizar cálculos numéricos intensivos. Respecto a LISP, ha sido históricamente un lenguaje muy importante en el campo de la inteligencia artificial (IA). Su sintaxis y características facilitan la manipulación de listas y estructuras de datos, lo que es esencial en muchos algoritmos y enfoques utilizados en la IA.

3.1.5 Grace Murray

Grace Murray (1906-1992) nació en Nueva York, y cursó estudios superiores de matemáticas y física en la Universidad de Yale, donde se graduó en 1930. En el Vassar College, donde había estudiado anteriormente, le ofrecieron un puesto como asistente en su departamento de matemáticas. Allí permanecería trabajando mientras continuaba sus estudios de postgrado en Yale, en donde obtendría el doctorado en matemáticas en 1934. Durante la Segunda Guerra Mundial, decidió en 1943 unirse a las fuerzas armadas, para lo cual asistió a la escuela de cadetes navales para mujeres, graduándose la primera de su clase en 1944, y obteniendo automáticamente el rango de teniente para tener así el escalafón necesario que le permitiera trabajar en la recién construida computadora Mark I, la cual era considerada material militar sensible. Así fue destinada a un departamento blindado en Harvard, para trabajar en el proyecto de computación que dirigía el también automáticamente ascendido a comandante por los mismo motivos Howard Aiken. Al terminar la guerra, siguió en Harvard como Investigadora junto a Aiken, desarrollando varias aplicaciones contables para la Mark I, que estaba siendo utilizada por una compañía de seguros. Permanecería allí hasta 1949, cuando comenzó a trabajar en la Eckert - Mauchly Corporation en Filadelfia, en el desarrollo de las computadoras BINAC y UNIVAC I. La BINAC era pequeña computadora que militar, ideada para que pudiese ser transportada en un avión con la finalidad de guiar al misil de crucero Northrop SM-62 Snark. Trabajaría en esa compañía y en sus sucesoras hasta su retiro en 1971, siendo aquí donde realizó sus contribuciones más significativas a las técnicas de programación moderna.

Grace Murray en 1952 desarrolló el primer compilador de la historia, el A-0. Cinco años más tarde programó el primer compilador para procesamiento de datos que usaba comandos en inglés, el B-0 (FLOW-MATIC). Este lenguaje de programación de alto nivel estaba orientado al cálculo de nóminas y tras su experiencia con él, pensó que podía crearse un lenguaje de programación que usara comandos en inglés y que sirviera para aplicaciones de negocios en general. Esa fue la semilla del COBOL, siendo nuestra protagonista miembro del comité original para crearlo.
Además, el FLOW-MATIC sería una influencia tan importante en su diseño que muchos la consideran la creadora de facto del lenguaje de programación COBOL.
Como anécdota, a menudo, se le atribuye también a ella personalmente la invención del término «*bug*» (insecto) para referirse a un error en un programa. Mientras trabajaba con un Mark II en la universidad de Harvard el 9 de septiembre de 1947, y ante el repetido fallo de un proceso, alguien encontró una

polilla incrustada en uno de los relés de la computadora que le impedía funcionar. El insecto pasó a la historia de la informática, porque fue pegado al libro de registro de actividad de la computadora con el comentario que se puede ver en la imagen de, «primer caso real de bug encontrado». Como ella misma reconoció, no fue ella la que encontró el insecto, y además el primer uso registrado del término se encuentra en la revista *Journal of the Royal Aeronautical Society* de 1945.

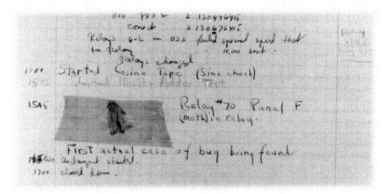

3.1.6 Nuestro primer ordenador

La *IBM 650 Magnetic Drum Calculator* fue una computadora de primera generación presentada en 1953, de la que se fabricaron cerca de dos mil unidades, y que operaba con tarjetas perforadas explotando la capacidad de una memoria capaz de almacenar 1000 palabras decimales de 11 caracteres. Partiendo de un precio de tarifa de entrada de 250000 dólares de la época. Esto hacía que la mayoría de sus clientes optaran por la opción de pagar 3500 dólares mensuales por su uso, en vez de adquirirla. Según publicó la revista Garbo en 1959 en un artículo titulado «Un cerebro electrónico para la RENFE», se pagarían diez millones de pesetas de la época por ella, realizándose su adquisición a través del programa de Ayuda Económica Americana.

Al comienzo de este breve repaso a la historia de la informática y las computadoras, ya hacíamos notar como IBM fue la responsable de que durante décadas usáramos el nombre de ordenador en vez del de computadora, dado que en su documentación en español IBM hacia uso continuo de la palabra ordenador. Esto ocurrió así, tal y como puede verse en la imagen, desde el primer ordenador que IBM vendió en España a la RENFE (Red Nacional de los Ferrocarriles Españoles) en 1959. Había sido a principios de la década de 1940 cuando se había establecido IBM en España

directamente, sin intermediarios, con el nombre de «**Máquinas Comerciales Watson**». Operaba desde oficinas en Madrid y Barcelona, era dirigida por Femando de Asúa y comenzó vendiendo tabuladoras, máquinas de escribir eléctricas y relojes de marcar.

Entre los fondos industriales del MUNCYT (Museo Nacional de Ciencia y Tecnología de España) se encuentra esta IBM 650 que sería utilizada en diferentes labores, tanto administrativas puras como el cálculo de nóminas, como para el control del material ferroviario. La mencionada capacidad de la memoria se dividía físicamente en dos partes, con sistemas de almacenamiento diferentes. Por un lado, la memoria principal formada por casi 2400 lámparas de vacío, y por otro la memoria dinámica que consistía en un cilindro magnético. Todo esto metido en un armario de 1,5 x 0,9 x 1,8 metros, que pasaba alrededor de 900 kg. La unidad de alimentación que venía aparte se aproximaba a los 1.350 kg.

La IBM 650 se podía programar en un dialecto del FORTRAN denominado FORTRANSIT, o en IPL (*Intermediate Programming Language*). El IPL se considera un lenguaje ensamblador, pero tiene características que lo hacen diferente de otros lenguajes ensambladores convencionales. A diferencia de los lenguajes ensambladores tradicionales que están directamente vinculados

a la arquitectura de la CPU subyacente. IPL está más orientado a la abstracción de la máquina subyacente y proporciona un nivel de abstracción más alto. Los programas creados el IPL podían corren tanto en las IBM 650, como en las *IBM 704, IBM 7090*, o incluso en computadoras de la competencia como la *Philco model 212*.

3.2   Segunda Generación

Esta fase se extendió aproximadamente desde mediados de la década de 1950 hasta principios de la década de 1960. En la segunda generación de computadoras, Los transistores reemplazaron a los tubos de vacío como los principales componentes electrónicos en las computadoras, y se comenzó con el uso masivo de lenguajes de alto nivel.

Los transistores eran más pequeños, más confiables, generaban menos calor y eran más duraderos que los tubos de vacío. Además, a finales de la segunda generación se introdujeron los circuitos integrados, que consisten en chips que contienen múltiples transistores y otros componentes en un solo sustrato semiconductor. Esto permitió una mayor densidad de componentes y contribuyó a una reducción adicional del tamaño de las computadoras. Adicionalmente se introdujo progresivamente el uso de dispositivos de almacenamiento magnético, dejando a un lado las tarjetas y cintas perforadas. Esta nuevas cintas y discos magnéticos mejoraron la capacidad y la velocidad de acceso a los datos en comparación con los métodos de almacenamiento utilizados en la primera generación. Con todo, las computadoras comenzaron a tener un tamaño más comedido, una mayor eficiencia energética y confiabilidad, además de comenzar a tener precios más asequibles.

3.2.1 Semiconductores

Los primeros materiales semiconductores de la corriente eléctrica utilizados con fines tecnológicos fueron pequeños detectores diodos empleados a comienzos del siglo XX en los primeros radiorreceptores de galena. En el radiorreceptor se incluía una pequeña piedra de galena o sulfuro de plomo como el de la imagen de la derecha, que hacía la función de diodo y permitía sintonizar las emisoras de radio de onda media. Una aguja sobre la superficie de la piedra sintonizaba una u otra frecuencia dependiendo de su posición. Con la galena era posible seleccionar y escuchar estaciones de radio con suficiente, aunque escasa calidad auditiva, y no se conocía por aquel entonces los pormenores del misterio que encerraba esa piedra para tener ese comportamiento físico.

No fue hasta 1940 cuando Russell Ohl, investigador de los Bell Labs de la AT&T, descubrió al estilo del método cartesiano, que si a ciertos cristales se le añadía una pequeña cantidad de impurezas su conductividad eléctrica variaba cuando el material se exponía a una fuente de luz. Con ese descubrimiento inicial, se llegó al desarrollo de las celdas fotoeléctricas, lo que permitiría a partir de entonces conseguir electricidad a partir de la luz solar. El trabajo de Ohl, suscitó el interés de la comunidad científica por las propiedades físicas de los elementos considerados semiconductores. Dichos trece elementos son bajo determinadas condiciones físicas: **el cadmio, el boro, el aluminio, el galio, el indio, el silicio, el germanio, el fósforo, el arsénico, el antimonio, el azufre, el selenio, y el teluro.** Estos elementos poseen características intermedias entre los cuerpos conductores y los aislantes, por lo que no se consideran ni una cosa, ni la otra. Los semiconductores bajo determinadas condiciones permiten la circulación de la corriente eléctrica en un sentido, pero no en el sentido contrario. Esas propiedades se utilizan desde el descubrimiento de las leyes físicas que las gobiernan, para rectificar corriente alterna, detectar señales de radio, amplificar señales de corriente eléctrica, y he aquí lo que realmente nos interesa, funcionar como interruptores o compuertas utilizadas en electrónica digital, para generar biestables.

Los semiconductores comenzaron a tener un papel protagonista en la historia de la tecnología, tras la IIGM. Fue en ese tiempo cuando quedó patente más que nunca, la necesidad de bajar el tamaño y peso de los aparatos de comunicaciones por radio. Fruto del trabajo en esta dirección, en 1947 en Bell Labs tres físicos llamados William Shockley, John Barden y Walter Houser Brattain (de izquierda de derecha en la foto), consiguieron crear el primer dispositivo semiconductor de germanio, al que denominaron «*transistor*» y que se convertiría en la base del desarrollo de la electrónica moderna.

Brattain, por caprichos del destino era chino de nacimiento, y tras regresar a temprana edad a los Estados Unidos y concluir sus estudios universitarios había comenzado a trabajar como físico en la división de radio del Instituto Nacional de Estándares y Tecnología, para continuar a partir de 1929 trabajando en los Bell Labs.

John Barden era hijo de uno de los fundadores, y profesor de la Escuela de Medicina de la Universidad de Wisconsin. Desde muy pequeño demostró gran interés por las matemáticas, y estudió ingeniería eléctrica en la Universidad de Wisconsin entre 1923 y 1928. Tras esto estudió matemáticas y física en Princeton, licenciándose en 1936. Durante la segunda gran guerra, fue el responsable del laboratorio naval de artillería, e incluso rehusó una invitación en 1943 para participar en el Proyecto Manhattan. Después de la guerra, coincidió en su grupo de trabajo con Schockley y Brattain en los Bell Labs.

Aunque los tres científicos compartieron premio Nobel de física en 1956 por sus descubrimientos en semiconductores, el principal motor de la investigación, y carismático hasta el punto de conflictivo fue William Bradford Shockley. Nacido en Londres en 1910 de padres estadounidenses, su padre era ingeniero, y su madre topógrafa de minas. Regresaron a Estados Unidos y marcharon a vivir a Palo Alto, en California, cuando el pequeño William tenía tan solo tres años. Ellos mismos educaron a su hijo inculcándole el interés científico, y hasta haber cumplido los ocho años no fue a la escuela. De adolescente un profesor de física de Standford, vecino de la familia, llamado Perley Ross causó gran influencia en él. Ross realizó a lo largo de su carrera un metódico, completo, y anónimo trabajo científico sobre los rayos X.

Shockley pasó dos años en la Academia Militar de Palo Alto, periodo en el que estudió física, quedando patente su innato talento para esta disciplina. En 1927 ingresó en la Universidad de California de Los Ángeles, y tan solo un año después, se fue a Pasadena al prestigioso Instituto de Tecnología de California (Cal Tech). Se licenció en física en 1932, y consiguió una beca en el MIT, en donde consiguió el doctorado en física en 1936.Tras doctorarse, Shockley tenía ofertas para trabajar en la Universidad de Yale, y en la General Electric, pero prefirió los Bells Labs de Murray Hill, Nueva Jersey, porque eso le permitiría colaborar con Clinton Joshep Davisson, que había sido premio Nobel en física en 1936 por su trabajo en la difracción de los electrones. Con el tiempo consiguió trabajar en el departamento de tubos de vacío, encabezado por Davisson Mervin J. Kelly, que era el director de investigación de los Bell Labs en aquella época. Kelly por aquel entonces imbuyó en la mente de Shockley la idea de que el futuro, pasaba por poder controlar el equipo telefónico de manera electrónica, y no mecánica como hasta entonces. Sin bien es cierto que Kelly pensaba que los tubos de vacío serian la tecnología de ese futuro.

En la Segunda Guerra Mundial, Shockley sirvió como director de investigación del grupo Antisubmarinos de Investigación de Operaciones de Guerra, y como asesor experto para la Oficina de la Secretaría de Guerra. El mayor logro con su trabajo fue el diseño del radar que equipaba los bombarderos Boeing B-29. Al terminar la guerra, regresó a los Bell Labs, para continuar con su trabajo en física del estado sólido, con la esperanza de encontrar una alternativa a los engorrosos tubos de vacío.

Antes de la guerra, en 1939, Shockley había intentado culminar sin éxito junto a Brattain la puesta en marcha de un amplificador de señal en estado sólido usando óxido de cobre. Esta vez, al final de la guerra, Bardeen retomaría este proyecto junto con Battain prescindiendo inicialmente de Shockley, y basando su trabajo en el uso del germanio tal y como Battain apuntaba. En 1947 estaba listo el primer amplificador funcional usando germanio. Otro científico de los Bell Labs, llamado John Robinson Pierce fue el que puso nombre al invento. Inicialmente propuso «*amplister*» y «*transistor*», pero acabó quedándose con el segundo vocablo puesto que el dispositivo operaba transfiriendo corriente de una entrada de baja resistencia a una salida de alta resistencia. Esto quiere decir que transfería resistencia. Así fue como Bardeen y Battain fueron los primeros en obtener la patente por un transistor en 1948.

El dispositivo patentado por Bardeen y Battain era el llamado transistor de contacto puntual. Shockley se había quedado al margen del protagonismo en este invento, y de hecho el equipo de desarrollo del laboratorio donde se creó este primer transistor, estaba formado por diez científicos entre los cuales Sockley era uno más. Bardeen y Battain fueron los jefes de desarrollo el dispositivo, pero el carismático Shockley consiguió sin embargo aparecer en todas las fotográficas oficiales. Su verdadero trabajo en profundidad y mérito comenzó a partir de ese momento.

Al hacerse pública la invención del transistor, se creó un gran revuelo, aunque lo cierto es que inicialmente resultó muy complicado conseguir que el transistor fuera algo consistente, y que pudiera ser comercializado a gran escala. Aquí es donde Shockley comenzó a jugar un papel importante en el desarrollo del transistor, porque fue el quien inventó un transistor inmediatamente después de la inicial, llamado transistor de unión, en contraposición al anterior transistor de contacto puntual. Este nuevo diseño era más eficaz, y más apto para su producción en masa. También patentó este nuevo tipo de transistor en 1948, y en 1950 escribió un libro conteniendo toda la teoría detrás del nuevo dispositivo.

Bell Labs acordó otorgar licencias para el uso del transistor a cualquiera a cambio del pago de derechos. Tan solo se libraban de pagar los fabricantes de aparatos para la sordera. De esta forma los transistores fueron usados por el gran público por primera vez en 1953, en forma de amplificadores de audio miniaturizados para la sordera. Un año después se desarrollaría el radiorreceptor transistorizado, y en 1956 en el MIT se empezó a desarrollar en colaboración con IBM una computadora transistorizada. Así nacería UNIVAC, una de las primeras computadoras comerciales de transistores. de la física de los transistores en los Bell Labs. También sería profesor del Cal Tech de California, y director del grupo de evaluación de sistemas de armamento del Departamento de Defensa de Estados Unidos.

Aparte de esto, en 1955 se aventuraría en el mundo de la empresa. En este año fundó el Laboratorio de Semiconductores Shockley, independizándose así de Bell Labs. Había conseguido apoyo financiero para su proyecto empresarial, de la empresa Beckman Laboratories, dedicada a crear herramientas para laboratorio. Contrató entre otros a ocho de los mejores científicos del momento, siendo la empresa de Shockley una de las semillas iniciales de lo que más tarde se llamaría Silicon Valley.

El 11 de noviembre de 1956, un periodista sueco telefoneó a Shockley, para decirle que le habían concedido junto con Bardeen y Brattain el Premio Nobel de Física por la invención del transistor. Parece ser que la conexión telefónica era tan mala, y la pronunciación del periodista sueco tan horrenda, que Shockley no alcanzó a entender lo que le comunicaron, y pensó que era una broma. Al oír más tarde la noticia por la radio, fue cuando realmente pudo celebrarlo. El 19 de diciembre de ese mismo año, viajo a Estocolmo, y se embolsó la tercera parte de los 38633$ que por aquel entonces suponía recibir un Nobel.

Después de su fallida aventura empresarial, y con el premio Nobel en su haber, Shockley se centró en dar clases en Stanford, aunque como científico todavía hizo varias aportaciones más, llegando al final de su carrera a tener más de noventa patentes. Incluso al final de su vida profesional, en el periodo entre 1965 y 1975 regresó a los Bell Labs como asesor a tiempo parcial.

3.2.2   AT&T

La estadounidense *American Telephone and Telegraph Corportation*, más conocida como *AT&T*, comenzó su andadura histórica tan temprano como en 1885, con el objeto de gestionar la primera red telefónica de larga distancia de los Estados Unidos. Aun antes, en 1880, Alexander Graham Bell dirigía la American *Bell Telephone Company*, que a su vez había absorbido parte de la Western Union, que llevaba desde 1851 en el negocio de los telégrafos. La patente de Bell sobre el teléfono había expirado en 1884, lo cual propició el nacimiento de AT&T.

Durante más de una década, la AT&T y Bell fueron competidoras, y tras una lucha feroz por el mercado, finalmente el 30 de diciembre de 1899 la AT&T adquirió la American Bell Telephone Company.

AT&T entró en el siglo XX, de la mano de Theodore Vail, el cual tenía la clara intención de crear un monopolio, controlando todo cuanto tuviera que ver con telefonía en los Estados Unidos. En principio, el gobierno aceptó esta estrategia en 1913 por medio del llamado compromiso Kingbury. De esta forma, para 1915 la red de larga distancia de la compañía se extendía desde Nueva York a San Francisco, pasando por Chicago, y en 1927 se comenzó a suministrar enlaces de voz transatlánticos, basados en el uso de aparatos de radiofrecuencia. Hay que tener en cuenta que el primer cable telefónico transatlántico no estuvo operativo hasta 1956.

Sin embargo, el hecho histórico realmente relevante ocurrió en 1925, cuando se crearon unos laboratorios de investigación y desarrollo de las tecnologías de la información, llamados Bell Labs. De estos laboratorios, a lo largo del siglo XX, nacerían entre otros la astronomía radial, el transistor, el sistema operativo Unix y el lenguaje de programación C, a los que se dedican capítulos aparte. Aunque al igual que el caso de Xerox con su PARC, AT&T no se beneficiaría realmente de muchos de los inventos del Bell Labs. AT&T también estuvo presente en campos como la televisión, y los satélites de comunicaciones.

3.2.3 NCR

La primera caja registradora fue inventada por James Ritty en 1884, siendo la National
Manufacturing Company la empresa que se encargó durante los primeros años de comercializar máquinas basadas en esta primera patente. Fue en 1884 cuando la compañía y sus patentes fueron compradas por John Henry Patterson y se cambió el nombre a **National Cash Register Company** (NCR). Patterson haría de la compañía, una de las más modernas y pioneras de su tiempo, introduciendo nuevos conceptos para crear una escuela

de vendedores o potenciar el bienestar de los trabajadores. Thomás J. Watson como ya recordamos, aprendería muy bien la lección trabajando para NCR antes de continuar su camino en la IBM.

NCR continuaría durante décadas dedicándose a las máquinas registradoras, unidas a diversos dispositivos de cálculo mecánicos, hasta que, en 1953, tras la adquisición de la empresa Computer Research Corporation, la compañía creó una división especializada en electrónica. De esta forma en 1956, comenzaron a vender su primer dispositivo electrónico, el Class 29 Post-Tronic. Esta era una 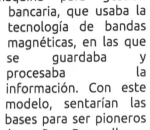 máquina para gestión bancaria, que usaba la tecnología de bandas magnéticas, en las que se guardaba y procesaba la información. Con este modelo, sentarían las bases para ser pioneros y lideres en el mercado durante muchos años. Para ello se basaban en el uso de cinta magnética para el almacenado y procesado de la información.

Finalmente, NCR daría el salto al mundo de las computadoras electrónicas, de la mano de General Electric. Con esta empresa crearía conjuntamente una computadora totalmente transistorizada la NCR 304, presentada en 1957. Aquello tenía cierto grado de riesgo a la par que de innovación, en un momento en que la gran mayoría de computadoras se construían en base a válvulas de vacío y el precio de los semiconductores era todavía muy elevado. El NCR 304, fue la primera de su categoría comercializada para el mundo de los negocios, siendo la primera de toda la serie instalada en la sede del Cuerpo de Marines de Estados Unidos, en Camp Pendleton, California, en 1959. En las pruebas iniciales de evaluación y funcionamiento durante un mes seguido de uso intensivo, la NCR 304 estuvo operativa el 99.3% del tiempo. Esta fiabilidad demostrada fue una de las razones de peso para que gobierno norteamericano, acabara comprando más de trescientas unidades, siendo por encima de los clientes privados, el principal consumidor de esta línea de productos de la NCR. Aunque hay que puntualizar, que también se vendió con éxito a bancos y grandes almacenes, para ayudar en la contabilidad general. La máquina fue considerada como muy avanzada para su tiempo, y muchas unidades estuvieron operativas hasta mediados de 1970. La NCR 304 fue la primera computadora de éxito de segunda generación.

En la década de los sesenta, lanzarían la sustituta de la 304, la 315. Este modelo comercializado a partir de 1962 era también una computadora de segunda generación, utilizando transistores para crear los elementos lógicos. La memoria RAM era de 5KB, ampliable a un máximo de 40KB. El procesador principal incluía tres armarios y una consola principal, que albergaba la fuente de alimentación, un teclado, y un panel de luces que indicaban el estado de la ejecución del programa, los registros, el acumulador de aritmética, y los errores del sistema. Contaba con una conexión serie para conectar unidades de cinta magnética. Se podía programar en ensamblador NCR, y COBOL entre otros.

3.2.4   Sperry Corporation

Esta compañía fue fundada por Elmer Ambrose Sperry en 1910 como la compañía Giroscopio Sperry. Inicialmente pretendía dedicarse a la fabricación de equipos de navegación, básicamente giróscopos de su propia invención. Durante la Primera Guerra Mundial la empresa fabricaba también varios componentes de aviones, bombas, y sistemas de control de incendios. Pasó las tres primeras décadas del siglo XX dedicándose a este tipo de negocios, hasta que en 1933 se convirtió en la Sperry Corporation, absorbiendo en esta operación a otras pequeñas entidades como la Ford Instrument Company. Esta compañía que incorporó ya tenía experiencia en el diseño y fabricación de computadoras analógicas, como la también llamada MARK I, que equipaba navíos de guerra desde hacía décadas utilizándose como dispositivo para cálculo de tiro.

Durante la Segunda Guerra Mundial, las cosas aun fueron mejor para la Sperry Corporation, estando como lo estaba especializada en dispositivos de alta tecnología como las computadoras analógicas para el control de lanzamiento de proyectiles, o los sistemas de radar aéreos y control automático de despegue y aterrizaje. Al final de la guerra, la compañía aumentaría su interés en la electrónica en general, y las primeras computadoras electrónicas binarias que por aquel entonces comenzaban a aparecer. Así a comienzos de la década de los cincuenta lanzaron al mercado, el SPEEDAC, con muchas similitudes al UNIVAC, pero a un precio más ajustado.

En 1955 Sperry adquiriría la Remington Rand y cambió su nombre por Sperry Rand. Con esta operación también absorbería la Eckert- Mauchly Computer Corporation, haciéndose con la opción de la patente del ENIAC y por ende de todas las computadoras en general, incluida la fabricación del UNIVAC. De este punto partió la demanda del invento de la computadora. De esta forma, en 1978 en Sperry se decidió deshacerse de todas las partes de la compañía relacionadas directamente con las computadoras, incluyendo la Remington Rand Machines, y Ford Instrument Company y Sperry Vickers. La empresa abandonó la referencia a «Rand» de su título y volvió a Sperry Corporation. Finalmente, en 1986, Sperry Corporation se fusionó con *Burroughs Corporation,* la cual es otra de las clásicas de las computadoras de la primera y segunda generación para convertirse en Unisys.

3.2.5 Bull

El ingeniero escandinavo Fredrik Rosing Bull (1882-1925) presentó en 1921 una patente para lograr la combinación de los procesos de clasificación, registro y adición de tarjetas perforadas. Esta patente daría lugar a las máquinas de tipo Bull, en competencia directa con las tabuladoras de IBM. Así, se fundaría en Francia la *H.W. Egli Bull* (1931-1935), llamada más tarde *Compagnie des Machines Bull* hasta 1990, y por fin Bull desde 1997.

Dado los orígenes de Bull en el negocio de las tabuladoras, en los que entraba en competencia directa con IBM, una interminable disputa judicial la enfrentaría al gigante azul por la invención de la tarjeta perforada con 80 columnas.

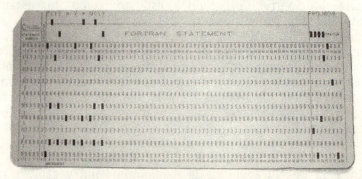

Este estándar en el almacenamiento de datos se utilizaría por parte de IBM desde 1928 hasta principios de 1990. Antes de que existieran los lenguajes de programación modernos, las tarjetas perforadas se utilizaban entre otras funciones para ingresar programas informáticos. Cada línea de código se representaba en una tarjeta, y el orden de las tarjetas determinaba el flujo de ejecución del programa. Las tarjetas perforadas eran fáciles de manipular y transportar. Podían almacenarse en cajas y se transportaban fácilmente, lo que facilitaba la manipulación de grandes conjuntos de datos. La estandarización de las tarjetas perforadas de 80 columnas permitía cierto grado de compatibilidad entre diferentes sistemas informáticos. Esto facilitaba el intercambio de datos entre diferentes máquinas y de ahí el litigio por la patente.

En otro orden de invenciones, Bull desarrolló la primera computadora multitarea, el Gamma 60. Esta computadora anunciada en 1957, a pesar de pertenecer a la segunda generación, estaba muy adelantada a su época. El procesador operaba en una configuración paralela de 24 bits, dividido en cuatro tipos de elementos de procesamiento; una unidad aritmeticológica (ALU) binaria, otra decimal, otra para comparación de cadenas, y finalmente el procesador de traducción que traducía entre el código de dispositivos de entrada salida y el código de caracteres interno, así como de

editar registros para la salida. La
memoria central se implementó con
una pila de memoria de núcleo con un
ciclo básico de memoria de
10 μs, convirtiéndola en el
componente más rápido del
Gamma 60. Las direcciones de
memoria   principal   se
codificaban en 15 bits, lo que
permitía que la memoria central
almacenara 32,768 palabras, o 96
kB. Bull destinó importantes
recursos al desarrollo del Gamma
60, incluso aunque la aplicación   práctica
de sus innovaciones arquitectónicas no   sería   viable
hasta la década de 1980 o incluso la de 1990, afectando
considerablemente su éxito comercial. Un éxito comercial de
Bull, que siempre entraría en disputa con IBM al menos en el
mercado europeo.

3.2.6   Nuestra segunda generación

La década de 1960 supuso un resurgir en la economía española y
esto es algo que también tuvo impacto en la informática. A partir
de 1962 se instalaron cerca de diez ordenadores IBM 1401, el
primero de ellos en la Sevillana de Electricidad en mayo de ese
mismo año. Otra unidad sería instalada el mes siguiente para dar
servicio a las necesidades de los grandes almacenes Galerías
Preciados. Tras estos dos ordenadores se produciría una
auténtica escalada de instalaciones, comenzando con la de
noviembre para el Ministerio de Hacienda. Esta fue la primera de
un total de seis hasta 1967, que proporcionaría ordenadores de
IBM al servicio del fisco.

En esta segunda generación de la actividad informática
española, IBM se hizo con el liderazgo absoluto en el mercado,
tan solo con la competencia muy de lejos por la francesa Bull.
Esta situación se perpetuaría en el tiempo, con el lanzamiento
del modelo 1440, el cual utilizaba cintas como unidad de
almacenamiento, y se ofrecía a mitad de precio, y con la mitad de
tiempo de instalación de una configuración equivalente en el
antiguo modelo 1401 que quedaba así superado. Disponible a

partir de 1963, el IBM 1440 como el de la imagen de más abajo, permitió gracias a su nivel prestacional y su ajustado coste captar a los antiguos usuarios de sus tabuladoras a la par que con ello IBM que se distanciaba aún más de Bull, cuya respuesta, su computadora Gamma 10, empezaría a instalarse demasiado tarde para tener un impacto significativo en el mercado.

IBM ofrecía además sus modelos de ordenadores de carácter científico, como el 7074 que comenzó a prestar servicio en la Universidad de Madrid en 1964. Había un tercer en discordia, Sperry Rand, que operaba en España a través de Rudy Meyer como su representante exclusivo hasta 1969. Aunque esta marca no competía directamente en el mercado habitual, sino que se limitaba a ofertas muy dirigidas a determinados concursos de instituciones públicas de computadoras UNIVAC, las cuales gozaban de gran prestigio.

El mayor cliente de la industria informática en esta segunda generación era sin duda el Estado, que pasó de 8 ordenadores y 22 tabuladoras en 1965 a 41 ordenadores en 1969, y 92 en 1975, sin contar con las instalaciones militares de las cuales no se desvelan datos. Como no puede ser de otra manera, Hacienda disponía del mayor y mejor parque informáticos, con un total de 40 unidades y un valor instalado de 650 millones de pesetas, siendo siguiente en la lista el Ministerio de trabajo, con 14 ordenadores adquiridos del Ministerio de Trabajo, con más de 7 30 millones. Todos estos datos, que se recogen en el informe «La Informática en España" de la Secretaría General Técnica de la Presidencia del Gobierno del 1976, se incluyen en la siguiente tabla, en la puede verse el año, el número de unidades de ordenadores y computadoras, el aumento con respecto al año anterior, así como el valor en millones de pesetas del parque informático al completo, así como el aumento porcentual de ese valor respecto al año anterior.

A	Número	Aumento %	Valor	Aumento %
1964	130	63	2200	63
1965	190	46	3200	45
1966	300	58	5200	63
1967	440	47	7700	48
1968	550	25	11000	43
1969	780	42	15600	42
1970	1040	33	23400	50
1971	1250	20	28100	20
1972	1490	19	33500	19
1973	1780	19	44500	33
1974	2095	18	51600	16
1975	2450	17	61300	19

Factor-P

La que es considerada la primera computadora moderna diseñado y fabricado en España, el Factor-P, nacía en 1966 de la mano doctor en Ingeniería Industrial Joan Majó (1939 -), cofundador de la compañía Telesincro, ministro de Industria y

Energía a mediados de la década de 1980, y actual decano del Colegio de Ingenieros Industriales de Cataluña.

Con 200000 pesetas de la época, Majó había aportado su parte del capital inicial de Telesincro, que inicialmente se había dedicado a la fabricación y venta de cuadros eléctricos, automatismos para la industria textil y maniobras de ascensor. Jordi Vidal, un virtuoso del hardware, formó equipo con Majó para el diseño y desarrollo de toda una familia de miniordenadores que se hicieron su hueco en las oficinas de finales de la década de 1960. Todo comenzó cuando Majó viajó a Eindhoven, Alemania, para estudiar el funcionamiento de los nuevos circuitos integrados que ofertaba Philips, descubriendo allí la computadora *Philips PRIMA*; una facturadora electrónica muy avanzada para el momento. El ingeniero propondría a la Philips utilizar sus nuevos circuitos, con la condición de que les dejaran copiar su máquina facturadora sin licencia. Algo a lo que desde Philips accedieron.

A la primera computadora que crearon fruto de aquel acuerdo, la llamaron *Winner-Contafac*, para pasar luego a llamarla Factor-P. Tal y como puede apreciarse en la imagen, el conjunto con un diseño similar al Aritmómetro Electromecánico de Torres Quevedo constaba de una máquina de escribir IBM y de una unidad electrónica que realizaba las operaciones necesarias para imprimir las factura, embebida dentro de la cajonera del escritorio en el que se vendía. Para programarla, era necesario cambiar el cableado interno, por lo que, para realizar esta operación, había que enviar una placa base a Telesincro, en donde con una lupa y habilidad sacaban algunos hilos y enhebraban otros. Como unidad de memoria contaba con una matriz de núcleos de ferrita, proporcionando una cantidad de memoria RAM de 128 bytes. Desde entonces, cada año lanzaron un nuevo ordenador que duplicaba la memoria del anterior. Así los Factor Q y R, que ya operaban con fichas de banda magnéticas. El Factor-S por su parte, disponía de programa almacenado, como cualquier computadora moderna, y de una pequeña memoria central de entre solo 2 kilobytes a 8 kilobytes. El modelo más avanzado, el Factor-S, tenía ya una apariencia parecida al IBM 360 y costaba 165000 pesetas en 1975.

Una computadora Factor fue presentada en la feria SIMO, que durante décadas fue la gran feria de tecnología de España, en 1968, de la que existen fotografías del por aquel entonces príncipe Juan Carlos de Borbón, mostrando gran interés en él.

SIMO

El Salón Informativo de Material de Oficina (SIMO) fue desde 1961 hasta 2007, el escenario de la progresiva introducción del equipamiento electrónico, informático y de telecomunicaciones en España, desplazando al material de oficina en sí a otra feria aparte, y manteniendo el nombre como acontecimiento de referencia que fue. La primera edición de 1961 contó con más de cuarenta expositores y unos 10.000 visitantes, aunque alcanzaría su esplendor en la década de 1980. En esta época sería el escaparate de novedades mundiales como el Spectrum Plus, o el Sinclair QL, del que más adelante hablaremos.

El SIMO representó desde sus orígenes para varias generaciones de entusiastas de la informática en España, lo que el CeBIT o el CES de Las Vegas al otro lado del Atlántico.

3.3 Tercera Generación

La tercera generación de computadoras se corresponde con finales de la década de 1960, y se caracteriza por la utilización de los circuitos integrados en detrimento de los componentes discretos. Con ello se consiguió reducir el tamaño, el consumo, y el precio de venta de las computadoras, aumentado la fiabilidad. En esta generación de computadoras que cronológicamente abarcó la segunda mitad de la década de los años sesenta, también era cada vez más común el teleproceso, y la programación de muchas tareas de manera simultánea. Fue en esta época donde se sentaron las bases, de lo que hoy en día se ha convertido en algo cotidiano en el uso de computadoras.

3.3.1 El Silicon Valley

En Europa a finales de los años setenta y principios de los ochenta del siglo XX, concretamente en Gran Bretaña y sobre todo en Cambridge y la zona de influencia de su universidad, crecieron varias empresas dedicadas al desarrollo de la informática y las computadoras. Pero el verdadero motor mundial que movió durante todo el siglo XX este desarrollo, se encontró en los Estados Unidos, y de todos los centros de influencia estadounidenses, cabe destacar la zona de Dallas en Texas, y la zona llamada **Silicon Valley** en California. No confundir por favor la traducción del nombre «valle del silicio» por «valle de la silicona».

La denominación de Silicon Valley fue una invención periodística, que hacía referencia a un espacio geográfico de gran dinamismo empresarial en el valle de Santa Clara, al sur de la Bahía de San Francisco. En esta zona, la ciudad más densamente poblada es San José. Pero el término Silicon Valley estaba, y aún hoy en día está, muy asociado a las ciudades de Palo Alto y Menlo Park. Es zona fue

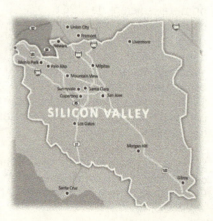

tradicionalmente agrícola, hasta que el 1891 la familia de empresarios ferroviarios Stanford crearon una universidad. La universidad promovería una filosofía de trabajo que dio orientación empresarial a la investigación científica, transformando ideas en oportunidades de negocio. Los historiadores de la región coinciden en que, sin Stanford, el Silicon Valley no hubiera existido o por lo menos no allí.

Con el apoyo de la universidad, en 1909 Charles Herrold hizo la primera transmisión comercial de radio del mundo. También en el círculo de influencia de la universidad, en 1911 Cyril Elwell fundó en Palo Alto la *Federal Telegraph Company*. En los años treinta, William Hewlett y David Packard abrieron su empresa, la *Hewlett Packard*, fabricando inicialmente osciladores de audio. Para entonces Palo Alto se posicionaba como el lugar de las innovaciones electrónicas de la Costa Oeste americana.

En 1946, se fundó el *Stanford Research Institute*, de donde surgieron cientos de innovaciones tecnológicas. En Palo Alto también se crea el ENIAC, la primera computadora electrónica. Tanto se favorecía el desarrollo tecnológico que, en 1950, IBM se trasladó a la región contribuyendo aún más a la investigación y el desarrollo de nuevos productos tecnológicos. Llegando a los años setenta, punto y aparte merece la creación en 1970 del Xerox Parc (Palo Alto Research Center), el nacimiento de Intel en 1971, de Atari en 1972, y Apple en 1976. Es precisamente a principios de esta década, cuando el editor de la revista '*Electronic News*' Don Hoeffler, llama a la zona Silicon Valley.

En los ochenta continua el crecimiento, con el boom de las computadoras personales. En 1982 se crean *Sun Microsystems* y *Adobe*, entre otras. En los noventa la explosión de Internet multiplica por cien la creación de empresas como *Google*. Así hasta formar un ecosistema de más de seis mil firmas relacionadas con la tecnología. En este reducido espacio se encuentran las sedes mundiales de *Apple Computer, AMD, Adobe System, Cisco System, Oracle, Symantec, 3Com, Google, Yahoo,* y *eBay*, entre otras.

La historia de la informática a partir de aquí es también la historia de las empresas que de una u otra manera han estado relacionadas con el Silicon Valley, o bien por estar establecidas en él, o bien por utilizar de manera directa para sus desarrollos, tecnología creada por alguna de las empresas del valle. Desde este punto, el desarrollo de la Informática no ya como ciencia, sino como tecnología de uso directo cotidiano, tiene que ver más con las empresas privadas y menos con los organismos oficiales. Es por eso es por lo que citar a estas empresas, y hacer un repaso de su historia, es también hacerlo de la evolución de la informática.

3.3.2 Las computadoras del Programa Apolo

Tras las grandes guerras, si hay un acontecimiento histórico en el siglo XX que impulsó más que ninguno la evolución de la ciencia y la tecnología, este es la carrera espacial. Esta fue una pugna entre Estados Unidos y la Unión Soviética por la conquista del espacio que duró aproximadamente de 1955 a 1988, y cuyo punto álgido corresponde con la tercera generación de computadoras.

El Proyecto Apolo fue un programa espacial llevado a cabo por la Administración Nacional de Aeronáutica y del Espacio (NASA) de los Estados Unidos, con el objetivo de llevar a los humanos a la Luna y traerlos de vuelta de manera segura. El programa Apolo fue implementado durante la década de 1960 y principios de la década de 1970, y constó de varios vuelos espaciales tripulados y no tripulados. El cohete Apolo 11, fue el que finalmente hizo historia al llevar a los primeros humanos a la Luna. El 20 de julio de 1969, Neil Armstrong y Edwin Aldrin caminaron sobre la superficie lunar mientras Michael Collins orbitaba en el módulo de comando.

La nave espacial estaba equipada con varias computadoras, siendo la más destacada el *Apollo Guidance Computer* (AGC), una computadora de orientación e instrumentación. Desarrollada por el *MIT Instrumentation Laboratory*, la AGC era una computadora digital de 16 bits y una de las primeras en utilizar circuitos integrados. Tenía una velocidad de reloj de aproximadamente 2,048 MHz y estaba dividida en dos unidades principales: el Módulo de Instrumentación (IMU) y el Módulo de

Computación (CM). El IMU contenía sensores para medir la posición y la velocidad, mientras que el CM realizaba los cálculos necesarios para controlar la nave. No es necesario un ordenador muy complejo para cronometrar igniciones que permitan el vuelo, ni lo es ahora, ni lo era con la tecnología de entonces. Ahora bien, el factor fiabilidad y resistencia era y sigue siendo crítico. La posibilidad de que se produjese algún tipo de interferencia en las comunicaciones por parte de la Unión Soviética también fue un factor que se tuvo en cuenta. Si bien el diseño corrió al cargo del MIT, el contratista fue Raytheon, que era el mismo que fabricaba las computadoras de control de los misiles balísticos Polaris preparados para ser lanzados desde submarinos nucleares. Estas computadoras pesaban solo 10kg y podían realizar de manera eficiente todas las tareas requeridas con sus 4kB de memoria.

Para interactuar con la AGC, los astronautas utilizaban un dispositivo conocido como Display and Keyboard (DSKY). Era una interfaz compuesta por un teclado numérico y un conjunto de indicadores y luces que permitían a los astronautas introducir comandos y recibir datos sobre la posición y el estado de la nave. Tanto la AGC como el DSKY pueden verse en la imagen sobre estas líneas. El volumen de la AGC se estimó en el diseño inicial tendría que ser de una máximo de 28 litros, y hubo que adaptar la computadora a esa especificación.

Durante el programa Gémini que precedió al Apolo, había quedado patente que el guiado de las naves desde las estaciones terrestres era increíblemente preciso. La distancia y velocidad de las naves Apolo se podían determinar usando el tiempo de retardo en la señal de radio y su desplazamiento *doppler*. Con estos datos, los ordenadores en el centro de control de Houston podían calcular la posición de la nave con respecto al sistema de referencia elegido. Este centro de control de misiones (RTCC), se utilizaron para esta tarea cinco IBM 360 de la serie 75J con 1MB de memoria cada uno de ellos.

3.3.3 Fairdchild Semiconductor

Como ya dijimos, William Bradford Shockley, el físico premio Nobel por sus investigaciones en semiconductores, creó Shockley Semiconductor Laboratory en 1956 como una división de la Beckman Instruments, que fabricaba instrumentos de laboratorio en Mountain View, California. Shockley conseguía así el apoyo financiero necesario para desarrollar un nuevo tipo de diodo de cuatro capas que pudiera trabajar más rápido y tuviera más usos que los transistores de los años cincuenta. Inicialmente trató de contratar a algunos de ingenieros que conocía de la Bell Labs, pero no lo consiguió, así que formó el núcleo de la nueva compañía con los mejores y más brillantes licenciados recién salidos de las facultades de ingeniería de la zona. Tras un año de trabajo, parte de su equipo no estaba conforme con Shockley, y un grupo de ocho ingenieros, Jean Hoerni, Julius Blank, Victor Grinich, Gordon Moore, Eugene Kleiner, Jay Last, Robert Noyce y Sheldon Roberts, decidieron marcharse.

Con el proyecto de seguir su trabajo, buscaron financiación en la Fairchild Camera and Instruments, una empresa del inventor Sherman Fairchild, que se dedicaba sobre todo a desarrollar y fabricar equipamiento tecnológico para el ejército. De esta forma, vio la luz en 1957 la Fairchild Semiconductor, con la idea inicial de fabricar transistores de silicio, algo novedoso en un momento que el que se usaba por lo habitual el germanio como elemento semiconductor. Los primeros cien fabricados se los vendieron a IBM por 15.000 dólares de la época.

En Fairchild Semiconductor progresivamente se desarrolló la técnica para la fabricación en silicio. Este trabajo tuvo su punto de culminación cuando en 1959 se consiguió fabricar un circuito con cuatro transistores en la misma oblea de silicio. Este fue el primer circuito integrado de silicio, y Robert Noyce fue el principal artífice de este invento. Cabe puntualizar, que no fue el primero en términos absolutos, porque un poco antes Jack Kilby había creado uno en germanio mientras trabajaba para Texas Instruments.

Siendo pioneros en lo relativo a semiconductores, Fairchild dominó el mercado de los circuitos integrados durante la década de los sesenta. Bob Widlar creó el primer amplificador operacional en 1964, llamado A702. A este le siguió el A704, y más tarde, en 1968, David Fullagar presentó el A741, que es aún hoy en día el amplificador operacional por definición. Con estos amplificadores, se podían construir mecanismos analógicos de suma, resta, multiplicación, derivación y todo tipo de operaciones matemáticas. Con lo que gran cantidad de maquinaria de todo tipo incorporaba componentes desarrollados y fabricados por Fairchild.

Sin embargo, poco a poco la empresa vio como la mayoría de sus más brillantes ingenieros se marchaban. Por ejemplo, en 1968 Robert Noyce y Gordon Moore se fueron para fundar Intel, y así, muchos otros. Con todo esto la empresa perdió por completo su capacidad de innovación, y llegó a los años 70 sin un adecuado equipo humano de investigación y desarrollo, capaz de seguir el frenético ritmo de los nuevos tiempos.

Fairchild sin embargo comercializó en la década de los setenta algunos productos interesantes. Fabricó circuitos integrados con tecnología bipolar muy usados en las supercomputadoras Cray. Fue pionera también en el desarrollo de la imagen digital, en incluso creó una consola de videojuegos, que fue la primera en el mercado en tener cartuchos intercambiables: la Channel F. Aun así, al final de la década, la empresa tan solo destacaba por producir circuitos integrados resistentes para aplicaciones militares y de la industria aeroespacial.

Finalmente, en 1979 Fairchild Semiconductor fue comprada por Schlumberger Limited, una compañía de servicios petrolíferos. A su vez, National Semiconductor la compró a Schlumberger Limited en 1987, disgregándose la división de imagen del resto, para formar Fairchild Imaging.

A finales del siglo XX, Fairchild Semiconductor volvió a ser una compañía independiente, centrándose su negocio en la fabricación de semiconductores. Por eso la fábrica que tienen en South Portland es la más antigua del mundo y la que más tiempo lleva fabricándolos. Aunque últimamente se están trasladando a Singapur y Malasia.

3.3.4 Honeywell

Albert Bultz inventó el termostato en 1885, y este sería el punto de partida de la empresa Honeywell, que se dedicó inicialmente a los motores eléctricos y a reguladores de temperatura, tras fusionarse con otras empresas del sector.

El enfoque de la compañía cambió cuando en 1943 se incorporó como consultor de esta, James H. Binger, llegando a ser presidente en 1961. Binger hacía hincapié más en los beneficios posteriores, que en los inmediatos de la producción. Bajo su influencia la empresa se dedicó desde a importar material fotográfico Pentax, a la industria armamentística, aeroespacial, y por supuesto a la informática, con una división propia llamada *Honeywell's Computer Control Division*. En los años setenta, se decía que Honeywell era uno los siete enanitos de Blancanieves en el ámbito de la computación. IBM era Blancanieves, y los siete enanitos era Control Data Corporation, Burroughs, GE, NCR, RCA, Univac, y la propia Honeywell. Sus productos se comercializaban en Europa de mano de la francesa Bull, que finalmente acabó adquiriendo la división de computadoras de Honeywell. Lo cierto es que con la llegada de los años ochenta y la microinformática personal, la demanda de sistemas de computadora central potente, con terminales conectados, fue cada vez más escasa, y la gran competencia provocó que el mercado y las empresas fluctuaran de un año para otro. RCA fue comprado por Univac y GE también abandonó. Honeywell como hemos dicho fue comprado por Bull, Univac se unió después a Sperry para formar Sperry/Univac, que más tarde se unió con Burroughs para formar Unisys Corporation en 1986, también llamada el aparcamiento de dinosaurios. Incluso NCR fue a comienzos de los noventa, propiedad de AT&T.

Durante el histórico juicio por la patente de la computadora, que Honeywell plantearía a Sperry Rand, la línea de productos de Honeywell se basaba en la serie 200, un clásico dentro de su gama, que abarcando 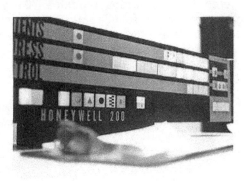 varias décadas en su comercialización. Estaba formada por los modelos 200, 1250, 2200, 3200, 4200,2070, y 200. La serie 200, fue diseñada para competir directamente con el IBM 1401, siendo compatible directamente con los programas desarrollados para él, y ejecutándolos entre dos y tres veces más rápido. Se empezó a comercializar en diciembre de 1963, llegando sus ventas hasta bien avanzada la década de los setenta. Tal fue el éxito que IBM decidió retirar su apoyo a su propia serie 1410, para centrase en su nuevo modelo 360. EL H200 original de Honeywell tenía una CPU funcionando a 0.5 Mhz, y 32KB de memoria. En aquella época, con esos recursos se programaban aplicaciones de gestión completas, y operacionales.

3.3.5 IBM Mainframes

El término Mainframe, hace referencia a una computadora grande en tamaño y prestaciones. Estas cualidades siempre se han tenido en cuenta en comparación con las otras de su época, y en la práctica resultaba que en lo que sí que un Mainframe era marcadamente superior y se desmarcaba de las demás, era en fiabilidad a cambio de unos elevados costos de compra, mantenimiento y explotación. Este tipo de computadora era utilizada principalmente en empresas que necesitan procesar gran cantidad de datos o soportar gran cantidad de usuarios, conectando a ella terminales para comunicar con los usuarios, con ninguna funcionalidad fuera de línea.

IBM, viene fabricando estos computadores desde los años cincuenta. Los representantes típicos de la primera generación fueron los ya citados modelos 701 y 704. En la tercera generación, con la familia 360, IBM pretendía poner tierra de por medio entre el y sus competidores, y sobre todo resarcirse de la competencia directa que Honeywell con su sistema 200 le hacía al IBM 1440 de segunda generación.

La comercialización de los 360, comenzó a partir de 1964, y fueron las primeras computadoras con la que se usaba la palabra byte para referirse a 8 bits. Partiendo de esta arquitectura, IBM crearía toda su línea de mainframes posteriores hasta nuestros días. También fue la primera en utilizar microprogramación para su CPU, y de los primeros comerciales en el uso de circuitos integrados. La tercera generación de computadoras comenzó con este modelo.

En la familia de la serie 360 había seis modelos diferentes, que podían intercambiar entre si el software y los periféricos. Con él se comenzó también a hacer usual el trabajo de manera remota, pudiendo conectarse los terminales a distancia a través de la línea telefónica. Todos los modelos tenían una CPU con 16 registros de 32 bits.

El IBM 360 tiene también el dudoso honor de ser considerado el primer sistema informático atacado por un virus de la historia. Este virus fue creado en 1972, y su nombre era *Creeper*. Este virus fue creado en 1972 por Robert Thomás Morris, y cuando un IBM 360 quedaba infectado por este virus, de manera aleatoria aparecía en las pantallas de los terminales el mensaje *"I'm a creeper... catch me if you can!"* (soy un charlatán, atrápame si puedes"). Este molesto mensaje dejaba de aparecer, una vez ejecutado en el sistema el primer programa antivirus de la historia, llamado *Reaper* (segadora).

En los años setenta fue sustituido por la línea compatible System 370, en los ochenta el System 36, y desde finales de los ochenta con el AS/400. Estos sistemas eran normalmente programados en lenguaje RPG II.

3.3.6 Digital Equipment

Digital Equipment Corporation (DEC) existió como compañía prácticamente lo que el siglo XX, porque fue fundada en 1957, y desapareció como empresa con identidad propia en 1998, al ser adquirida por Compaq, que a su vez lo sería por Hewlett Packard recién estrenado el siglo XXI. Durante su época de esplendor, creó con sus productos un nuevo mercado, paralelo al de los mainframes, también basado en arquitecturas cliente/servidor, pero de menor potencia y complejidad. Estas computadoras fueron llamadas minicomputadoras, y sus máximos exponentes fueron los PDP-11 y los VAX-11. La empresa nació en 1957 de la mano de Ken Olsen y Harlan Anderson, dos ingenieros que se conocieron mientras trabajan en el MIT, en el proyecto TX-2. Este proyecto, pretendía construir un ordenador basado en transistores, con palabras de 36 bits, y memoria de 64K. Olsen y Anderson no llegaron a concluir el trabajo, pero sí que consiguieron 60.000$ por parte de la Corporación Americana de Investigación y Desarrollo (ARDC) para crear su empresa propia. Compraron un viejo edificio en Maynard, Mássachusetts, lo remodelaron y esta fue la sede central de la empresa hasta 1992. En aquellos momentos iniciales, la empresa consiguió cierta liquidez construyendo pequeños módulos digitales, que se vendían en kit para laboratorios.

Para 1960, la empresa había acumulado suficiente capital como para afrontar la creación de su primera computadora completa. Este primer modelo fue llamado PDP-1. Ben Gurley fue el diseñador de esta primera

minicomputadora. decían de él que cuando ponía el lápiz sobre el papel para diseñar algo, tan solo había que construirlo sin ningún tipo de modificación para que funcionara perfectamente. Gurley había trabajado anteriormente en el MIT, por eso el PDP-1 tenía grandes influencias de los TX-0 y TX-1 del MIT. Era un auténtico genio del diseño de computadoras que lamentablemente moriría joven en 1963, a la edad de 37 años.

La PDP-1 fue la computadora responsable del génesis del mundillo hacker dentro del MIT y las universidades, entendiendo por jáquer lo que en los sesenta significaba, es decir, aquel que consigue dar a tecnología una utilidad para la que inicialmente no fue usada. Como ejemplo de ello, en un PDP-1 se programó el primer videojuego para ordenador de la historia, el *Starwars* de Steve Russell. También consiguieron programarlo, para que merced a un hardware especial, y un compilador de armonía creado por Pete Samson, interpretara una serie de las Fugas de J.S.Bach y *Eine Kleine Nachtmusik* KV525 de W.A.Mozart.

La PDP-1 tenía palabras de 18 bits, y una memoria principal de 4K, lo que equivale a 9Kbytes. Se podía ampliar a 64K. La velocidad de ciclo de reloj era de 200 KHz. Como almacenamiento principal usaba la cinta de papel perforada, y permitía la conexión de máquinas de escribir eléctricas de IBM. Esta característica propició que para él se escribiera el primer procesador de textos de la historia, el TJ-2. El éxito de la PDP-1 llevó a Digital a crear en 1963 la PDP-5, y la PDP-8 en 1964. La PDP-8 era lo suficientemente potente, barata, pequeña, y funcional, como para venderse en cantidades enormes a laboratorios y todo tipo de clientes industriales. Históricamente la PDP-8 es considerada la primera minicomputadora, vendiéndose más de 50.000 unidades. Utilizaba palabras de 12 bits, y su configuración de memoria partía de 4K (6Kbytes) del tipo burbuja. Tenía disquetes flexibles de 8 pulgadas. Necesarios para la carga del sistema operativo.

Comenzado a comercializarse en la década de los setenta, el PDP-11 fue también un diseño exitoso, esta vez basado en palabras de 16 bits, y usando circuitos integrados discretos. En la  PDP-11 se podía trabajar en Unix, que había sido creado inicialmente en una PDP-7 en ensamblador puro. De hecho, en una PDP-11 se desarrolló el lenguaje de programación C, y en base a él se reescribió por completo Unix. De esta forma, los PDP-11 fueron el punto de entrada en la informática de toda una generación de ingenieros e informáticos.

3.3.7   Hewlett Packard

Willian Hewlett y David Packard se
graduaron en ingeniería eléctrica, en la
Universidad de Stanford en 1935. En aquel
entonces, un profesor suyo llamado
Frederick Terman, decidió usar parte
del campus de Standford para crear
un parque industrial en donde dar
cabida a proyectos empresariales
de los alumnos más brillantes. En
base a esto, Standford concedió
una beca a estos dos estudiantes
recién graduados, para que
pudieran comenzar su aventura
empresarial. Recibieron apoyo
económico, y formación avanzada
en el mundo de las finanzas y la
industria, y así fue como nació HP.

En 1938 decidieron que era el momento de
independizarse, y partiendo de una inversión   inicial
de 538$, se mudaron al garaje de la casa ubicada en la 367 de la
avenida Addison, en Palo Alto, California. Este garaje pertenecía
junto con el resto de la casa a la viuda Spencer. Ella le alquiló la
planta baja de su casa a una joven pareja formada por David
Packard, de 26 años, y su esposa, Lucile. También alquiló un
cobertizo a William Hewlett, de 25 años, y el garaje a ambos para
que trabajaran. Se considera este lugar como el sitio de
nacimiento del Silicon Valley.

Se dice que lanzaron una moneda al aire para decidir si la
compañía que acaban de formar se llamaría Hewllett-Packard o
Packard-Hewlett. Sea como fuere comenzaron a fabricar
productos de electrónica, siendo uno de sus primeros productos
exitosos, el oscilador de audio de precisión, HP200A. La
innovación mayor de este dispositivo era utilizar una bombilla
como resistencia en función de la temperatura, ubicada en la
parte crítica del circuito. Cuanto más caliente, más luz, y el
operario sabía que estaba sobrecalentando el dispositivo, por lo
que se evitaban muchas averías. Su oscilador constaba 54,40$,
mientras que los de la competencia eran menos estables, y
costaban más de 200$. Esta serie de osciladores, con las lógicas

variantes y mejoras, se mantuvo a la venta hasta 1972. En estos comienzos, su más fiel cliente fue la compañía Walt Disney. Los de la fábrica de sueños, compraron ocho osciladores HP200B por 71.50$ cada uno, para su uso en el sistema de sonido *Fantasound*, instalándolos en los cines para la película Fantasía de 1940.

Además del exitoso HP200B, HP fabricaba una amplia gama de productos electrónicos para la industria y para la agricultura. Con el tiempo, se especializarían en equipos electrónicos para el control de calidad, y mediciones de voltaje, osciloscopios, analizadores de onda, contadores de frecuencia, y un largo etcétera.

No sería hasta los años sesenta cuando HP comenzaría su relación directa con la informática. HP creó una pequeña empresa llamada *Dynac*, para especializarse en equipos digitales. Este nombre se deriva del logotipo de Hewlett-Packard. El símbolo "hp", fue invertido para crear el logo, "dy". Dynac fue cambiado a Dymec en 1958 para evitar un conflicto con una marca existente. Anteriormente Dynac, se había transformado en una compañía independiente en 1956, para concentrarse en la creciente demanda de sistemas de medición digital de propósito especial. Con los instrumentos de medición creados por Dymec, HP experimentó con las minicomputadoras de Digital Equipment, entrando finalmente en el mercado de las computadoras en 1966 con las microcomputadoras HP1000 y a HP2100. Las HP1000 tenían un diseño sencillo, pero alcanzaron gran éxito, y la serie fue producida durante veinte años, siendo la precursora de modelos posteriores como los HP9800 y los HP250.

Para la prestigiosa revista Wired, HP fue la primera en producir y comercializar computadoras personales. Esto ocurría en 1968, siendo esta primera computadora personal la HP9100.

La HP9100 se comercializó bajo la categoría de calculadora de escritorio. Bill Hewlett decidió que así fuera, porque la palabra computadora (en EEUU) parecía más tener que ver con IBM que con nadie, y muchos clientes tan solos estaban dispuestos a comprar una computadora si era de marca IBM. Con la palabra calculadora y siendo de HP, que a la sazón ya tenía cierto nombre es aquel sector, la comprarían.

La HP9100 que podemos ver sobre estas líneas, supuso por otro lado un triunfo de la ingeniería, porque toda la circuitería lógica se produjo sin el uso de circuitos integrados, y el ensamblaje de la CPU se hizo a base de componentes discretos. Contaba con un *display* para visualizar datos, tarjetas magnéticas para almacenamiento, y un teclado mezcla del de una calculadora científica y una máquina de sumar, sin teclado alfabético. También se le podía conectar una impresora y un plotter. Por unos 5.000$ el cliente podía adquirir una calculadora con funciones trigonométricas, hiperbólicas, logaritmos, exponenciales, raíces cuadradas, y también con posibilidades de programación. Tenía una memoria de 2208 bits, que se repartían entre memoria de almacenamiento de programas y de registros para almacenamiento de números. Así se conseguían 16 registros y hasta un máximo de 196 pasos de programación. El modelo 9100B incluso incorporaba subrutinas en programación. Los modelos siguientes cada vez se parecerían más a una microcomputadora.

La compañía se consolidaría entonces como líder mundial en calculadoras científicas. En 1972 presentaría la HP-35, la primera calculadora científica electrónica de bolsillo del mundo. La primera además de esto, programable fue la HP-65 en 1974, y la expandible la HP41C de 1979. HP dominaba ampliamente el mercado, mientras que otros como Commodore apenas conseguían sobrevivir.

En medio de la producción de estas decenas de modelos de calculadoras electrónicas digitales de todo tipo, parecía que en HP afrontarían la década de los setenta, con la firme vocación de ser los creadores del microordenador personal doméstico. Sin embargo, en HP dejaron pasar la oportunidad. Steve Wozniak, trabajaba a mediados de los años setenta para HP, cuando diseño el Apple I, y se vio obligado a ofrecer este diseño a HP, en virtud de un derecho de opción al fruto de su trabajo firmado junto con su contrato. Pero no fue aceptado, porque la estrategia de la empresa era permanecer en el ámbito científico, de negocios, y mercados industriales, no el doméstico. Traducido; para una computadora creada por HP, no había videojuegos.

3.3.8   Douglas Engelbart

Douglas Engelbart es uno de los más prolíficos investigadores que jamás trabajaran en el PARC (*Palo Alto Research Center*, de la Xerox). Engelbart, que había nacido en 1925, sirvió en el ejército de los Estados Unidos durante la IIGM, como operario de radar en Filipinas. Para ello tuvo que dejar sus estudios de ingeniería. Al concluir la guerra, continuó sus estudios en la Universidad de Berkeley, en la zona de influencia de Standford y el Silicon Valley. Cuando se graduó en 1948 consiguió un puesto de ingeniero eléctrico en el que con el tiempo se convertiría en la NASA: el Laboratorio Aeronáutico de Ames, en Mountain View, California. Fue en esta época cuando conoció el artículo de Vannevar Bush sobre el Memex. Este artículo, al igual que en muchos otros, causó gran influencia en Engelbart, que comenzó a reflexionar sobre lo complicado que comenzaba a ser el mundo y cómo los humanos podíamos solucionar este reto de comprensión y manejo en una sociedad que no paraba de crecer y evolucionar.

En 1951 Engelbart decidió centrarse en el mundo de las computadoras, y en conseguir para ellas una utilidad más allá de su mera capacidad de cálculo automático. Consiguió un doctorado en Ingeniería por la Universidad de Berkley en 1955, y creó un pequeño negocio de semiconductores que abandonaría en 1957. Contactó con David Packard (de Hewlett Packard) para conseguir apoyo en el desarrollo de sus ideas de futuro, pero los de HP no apostaron por él, al igual que no lo harían décadas más tarde con Steven Wozniak. Así que Engelbart, comenzó a trabajar en el Instituto *Stanford Research Institute* concretamente en el *Augmentation Research Center*. Este departamento se dedicaba al desarrollo del llamó *NLS Online System*, sistema que fue la primera implementación con éxito del hipertexto. Una página web, no es sino hipertexto, término acuñado en 1965 por Theodor Nelson para referirse a una escritura de datos no secuencial.

Engelbart se dedicó a desarrollar herramientas para el NLS, que aumentasen las capacidades y productividad humanas. Fruto de este trabajo, es el desarrollo de un dispositivo que revolucionaría la informática: el ratón. Este dispositivo que Engelbart creó junto a su compañero Bill English, fue concebido inicialmente como un indicador de ordenadas y abscisas en la pantalla de la computadora. Con ello se pretendía facilitar su manejo al usuario, y con un nombre alusivo a esto fue patentado como "*X-Y Position Indicator for a Display System*" (patente número 3.541.541). El nombre de "ratón" llegaría con el tiempo, y por pura similitud física.

En las primeras pruebas en busca de algo parecido al ratón, probaron con una pelota grande y artefactos con ejes centrales. Contaban con un panel bastante ligero que se sostenía al lado de la pantalla y con un control movible para manejar las cosas, pero pronto comprobaron que en rapidez y precisión el diseño que acabaron por llamar ratón era el idóneo. El primer modelo de ratón desarrollado fue construido de forma artesanal con materiales tan simples como madera y una moneda, pero su funcionamiento era prácticamente idéntico al de los ratones de bola actuales.

La presentación oficial del ratón se realizó el 9 de diciembre 1968, en el *Civic Auditorium* de San Francisco ante un público de más de dos mil personas. Engelbart había preparado, junto con su equipo de diez y siete investigadores, una espectacular presentación multimedia que duró hora y media, donde se presentaron muchas  innovaciones como el hipertexto o la primera videoconferencia, y en los que quedó patente los frutos de su trabajo por la mejora de la comunicación entre hombre y máquina, y la búsqueda de nuevas aplicaciones de la tecnología de las computadoras.

Durante esta histórica presentación, de la que hoy en día es fácil descargarse un video de Internet, Engelbart usó su ratón para manipular textos e imágenes en una pantalla de cine delante de todo el auditorio. En ella creó una lista de la compra, con diferentes elementos de varias carpetas. También se comunicó mediante Chat y voz con sus colegas del SRI de Menlo Park que se encontraban a casi sesenta kilómetros, y puso sus fotos en la pantalla mientras que lo hacía. Además de esto, junto con un compañero del SRI, revisó un documento mientras los punteros del ratón de ambos dos podían verse moviéndose, gobernados por cada uno de ellos.

A partir de aquí, Engelbart y su grupo continuarían el desarrollo del NLS *Online System*, estando operativo a finales de los setenta. El sistema evolucionaría al *NLS/Augment* (*oNLIne Systems/A Conceptual Framework for the Augmentation of Man's Intellect*), que es considerado como el primer sistema completo para la creación de hipertextos, incorporando una interfaz interactiva y ofreciendo acceso simultáneo a una misma base de datos.

Como parte de esa interface interactiva, se incluyó un dispositivo con cinco teclas parecidas a la de un piano, cuya función era complementar las opciones del Mouse. Cada una de las cinco teclas, en combinación con el ratón u otras teclas convencionales del teclado alfanumérico, daba acceso a una función. Este dispositivo de denominaba NLS Keyset. Sin embargo, este dispositivo de entrada no tuvo tanto éxito y aceptación como el ratón, abandonando su uso rápidamente.

En verano de 1967, se decidió por parte de estamentos gubernamentales, que todos los laboratorios de investigación informática relacionados con la agencia estatal ARPA (*Advanced Research Projects Agency*), se interconectaran para promover el intercambio de información. El trabajo de Engelbart y su equipo estaba por aquel entonces lo suficientemente maduro, como para involucrarse activamente en la implementación de lo que se vino a llamar Arpanet. Fue entonces cuando propuso un *Network Information Center* (NIC), donde guardar de manera centralizada la información de todos los nodos que conformaban la red. Engelbart supervisó personalmente la construcción del centro, y lo dirigió hasta 1977, siendo su laboratorio el segundo de los nodos de la red. La red primigenia estaba formada por cuatro nodos, situados en las universidades californianas de Los Angeles (UCLA) y Santa Barbara, la de Utah, y en el mencionado

Instituto de Investigación de Standford. Estos fueron los inicios de la actual Internet, que más adelante repasaremos.

Sin embargo, los proyectos de Engelbart y su laboratorio no resultaron con el tiempo tan bien acogidos por la comunidad científica, siendo tratados de demasiado radicales en sus planteamientos. Además, las patentes de sus inventos como el ratón fueron todas a la Universidad de Stanford, por lo que Engelbart no pudo conseguir el capital necesario para poder llevar a cabo sus investigaciones de manera independiente. De este modo en 1978, su laboratorio perdió el presupuesto para sus investigaciones, y tuvo que ser cerrado. Engelbart pasaría once años más trabajando como científico en investigación y desarrollo, primero en la empresa de tecnología Tymshare, y luego en la McDonnell Douglas, hasta que en 1986 decidiera retirarse por completo de la investigación para corporaciones.

Engelbart fundaría en 1989 junto con su hija Cristina, un centro de estudios estratégicos con la idea de dar servicio a la administración pública y a empresas, llamado *Bootstrap*. Funcionaba como una ONG de producción intelectual, algo así como una Wikipedia de la tecnología, y lógicamente sin ánimo de lucro. Logitech, la multinacional que tanto se lucraría del invento del ratón, cedió las instalaciones y el soporte básico para la nueva iniciativa de Engelbart. El trabajo de Engelbart sobre cómo utilizar la tecnología para sacar partido a grupos de trabajo y desarrollo de proyectos heterogéneos, formados por un gran colectivo de personas cuyos esfuerzos han de aunarse, queda reflejado en su obra de 1995 *"Boosting Our Collective IQ"* (potenciando el nivel intelectual colectivo).

3.3.9 Dynabook

El final de la década de los sesenta resultó ser muy productivo bajo el enfoque de las nuevas tecnologías relacionadas con la informática, que los técnicos y científicos auguraban. El mismo año de 1968 en el que Engelbart hacía su famosa presentación en el Civic Auditorium de San Francisco, mostrando al mundo una tecnología muy similar a la actualmente usada en Internet, el informático Alan Kay presentaba el concepto de *Dynabook*.

Vannevar Bush años antes, había definido tal y como hemos visto un dispositivo llamado Memex orientado a simplificar el trabajo en proyectos científicos. Esta vez Kay definía las características de algo análogo, pero orientado al aprendizaje y uso personal de todo el mundo. Algo muy parecido por otra parte a los actuales Netbooks. Incluso la marca Toshiba tiene hoy en día una serie de portátiles que responden a la denominación genérica de Dynabook.

Kay definió el Dynabook como un dispositivo portátil, de pantalla plana, táctil, con posibilidad de interfaz gráfica y conexión inalámbrica, que tuviera una función de amplificador de la mente, y fuera el lugar donde el usuario concentrara toda la información que consumiera y generase. La orientación inicial proponía que los Dynabook fueran la piedra angular sobre la que se sustentara la educación de los niños, encarnando en ellos las teorías de aprendizaje de los psicólogos Jerome Bruner y Seymour Papert, discípulos de Jean Piaget.

Poco tiempo después, mientras que a comienzos de los años setenta trabajaba en el Xerox Parc, fruto del desarrollo de este concepto inicial, crearía junto con otros el entorno orientado a objetos llamado *Smalltalk*, ejecutable bajo lo que llamaron meta-medio Squeak. Alan Kay también trabajaría en I+D para Apple en los años ochenta, para después hacerlo en diferente compañías incluidas Hewlett Packard, siempre en el desarrollo de los principios en torno a su *Dynabook*.

4   Las computadoras a partir del microprocesador

La invención del microprocesador tuvo un impacto transformador en la industria de las computadoras y en la informática en general. El microprocesador es un circuito integrado que contiene completa en él la unidad central de procesamiento (CPU), la cual realiza las operaciones y ejecuta los programas de la computadora.

4.1   Cuarta generación

Durante la década de los setenta y los ochenta, la progresiva incorporación de las memorias de chips de silicio a las computadoras, y la invención del microprocesador, dieron como resultado una auténtica revolución en el mundo de la informática. En esta época nacieron Internet y los ordenadores personales.

En esta generación, se comienza a hacer uso de tecnología VLSI, que permitió la integración de miles de transistores en un solo chip, lo cual condujo a un aumento significativo en la velocidad y la eficiencia de las computadoras, en términos por ejemplo de tecnología de memoria con la introducción de memoria RAM más rápida y con mayor capacidad. Esto contribuyó a un rendimiento general más rápido de las computadoras, a la par se produjo también un aumento significativo en la capacidad de almacenamiento de las unidades de disco, como los discos duros.

La cuarta generación marcó el auge de las computadoras personales (PCs). Con la introducción de microprocesadores y mejoras en la tecnología, las PCs se volvieron más asequibles y accesibles para el público en general.

4.1.1   El microprocesador

En un determinado momento de la evolución de la microelectrónica, varios fabricantes de microchips se encontraron con que la tecnología había evolucionado lo suficiente como para incluir todos los componentes de una CPU

(Unidad Central de Proceso) en un solo circuito integrado. Por aquel entonces, finales de los años sesenta, las CPU más usuales en sistemas de computación solían procesar la información de cuatro en cuatro bytes, es decir, 32 bits. Sin embargo, el planteamiento inicial no pretendía crear una CPU con tanta capacidad de procesamiento, dado que la orientación pretendida era la de ser utilizado para tareas tales como controlar un ascensor, los semáforos de tráfico, o una pequeña calculadora de bolsillo. De esta forma los primeros diseños usaban un nibble como medida, siendo por lo tanto cuatro los bits que el dispositivo procesaba simultáneamente. Sin embargo, una vez que empresas como Texas Instruments, Intel, Zilog y MOS lanzaron sus microprocesadores al mercado, muchos fueron los que se dieron cuenta de la viabilidad de diseñar una computadora de propósito general programable, barata, y de reducidas dimensiones y consumo eléctrico, basándose en estos nuevos componentes. Con el tiempo, ha sido tal la evolución en prestaciones de los microprocesadores, que han terminado por formar parte de los diseños de computadoras de cualquier tipo y tamaño, y de gran número de automatismos y maquinaria.

Esto en parte fue vaticinado por la **ley de Moore**. Esta ley la enunció uno de los fundadores de Intel, Gordon Moore (1929-2023), el 19 de abril de 1965 cuando era director de los laboratorios de Fairchild Semiconductor. Según su enunciado, el número de transistores por pulgada en circuitos integrados se duplicaba anualmente, y que esa tendencia continuaría durante las próximas dos décadas. En 1975 sin embargo rectificó y dijo que ese periodo de tiempo sería de dos años. La consecuencia de esta tendencia del desarrollo de la tecnología es que las prestaciones suben, y los precios bajan continuamente.

Los primeros microprocesadores

Como con muchos avances en tecnología a lo largo de la historia, el microprocesador fue inventado de manera casi simultánea por cuatro empresas a la vez: Four-Phase Systems Inc, Texas Instruments, Intel, y Garret AIResearch. Normalmente se identifica a Intel como a la inventora del microprocesador, aunque fueron Texas Instruments los primeros que consiguieron una patente sobre él, y Garret AIResearch los primeros que crearon uno de éxito. Todo ello, a pesar de que cronológicamente los de Four-Phase Systems Inc. fueron los primeros.

Four-Phase Systems acabaría siendo absorbida por Motorola en 1982, pero mucho antes, un ingeniero que trabajaba para ellos llamado Lee Boysel, crearía en 1968 el AL1. El AL1 era un microprocesador de 8 bits, que había comenzado a diseñarse en octubre de 1968, y estaba operativo y funcionando en marzo de 1969. Los fabricantes de semiconductores llevaban toda la década intentando crear un diseño así, en el cual todos los componentes de una CPU se pudieran integrar en un solo chip. Aunque si bien es cierto que el de Lee Boysel fue el primero cronológicamente, también lo es que su influencia sobre los futuros diseños fue mínima. Además, Garret AIR search no patentó ni pudo patentar su invento, porque su desarrollo formaba parte de la computadora principal de vuelo del avión de combate estadounidense F-14 Tomcat. De esta forma, siendo comenzado a diseñar en 1968 por Steve Geller y Ray Holt, fue puesto en producción en 1970. Era algo mucho más pequeño y confiable que los sistemas mecánicos contra los que compitió, y fue utilizado en todos los primeros modelos del Tomcat. Es por eso por lo que el diseño fue considerado alto secreto hasta 1997, año en el que por fin se hizo público. Por esta razón, este chip llamado originalmente MP944 tampoco ha pasado a la historia como el primer microprocesador, debido al carácter *top secret* de su naturaleza.

El que sí que se ganó ese calificativo fue el Texas Instruments TMS1802NC, el cual se comenzó a fabricar el 17 de septiembre de 1971, un par de meses antes que el  Intel 4004 el cual fue lanzado el 15 de noviembre del mismo año. El nuevo circuito integrado de TI se fabricaba en un encapsulado de 28 pines, y fue conocido como «la calculadora en un chip». TI planteaba la posibilidad de poner una calculadora en todos los hogares y todos los bolsillos de los hombres de negocios, gracias a este económico chip. Su invento, incorporaba todos los circuitos de lógica y de memoria, para dar servicio a una calculadora completa de ocho dígitos y tres registros, con funciones de suma, resta, multiplicación, y división en punto flotante con redondeo automático. Todo ello por un precio inferior a 20$ para compras de grandes cantidades.

Este microprocesador fue diseñado con la idea de operar con pocos componentes externos. Un teclado de matriz, un *multidisplay* de siete segmentos, la fuente de alimentación y poco más. La calculadora básica programada para el, ocupaba 3520 bits de memoria ROM, y 182 bits de memoria RAM. De esta forma varios fabricantes partiendo del TMS1802NC, crearon las primeras calculadoras de bolsillo. Entre ellas las primera consideradas como tales: la Graig 4501, y la Browmar 901B. Esta última también fue fabricada para Commodore, que la comercializó en septiembre de 1971.Por su parte, la propia TI comercializo la exitosa serie de calculadoras Datamath.

Gary Boone fue el jefe de diseño de TI, que culminó el desarrollo, para el cual fue concedida la patente número 3.757.306 en Estados Unidos el 4 de septiembre 1973. Entre 1971 y 1976, Intel y el TI llegaron a acuerdos para que Intel pudiera fabricar microprocesadores, pagando los derechos de patente a TI. Ese es el motivo por el cual años después cuando Intel interpuso una denuncia a la empresa Cyrix por fabricar sus microprocesadores, fue TI la que tuvo que intervenir como poseedora de la patente, de la cual también eran poseedores el propio Gary Boone junto con Michael Cochran de TI. La patente es el número 4.074.351 de Estados Unidos, y hace referencia al TMS1000 de TI.

La serie original de los TS1000 consistía en 6 chips. Los TMS1000 y TS1200 eran los chips de base. Los TMS1070 y los TMS1270 eran las versiones del alto voltaje para conectarse a displays. Los TMS1100 y TMS1300 duplicaban la cantidad de ROM y RAM. Los TMS1000, TMS1070, y TMS1100 venían en encapsulados de 28 pines. El TMS1200, TMS1270, y TMS1300 eran las mismas versiones en encapsulado de 40 pines. Esta serie de chips se comercializó durante veinte años, y fue ampliamente utilizada en aplicaciones de todo tipo. Con pequeñas modificaciones se podía utilizar para aplicaciones diferentes a la de calculadora, como para medidores de velocidad digitales, voltímetros digitales, relojes, terminales, registradores de control de presencia y relojes de marcaje, juegos electrónicos y un largo etcétera de aplicaciones típicas de un microcontrolador actual. Todo ello gracias a un chip que proveía el equivalente a unos 5000 transistores, y que podía flexibilizarse es su diseño gracias a pequeñas modificaciones en el proceso de fabricación, añadiéndole cierta cantidad de memoria, y líneas de entrada y salida, todo en el mismo chip.

El paso de las calculadoras de 4 bits, a las microcomputadoras de 8 bits

Intel lanzó en 1972 su microprocesador 8008, el cual fue esta vez sí, el primer microprocesador de 8 bits del mundo. Estos procesadores son los precursores de los Intel 8080 (1974), y los exitosos Zilog Z80 (1976). Intel había entrado en negocios con la compañía Datapoint de San Antonio, Texas, para la fabricación de un

microprocesador que controlara los terminales para las grandes computadoras que fabricaba. Sin embargo, finalmente Datapoint decidió no utilizar el diseño de Intel, e Intel la comercializó como modelo 8008 en abril de 1972, poniéndolo a la venta como componente independiente. Con él se puso a la venta un famoso kit de microcomputadora llamado Mark-8 en 1974.

Motorola por su parte también quiso entrar en el mercado de los microprocesadores, y lanzó el modelo 6800 en agosto de 1974. Basándose en esta arquitectura, MOS desarrollaría el 6502 en 1975. De manera que Intel creó el 8080, Motorola el 6800, y Zilog se inspira en el diseño de Intel y crea el Z80, a la par que MOS se inspira en el diseño de Motorola creando el 6502. La inmensa mayoría de las microcomputadoras de los años setenta y ochenta se basaron en la serie de microprocesadores Z80 de Zilog y 6502 de MOS, aunque veremos algún ejemplo de otras alternativas.

Motorola revolucionó el mundo de los microprocesadores de 8-bits cuando anunciaron el MC6809 en 1978. Era de carácter ortogonal, lo cual quiere decir que cualquier instrucción puede utilizar cualquier registro de la arquitectura como fuente o destino. Tenían un diseño limpio y completo, sustituyendo mediante microcódigo a la lógica micro cableada, consiguiendo así mediante esta técnica características que ningún competidor podía ofrecer. Motorola creó para él un sistema operativo completo de tipo UNIX, llamado OS9, y además proporcionaba diseños completos de una microcomputadora basada en su microprocesador a las empresas compradoras. Tandy y Dragon Data entre otros los usaron. Sin embargo, por razones de mercado no consiguió gran éxito de ventas.

Otro microprocesador 8bit temprano era el Signetics 2650, que gozó de una breve ráfaga del interés debido a su arquitectura innovadora y su juego de instrucciones. Cuando fue lanzado a comienzos de 1975, muchos lo consideraron el microprocesador más adaptable a una microcomputadora que se podía encontrar en el mercado por aquel entonces. La cuestión era que Signetics no podía proporcionar un volumen de unidades suficiente a ningún fabricante de microcomputadoras, que pensara crear un producto de éxito partiendo de él, así que no consiguió un éxito significativo, a pesar de contar con una microcomputadora diseñada para aprender su programación llamado *Signetics Instructor 50*.

La empresa RCA (Radio Corporation of America) también se hizo un hueco en la historia de los microprocesadores de 8 bits, cuando creó en RCA 1802 a comienzos de 1976. Estos microprocesadores equiparon las sondas espaciales Voyager y Viking de la NASA, y la sonda Galileo en su viaje a Jupiter , que se lanzó en 1989 y llegó en 1995. Este microprocesador de 8 bits fue merecedor de este honor, por su muy reducido consumo energético, y por estar constituido por silicio y zafiro, lo cual aseguraba una protección mucho mejor contra la radiación cósmica, y descargas electrostáticas.

Los diseños de 16-bit

Con inmediatez a la aparición del microprocesador, algunas empresas utilizaron varios de estos nuevos componentes trabajando simultáneamente para formar una CPU de 16 bits. *National Semiconductor* fue la primera que hizo esto en su IMP-16 a principios de 1973. La *Digital Equipment Corporation* también lo hizo para conseguir la CPU de sus sistemas PDP11/03, y *Fairchild* lo haría con su *Microflame* 9440. Sin embargo, el primer microprocesador de 16 bits real en un solo encapsulado fue el TMS 9900 de *Texas Instruments*, en base al cual se creó la serie de microcomputadoras TI-99.

Inicialmente TI comercializó este microprocesador en un encapsulado cerámico de 64 pines. Esto lo hacía más caro que la competencia que utilizaba encapsulados plásticos de 40 patillas. El TMS9980, solucionó esto y consiguió ajustar el precio del producto, utilizando el encapsulado plástico de 40 pines. Esto hacía que el bus de datos fuera de 8 bits, y que tan solo pudiera direccionar segmentos de 16 KB, pero con ello conseguía abaratar los precios, adoptando este planteamiento a los siguientes diseños: los 99105 y los 99110.

Intel siguió durante un tiempo compitiendo en el mercado con su 8080 de 8 bits, arropado por el éxito del sistema operativo CP/M desarrollado para él. Aunque, finalmente, crearía un microprocesador de 16 bits en 1978, al que llamo 8086, intentado ser lo más compatible posible con el anterior 8080. Este sería el elegido cuando IBM buscó un microprocesador con el que dotar a su nueva microcomputadora a principios de los ochenta. Intel ganó el contrato de IBM con una versión de 8086, llamada 8088. El 8088 tenía bus de direcciones de 16 bits, y bus de datos de 8 bits. Esto le permitía trabajar con chips de memoria de 8 bits, mucho más baratos que los de 16 bits, por lo que abarataba el precio final de la microcomputadora. IBM creó entorno a él, el modelo 5150 original de 1981.

Los diseños 32-bit

Comenzaban a introducirse en el mercado a principios de los ochenta, los diseños de 16 bits, cuando prácticamente sin solución de continuidad llegaron los de 32 bits para quedarse durante el resto del siglo y más allá. El primer gran éxito de los 32 bits fue el Motorola 68000, creado en 1979. Motorola llevaba años haciendo un muy buen trabajo en el área de diseño de microprocesadores, y el 68000 y sus variantes supusieron la consagración total. El 68000 original tenía registros internos de 32 bits, pero el bus interno de datos era de 16 bits, y el externo también. Algunas versiones, tenían incluso el bus externo de datos de 8 bits, para poder ser utilizado junto con circuitos de memoria baratos. El bus de direcciones era de 24 bits.

Inicialmente Motorola lo presentó como procesador de 16 bits, aunque la arquitectura era claramente de 32 bits. Era un microprocesador rápido, y capaz de direccionar gran cantidad de memoria (hasta 16 MB) sin ningún tipo de segmentación. Además, era bastante barato si se comparaba con lo que la competencia ofrecía a precios similares. Apple lo utilizó en su modelo Lisa y en el Macintosh, Sinclair en el QL, Commodore en la serie Amiga, Atari en la serie ST, y muchas supermicrocomputadoras Unix utilizaron microprocesadores de la serie 68000. Además de esto, una larga serie de automatismos lo utilizaron y utilizan incluso hoy en día, como CPU.

Zilog también lanzó un modelo de microprocesador de 32 bits similar al diseño de Motorola, el Z8000, pero llegó demasiado tarde para poder copar suficiente cuota de mercado, y desapareció rápidamente. Por su parte, Intel lanzó su primer diseño al mercado de 32 bits en 1981. Se trataba del iAPX-432. Utilizaba tres encapsulados, con tres circuitos integrados, y comparándolo con la serie 68000 de Motorola fue un completo fiasco. Sin embargo, desde finales de los ochenta, y sobre todo con el lanzamiento de la serie Pentium por parte de Intel y el triunfo de Microsoft Windows, la arquitectura 32 bits x86 de Intel acabó por copar la práctica totalidad del mercado de los sistemas de escritorio. Las versiones 386 y 486 de esta arquitectura x86 fueron en su momento licenciadas por Intel a otras compañías. Así AMD y Cyrix construyeron versiones mejoradas de estos microprocesadores con nombres análogos. Pero la serie Pentium no fue licenciada por Intel. Habría que esperar al siglo XXI para que AMD adelantara a Intel, con una arquitectura de microprocesador de 64 bits plenamente funcional, orientada a su uso en sistemas de escritorio.

Los procesadores multi-core

Una opción ampliamente utilizada en el diseño de computadoras, cuando se trata de conseguir un mayor rendimiento, es agregar microprocesadores adicionales. Con ello se puede conseguir con el hardware y el software de apoyo adecuado, el multiproceso en paralelo. Este comenzaría a ser muy popular durante todos los años noventa.

En respuesta, a estos diseños que combinaban varios microprocesadores en una misma placa base, los fabricantes presentaron el procesador multicore, que es simplemente un solo encapsulado, que contiene más de un núcleo de microprocesador completo.

RISC

A mediados de los ochenta y comienzos de los noventa, se desarrolló una nueva generación de microprocesadores de alto rendimiento. El enfoque era utilizar un juego reducido de instrucciones, y hacer que estas se ejecutaran de manera muy rápida, por lo que el rendimiento general del sistema se incrementaría. Esta arquitectura fue llamada RISC, acrónimo de Redudec Instruction Set Computer. Estos microprocesadores fueron muy famosos en sistemas Unix. El primer diseño comercial RISC fue lanzado por MIPS Technologies, era de 32 bits, y fue llamado R2000. A este le siguió el R3000, y más tarde el R4000 con el primer diseño de 64 bits del mundo. IBM lanzaría la gama PowerPC de microprocesadores RISC, SUN Microsystems la SPARC, AMD la serie 29000, Intel los i860 y los i960, Motorola los 88000, DEC los Alpha y HP la arquitectura HP/PA. Sin embargo, el mercado fue dejando a un lado estos diseños, sobreviviendo tan solo el PowerPC como microprocesador RISC de sistemas de escritorio, y el SPARC para diseños de SUN Microsystems solamente, hasta la irrupción de la arquitectura ARM (*Advanced RISC Machine*) que hoy en día se utiliza con profusión en una amplia variedad de dispositivos, desde teléfonos móviles y tabletas hasta sistemas integrados, servidores y otros dispositivos electrónicos.

4.1.2 Dispositivos de almacenamiento

Como ya hemos visto, el primero dispositivo de almacenamiento de información utilizado en máquinas computadoras de amplia difusión fue la tarjeta perforada. Los comienzos de esta técnica como almacenamiento de información recordemos se remontan a Joseph Marie Jacquard y su telar de 1801. Charles Babbage utilizó también las tarjetas perforadas como un modo de controlar e introducir datos en sus calculadoras mecánicas. Sin embargo, fue Herman Hollerith quien desarrolló la tecnología de procesamiento de datos mediante tarjetas perforadas, siendo este el primer precedente histórico de procesamiento informático en cuanto a tal. Hollerith, repasemos, construyó diversos artefactos para procesar los datos del censo de los Estados Unidos de 1890, basándose en tarjetas perforadas, y fundó la compañía *Tabulating Machine Company* en 1896, que terminaría dando lugar a la IBM.

Algunas de las máquinas de IBM de su periodo inicial basadas en tarjetas perforadas que tabulaban, no pueden considerarse de manera estricta computadoras, puesto que para realizar sus tareas muchas veces no necesitaban de procesos computacionales. Si que en todo caso siempre fueron ordenadores y pertenecían a la categoría de mecanismos informáticos, puesto que ordenaban la información y la procesaban. Ejemplo clásico de estas, la clasificadora de tarjetas perforaras IBM 85 de la imagen.

Sin embargo, las tarjetas y las cintas perforadas tenían un serio inconveniente dado que no podían ser reutilizadas una vez perforadas. Entonces como evolución de estas tarjetas perforaras nacieron las tarjetas magnéticas, y las cintas magnéticas. Esta sí era reutilizable pero no era de acceso aleatorio, por lo que para leer un bit se debían leer todos los anteriores.

Los orígenes de las cintas magnéticas se remontan a 1888, de la mano del inglés Oberlin Smitch (1840-1926). En septiembre de ese año, apareció publicado en la revista *Electrical World*, un artículo de este ingeniero en el que se enunciaban los principios básicos para grabar señales en un soporte magnético. Este sistema de grabación magnética primitivo se basaba en un electroimán, y una cuerda cubierta de limaduras de hierro. Aunque el que realmente desarrollaría la técnica necesaria para hacer funcionar lo que hasta entonces solo en teoría lo hacía, fue el danés Valdemar Poulsen (1869-1942). Él crearía el primer dispositivo de grabación magnética, llamado *Telegráfono* en 1898. Este telégrafo que guardaba en soporte magnético un registro de las transmisiones sería patentado, y en base a esta patente, Poulsen recorrería Europa vendiendo su invento y las posibles aplicaciones en cuanto a almacenamiento de audio.

El soporte magnético no pasó a ser utilizado para almacenar datos o programas de computadoras hasta 1949. En este año la EDVAC lo utilizó por primera vez. La primera computadora comercial basada en la EDVAC, la UNIVAC, que en principio estaba diseñada para trabajar con tarjetas perforas, sería dotada de un equipo de procesamiento externo fuera de línea, para convertir el medio de almacenamiento de datos, de tarjeta perforada a cinta magnética y de cinta magnética a tarjetas perforadas. A partir de ahí, la cinta magnética se convirtió en un estándar hasta nuestros días.

El siguiente paso de la evolución de los dispositivos de almacenamiento de información, sería dado en 1952 cuando IBM crea en San José (California) el primer laboratorio dedicado exclusivamente a la investigación y desarrollo de dispositivos de almacenamiento. Este laboratorio estaba dirigido por Reynold Johnson, que por aquel entonces había desarrollado ya dispositivos mecánicos y electromagnéticos de todo tipo, como por ejemplo uno de los primeros correctores automáticos de exámenes de tipo test. La idea inicial era crear una superficie magnetizable giratoria, y una cabeza que pudiera leer y escribir impulsos magnéticos sobre ella. Este invento, que acabaría dando lugar al disco duro, tardó dos años en gestarse, siendo la primera computadora dotada de uno de ellos, la IBM 305 RAMAC (*Random Access Method of Accounting and Control*). Este primer disco duro de la historia contaba con 50 platos de 24 pulgadas de diámetro que giraban a una velocidad de 1200 rpm, y tenían un tiempo de acceso medio de un segundo. La capacidad total de almacenamientos era de unos 4.2MB. En el proyecto del disco duro para la **RAMAC 305**, trabajó un

brillante ingeniero físico llamado Alan Field Shugart (1930 - 2006). Shugart, después de pasar años trabajando para IBM en el desarrollo de discos duros, fundaría su propia empresa llamada *Shugart Associates* en 1973. Esta primera empresa sería adquirida por Xerox, siendo entonces cuando Shughart se asociaría entre otros con Finis Conner (1943 -), para crear en 1979 la *Shugart*

Technology, que poco después pasaría a llamarse *Seagate*. El nacimiento de Seagate coincidió con el de la microinformática doméstica, así que no es de extrañar que su primer producto fuera un disco duro preparado para ser conectada a una de esas microcomputadoras. Fue el modelo ST-506 y contaba con 5MB de capacidad.

A comienzos de los ochenta Seagate conseguiría firmar un contrato para suplir a los primeros IBM PC de disco duro, comenzando entonces el verdadero negocio. Tanto fue así, que Finis Conner abandonaría en 1985 Seagate para fundar su propia empresa, la *Conner Periphericals*, especializada en discos duros para portátiles. Durante años Seagate fue sinónimo de disco duro barato, y no necesariamente fiable, siendo de facto los culpables de la desaparición del negocio de la informática de empresas como Amstrad, cuyos últimos equipos los equipaban. Conner creaba productos de indudable mejor calidad a precios similares, pero su volumen de fabricación nunca pudo ser lo suficientemente elevado como para abastecer a las grandes marcas de ordenadores. Finalmente, Conner sería adquirida por Seagate en 1996. Este hecho, y la adquisición también del '*disk storage division*' de la empresa Control Data, junto con su tecnología, haría que la calidad de los productos de Seagate se viera sensiblemente incrementada.

En cuanto al disco flexible, también los de IBM fueron sus inventores. El problema que llevó a su invención como solución, surgió con el exitoso mainframe IBM 370. Esta computadora, que utilizaba el sistema  operativo System/370, necesitaba de periódicas actualizaciones de microcódigo, que en principio IBM proporcionaba a sus clientes en cintas magnéticas. El tiempo empleado en reiniciar la máquina, y aplicar la actualización era demasiado, así que IBM pensó en algo más ligero que una cinta, más rápido, y menos costoso. Por aquel entonces el mánager del departamento *IBM Direct Access Storage Product* era Alan Shugartel cual asignó la tarea de desarrollar el llamado *Proyecto Minnow*, a David Noble (1925-2018). Fruto del trabajo de Noble y su equipo, se presentó en 1971 un disquete flexible de solo lectura, de 8" y 80KB de capacidad bajo el nombre de IBM 2835. A partir de ese momento todos los IBM 370 vendrían equipados con una unidad IBM 2835.

Antes de ser uno de los fundadores de Seagate, Alan Shugart se fue a trabajar a la empresa *Memorex*, donde en 1972 su equipo diseñaría la unidad Memorex 650. Esta fue la primera unidad comercial capaz no solo de leer sino también de escribir disquetes de 8". La Memorex 650 que se comercializó, tenía una capacidad de 150 KB, con 50 pistas, 8 sectores por pista y 448 bytes por sector. El disquete Memorex 650 contenía 8 agujeros en el diámetro exterior, para indicar cada sector, además de un agujero de índice. A partir de aquí comenzaría la carrera tecnológica por conseguir introducir más información, en menos espacio, y a mejor precio. IBM lanzaría una actualización de su disquete de 8" en 1973, esta vez con 250KB de capacidad, con lo que podía almacenar tantos datos como una caja de 2000 tarjetas perforadas. Este disco tenía 77 pistas de 26 sectores, cada uno con 128 bytes.

Con la llegada de las microcomputadoras domésticas, los disquetes fueron el dispositivo de almacenamiento rápido y barato, que se utilizó para aplicaciones avanzadas. Así a pesar de que, por el condicionante del precio, estas microcomputadoras utilizaban por defectos unidades de cinta magnética de casete como almacenamiento, el sistema operativo CP/M, por ejemplo, venía en disquetes de 8" en su versión original. Alan Shugart en su primera aventura empresarial, al abandonar Memorex y formar Shugart Associates, sería el principal fabricante de estas unidades de disquete de 8", con su modelo SA800. Mientras tanto en Burroughs Corporation, ampliaban la capacidad de almacenamiento en un disco de 8" a 1MB.

En 1976, Shugart Associates creó los disquetes de 5.25" con su modelo SA4005. Estos disquetes tenían inicialmente capacidades de 90KB y 110KB. Este nuevo formato desplazó rápidamente al de 8" para la mayoría de las aplicaciones, siendo en 1981 el formato usado por IBM para equipar su PC 5150 en su versión de 360KB. Estas unidades tardaban 200 milisegundos en girar por completo el disco, por lo que la controladora tenía que enviar los datos a una velocidad de 250 kilobits por segundo. En agosto de 1984, junto con la presentación del IBM AT, también se presentó la unidad de 5'25" y 1.2MB. Estas unidades tardaban 166.67 milisegundos en dar una vuelta completa al disco, enviando los datos a una tasa de 500 kilobits por segundo.

En 1981 sería una recién llegada al negocio de la informática Sony, quien creara el nuevo estándar que perduro hasta comienzos del siglo XXI, el disquete de 3.5". Inicialmente Sony utilizaría estos disquetes para las microcomputadoras MSX de las que era uno de los principales fabricantes, aunque al apostar Apple por este formato en 1984 para equipar su Macintosh su éxito creció enormemente. Finalmente, IBM también equiparía sus PC con unidades de 3´5" en 1987 en su serie PS/2, esta vez con la capacidad de 1.44MB.

En 1982 *Mitsumi Electric Co. Ltd.* lanzaría su *Quick Disk* en formato de 3", el más compacto y con la carcasa más robusta. Fabricantes como *Amstrad* o *Tatung* apostarían por este formato, por lo barato del precio de la unidad lectora/escritora, y lo fiable de los 180KB por dos caras que podía grabar.

Los disquetes fueron siendo reemplazados de manera progresiva a partir de 1998 por unidades *flash* de memorias USB inventadas una vez más por IBM, con el objetivo de equipar su línea de productos ThikPad. Aunque esta vez IBM no lo patentó, siendo el encargado de fabricar el producto para IBM, *M-Systems* quien se haría con la patente. Las primeras unidades, fabricadas bajo la marca *Disgo*, tenían tamaños de 8MB, 16MB, 32MB, y 64MB.

Otras unidades de almacenamiento proliferarían con mayor o menor éxito en el mercado de la microinformática de finales del siglo XX. Algunos como la LS120 de la empresa 3M intentarían crear una unidad de 120MB compatible con los disquetes de 1.44MB estándar, con poco éxito comercial. La unidad LS240 de 240MB pasaría todavía más desapercibida. Otros como Iomega en 1994 coparían gran parte del mercado con sus Zip de 100MB conectables al puerto paralelo o SCSI. Estos discos tendrían también capacidades de 250 y 750 MB.

Aunque la verdadera revolución en términos de medio barato de alta capacidad de almacenamiento llegó con el CDROM (*Compact Disc - Read Only Memory*). Este dispositivo nació partiendo del *Yellow Book* que define lo definió como estándar establecido en 1985 por Sony y Philips. Esta tecnología permitía escribir entre 650MB y 800MB en una superficie grabada a láser, manteniéndose inalterables durante un periodo de entre diez y cincuenta años en función de la tecnología de grabación utilizada y las condiciones de conservación. Sus evoluciones posteriores como el DVD aumentarían esa capacidad inicial.

4.1.3 El teclado

¿Cuál es el motivo de que la tecla «Q» esté donde está, y la «H» se encuentre en medio del teclado? Esta historia parte del norteamericano Christopher Latham Sholes (1819-1890), el cual inventó, y lo que es más importante patentó la máquina de escribir. Esto ocurrió en fechas tan lejanas como el 23 de junio de 1868. La primera máquina de escribir tenía un teclado ordenado en orden alfabético, siendo más tarde cuando Sholes idearía también la distribución del teclado en formato «QWERTY». El motivo para la nueva ordenación no fue otro que la muy rudimentaria mecánica de la máquina de escribir original. Cada tecla accionaba un martillo que golpeaba sobre la cinta y el papel, siendo la velocidad de retorno de dicho martillo a su posición inicial, la que proporcionaba la fuerza de gravedad, es decir: muy lenta. Esto hacía que, en condiciones normales de trabajo, la máquina se atascara constantemente, por lo que Sholes en lugar de mejorar el mecanismo, distribuyó las letras de manera arbitraria para que no se produjera este problema. La única premisa que Sholes siguió fue la de colocar las teclas que conforman la palabra "typewriter" (máquina de escribir, en inglés), en la primera fila de letras empezando por arriba.

Con el tiempo se trasladaría el diseño a las computadoras, sencillamente porque inicialmente se usaban junto a las máquinas de escribir en las oficinas, y los potenciales usuarios conocían ya esta distribución. Sin embargo, sobre esta distribución de teclado hay diferentes versiones. En Alemania por ejemplo se intercambian la «Y» y la «Z», con lo que se convierte así en teclado «QWERZ», y el Francia y Bélgica hay más cambios todavía, convirtiéndose en teclado «AZERTY». Mención aparte merece el abajo representado teclado Dvorak.

August Dvorack (1894-1975) psicólogo y profesor de educación en la universidad de Washington, y su cuñado William Dealey estudiaron la frecuencia de las letras en lengua inglesa, y la fisiología de la mano humana. En base a estos estudios, durante los años veinte del pasado siglo, crearon una nueva distribución del teclado, que prometía ser más fácil de teclear alternando las dos manos, proporcionando más velocidad, y dando prioridad al uso de la mano derecha porque es mayor el número de diestros que de zurdos. En 1936 se le concedió a este diseño la patente número 2040248 de los Estados Unidos, y entonces se estimó que la velocidad era un 40% superior a la conseguida con el teclado QWERTY. Sin embargo, un estudio de 1956 de los Servicios de Administración General de los EE. UU. determinó que las personas que utilizaban teclados con distribución QWERTY, eran tan rápidos o más que los que utilizaban teclados con distribución Dvorak.

En la actualidad, en pleno auge de las pantallas táctiles, y cuando parece que el teclado está llamado a desaparecer como elemento principal de entrada de datos a un ordenador, son muchos los que abogan por una distribución del teclado en orden alfabético, mucho más sencillo y rápido de aprender. Todo ello sin tener en cuenta los teclados para caracteres cirílicos, arábigos, japonés, birmanos o tantos otros.

4.1.4   Texas Instruments

Texas Instruments, a pesar de pasar desapercibida para el gran público europeo, es una de las más importantes e influyentes empresas de tecnología de la historia. En el mundo de la industria electrónica, es más conocida como TI, y está hoy en día entre los diez primeros fabricantes de semiconductores del mundo. Si abrimos un teléfono móvil, y observamos su circuitería, las probabilidades de encontrar un componente desarrollado y fabricado por TI son altas, dado que es uno de los mayores productores de procesadores digitales de señal, y semiconductores analógicos.

La empresa nació de la mano de Patrick E. Haggerty, Cecil H. Green, J. Erik Jonsson, y Eugene McDermott. Este grupo de inversionistas compró a finales de 1941 la empresa *Geophysical Service Incorporated-GSI,* que se dedicaba a la exploración sísmica para las empresas petroleras de Texas. Durante la Segunda Guerra Mundial, GSI suministraría diferente material electrónico al ejército, que seguiría fabricando con gran éxito después. En 1951 la empresa pasa a llamarse Texas Instruments, siendo GSI

140

tan solo una filial de la misma, encargada de una rama concreta de sus negocios. De esta forma consiguieron expandir su campo de acción, y para 1954 diseñaron y fabricaron la primera radio basada en transistores. En 1958 patentaron un circuito sólido, que no es otra cosa que el circuito integrado patentado un poco antes por Fairchild, y desarrollado de manera paralela. Jack Kilby (1923-2005), de Texas Instruments, obtuvo la patente de un circuito integrado de germanio el 12 de septiembre de 1958.

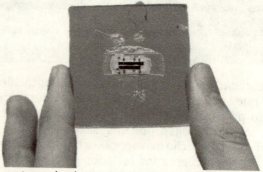

Basándose en tecnología TTL, TI crea toda una serie de circuitos integrados durante los años sesenta, los 7400. Con estos circuitos se construyen calculadoras de bolsillo de las cuales la TI creó la primera en 1967, y mecanismos embebidos de cálculo de todo tipo. En los sesenta y setenta TI firmó varios contratos con el gobierno y el ejército de los Estados Unidos, proveyéndoles de diferentes componentes tecnológicos que equiparon desde misiles, hasta la serie de cohetes Apolo de la Nasa. En los setenta, TI consigue la patente del microprocesador, gracias a un desarrollo de Gary Boone que databa de 1971. La patente del microprocesador la conseguirían los de TI el 4 de septiembre de 1974. A partir de entonces Intel pagaría derechos a TI por ser poseedora de dicha patente.

4.1.5   Intel

Intel fue fundada en 1968 por los ingenieros Gordon Earl Moore (1929-2923) y Robert Noyce (1927-1990). Estos dos ingenieros llevaban en la industria de los semiconductores, desde la época de Shockley, perteneciendo también al grupo de los fundadores de la Fairchild Semiconductor.

Inicialmente pensaron en llamar a su nueva empresa *Moore Noyce*, pero este nombre no les parecía que fuera lo suficientemente eufónico, así que partiendo de *Integrated Electronic* (electrónica integrada), crearon el nombre Intel. *Moore Noyce* suena en ingles muy parecido a "more noise", es decir; más ruido. Por ello ambos acordaron que este no era realmente un  buen nombre para su empresa. Curiosamente *Intel* estaba registrado ya por una cadena hotelera, así que tuvieron que comprar los derechos de uso de este nombre.

En sus comienzos Intel se dedicó a fabricar memorias basadas en circuitos integrados, en contraposición a las de núcleo de ferrita, y otras tecnologías similares. Además de esto, diseñaba y fabricaba todo tipo de chips especializados por encargo, hasta que a principios de los años setenta dieron con un nuevo invento llamado microprocesador. El ingeniero electrónico Ted Hoff (1937 -) había formado parte de la plantilla de Intel desde sus inicios. Le asignaron el proyecto de crear un conjunto de doce chips especializados, destinados a fabricar una calculadora para la empresa japonesa Busicom. Analizando el proyecto, Hoff se percató de que el coste de fabricación de los doce chips y el resto de los componentes que los harían trabajar juntos era muy superior al que Busicom preveía. Partiendo de este problema, Hoff dio un giro radical al proyecto, y decidió en vez de diseñar doce chips de uso especializado, crear uno solo con todas las funciones de los doce, y de uso flexible. El proyecto quedó pendiente de desarrollo, hasta que Federico Faggin (1941 -) fue contratado proveniente de Fairchild Semiconductor, para asignarle inmediatamente la ejecución del llamado proyecto MCS-4. El objetivo de este proyecto no era otro que el de dar forma concreta a los diseños de Hoff, y desde abril de 1970 a junio de 1971, Faggin trabajó intensamente en ello. Finalmente, el 15 de noviembre de 1971 vería la luz el Intel 4004, primer microprocesador de la empresa Intel.

El Intel 4004 fue inicialmente lanzado en un encapsulado de 16 pines, que albergaba 2300 transistores. Contaba con un bus de direcciones de 4 bits, lo que le permitía acceder a 4KB de memoria. Tenía 16 registros de 4 bits cada uno, y un conjunto de 46 instrucciones que permitían programarlo. Este microprocesador funcionaba a una frecuencia de 740Khz (0.7 MGz). Poco después de su lanzamiento, y en gran parte al quedar claras las limitaciones del 4004 una vez que estuvo en manos de gente como Gary Kildall, se creó un sustituto más potente. Concretamente el 1 de abril de 1972, Intel anunciaba el 8008 de 8 bits, a pesar de mantener su funcionamiento a 740KHz de frecuencia.

Partiendo de las bases definidas por el 8008, en abril del 1974 se lanzaría el Intel 8080, microprocesador que equiparía al IBM PC original, y simultáneamente el 8086. A partir de estos dos evolucionaron todos los microprocesadores de éxito de Intel hasta hoy en día. El primer 8080, funcionaba a una velocidad de reloj de 2 Mhz, con un bus de direcciones de 16 bits, un bus de datos de 8 bits y acceso a segmentos de 64KB de memoria como máximo. El 8086 era muy similar al 8080, pero tenía bus de datos de 16 bits, lo que lo convertía en un microprocesador de 16 bits puro. Con la revolución de las microcomputadoras domésticas a finales de los años setenta, de la mano de empresas como Altair e IBM que hicieron uso de estos microprocesadores, Intel se convirtió en una empresa extremadamente rentable.

A los 8088 y 8086 les siguió el 80286. Este microprocesador fue lanzado el 1 de febrero de 1982. Era de 16 bits (con el bus de datos de 24 bits), lo que se conseguía con los 134.000 transistores con de los que estaba formado. Trabajaba a una frecuencia de reloj que oscilaba entre los 6 y los 12,5 MHz, y permitía manejar hasta 16 MB de RAM. En base a este microprocesador, IBM crearía el modelo AT, continuación de su serie PC. La cuestión era que los equipos basados en 286 casi nunca tenían más de 1Mb de RAM, sobre todo porque habitualmente usaban el MSDOS e cual que gestionaba de manera directa en las versiones de la época, como máximo 640KB. También ocurría que el rendimiento de los programas en un XT equipado con un 8088-2 a 8Mhz, en la práctica era muy similar al de un 286 a la misma velocidad con el software normalmente utilizado, siendo sin embargo el precio del 286 muy superior. El 286 contaba con un juego de instrucciones complementarias a las x86 definidas para el 8088, pero excepto algunos programas muy específicos no se llegaron a sacar partido a su potencia.

Intel puso tierra de por medio a esta situación, cuando en 1986 sacó al mercado el Intel 80386. Este microprocesador de 32 bits contenía 275.000 transistores en su interior, y funcionaba a una velocidad de entre 16 y 40 MHz. Supuso el punto de partida de toda una serie de microprocesadores que llegan hasta nuestros días. El éxito de este microprocesador a todos los niveles fue tal, que Intel los ha venido fabricando desde entonces, hasta septiembre del 2007. En la última fase de su ciclo de vida, el 386 se usó ampliamente en equipos empotrados. La principal novedad de este microprocesador era la multitarea.

Inicialmente Intel desarrolló una versión del 386, denominada 80386SX, que lo hacía compatible con placas base de 286, con lo que permitía actualizarlas. Esta versión, incorporaba un bus de datos de 16 bits, en vez de 32. Sin embargo, el 386SX proporcionaba la suficiente potencia de cálculo, como para ejecutar las versiones 3.x del entorno gráfico Microsoft Windows. Fue gracias a este asequible microprocesador, por lo que en los PC de escritorio se comenzó a abandonar el entorno en modo texto del MSDOS, por el gráfico de Windows.

En la evolución de la gama basada en el 386, otra fecha relevante a destacar es el 10 de abril de 1989. Este día Intel presentó en 80486DX, con tecnología de 32 bits, coprocesador matemático, y una cache de nivel uno dentro del propio chip. Estas novedades aceleraban la transferencia de datos, y el cálculo de operaciones, llevando a los PC de escritorio la potencia que hasta hacía poco era solo propia de mainframes. Más aun mejoró el panorama cuando en 1992 se anunció el 80486DX2 a 60 y 66 Mhz, y el 1994 el DX4 entre 75 y 100 Mhz.

Para el gran público, el verdadero hito histórico en la evolución de la informática ocurrió en mayo de 1993, con el lanzamiento del *Pentium*. Desde entonces hasta 2023 año en el que Intel anuncio su discontinuación, la palabra «pentium» ha formado parte de la cultura popular de nuestra sociedad. Inicialmente Intel tenía proyectado comercializarlo

con el nombre de 80586, pero desde hacía varios años otras marcas fabricantes de microprocesadores como Harris, Cyrix y AMD principalmente, habían fabricado clónicos de los 386 y 486, utilizando el mismo nombre para identificarlos. Intel no podía patentar ningún producto nombrado tan solo con números, de hecho, el 80486 había acabado por ser patentado como i486, así que finalmente se decidió patentar la palabra «pentium», y sacar el mercado el que hubiera sido 80586 con este nombre. Esta marca comercial había sido creada en 1992 por la compañía *Lexicon*, la misma que creó el nombre de otros productos como la *Blackberry* de RIM y el *Outback* de Subaru. Lexicon creó la marca comercial Pentium, partiendo del prefijo griego «pente», que significa cinco, y el sufijo latino «ium». Haber utilizado la palabra «quinque» que es cinco en latín, hubiera dado como resultado, un término significativamente menos eufónico.

Los Pentium originales eran microprocesadores de 32 bits que funcionaban entre 60 y 200 Mhz. En la práctica ocurría como con los 8008-2 y los 286, un Pentium original no era significativamente más potente que un 486DX4 de la época, y si notoriamente más caro. Aunque esta situación cambió cuando el 27 de marzo de 1995, apareció el Pentium Pro. Este microprocesador basado en la revolucionaria tecnología de 32 micras que le permitía tener cinco millones y medio de transistores en su interior. Gracias a esto incorporaba internamente un segundo chip, que se encargaba de optimizar el rendimiento de la memoria cache. Los Mhz a los que el Pentium Pro funcionaba (entre 150 y 200), no eran significativos si lo comparábamos con un Pentium convencional. El nuevo diseño, a menos frecuencia de trabajo, conseguía un mucho mejor rendimiento que el anterior. Agregando a un núcleo de Pentium Pro, el juego de instrucciones especializadas en procesamiento multimedia MMX, Intel crearía el Pentium II en 1997. En este punto la tecnología permitía introducir 7.5 millones de transistores en un solo encapsulado.

En vista de la evolución del mercado, y ante la demanda de un procesador barato para equipar los sistemas de bajo precio, Intel lanzaría en agosto 1998, una versión limitada del Pentium II, a la que llamó Celeron. Esta nomenclatura también fue abandonada por Intel en 2023.

Del Pentium II Intel también crearía en 1998 una versión mejora, orientada al alto rendimiento requerido en los servidores, denominada Xeon. Esta versión potenciada del Pentium II, fue sustituida al año siguiente con el lanzamiento del Pentium III, y su versión Xeon. Respecto al Pentium III, este diseño presentado el 26 de febrero de 1999, implementaba setenta nuevas instrucciones. Esto le permitía procesar gráficos en tres dimensiones de manera optimizada, o ver contenido directo de

Internet sin necesidad de descarga gracias a su conjunto de instrucciones SSE, especialmente adecuadas para decodificación de MPEG2. Todo ello lo conseguía gracias a los 9,5 millones de transistores de incorporaba, con su tecnología de 0,25 micras. De la mano del Pentium III, y los sistemas de hardware y software capaces de ejecutar llegamos hasta nuestros días.

Las previsiones de Intel en el año 2000, era tener disponible una tecnología de 0.07 micras para el año 2011, que le permitiera crear microprocesadores con mil millones de transistores en su interior, y alcanzar una velocidad de reloj de 10000 Mhz (10 Ghz). La evolución real ha sido diferente.

4.1.6   Zilog

Federico Faggin (1941-) trabajó como ingeniero de Intel, siendo el principal artífice en la práctica del Intel 4004. Aunque en su momento decidió dejar Intel para fundar Zilog. Faggin es un italiano nacido en la ciudad del Veneto, Vicenza, que estudió física en la Universidad de Padua, y trabajó para la empresa italiana Olivetti. En Olivetti fue donde tuvo su primer contacto con las microcomputadoras, perteneciendo al grupo de diseño y desarrollo un pequeño computador. Desarrolló también trabajando para SGS Fairchild de Italia diversos circuitos integrados, pasando de allí a trabajar en la Fairchild de Palo Alto en California en 1968. En 1970 decidió aceptar la oferta de Intel, para trabajar en la implementación de la arquitectura que Hoff y Mazor habían formulado, como solución a una nueva línea de calculadoras que Busicom pretendía sacar al mercado. Faggin acabo creando el microprocesador 4004, dando a la implementación del diseño un carácter mucho más polivalente y compacto que el inicialmente planteado, siendo por lo tanto en realidad el padre material de ese primer microprocesador de

Intel. Puede verse claramente a la derecha, en la imagen de la litografía del Intel 4004, las iniciales «FF» de su creador.

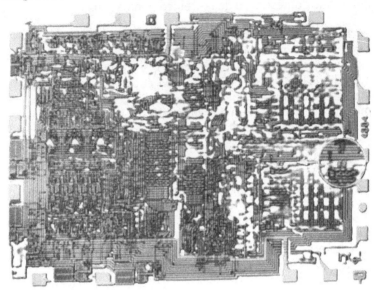

Seguido a este, desarrolló para Intel el 8008 de 8 bits basándose en los diseños para el Datapoint 2200, decidiendo en 1974 una vez abandonado su trabajo en Intel crear la Zilog.

En 1976 Zilog lanza al mercado el microprocesador Z80, que construido en tecnología NMOS, y basado en el Intel 8008, fue el alma máter de gran parte de los microcomputadores profesionales y domésticos de finales de los setenta y principios de los ochenta. Tanto fue así, que para 1975 Tandy lanzó al mercado el primer microcomputador que lo equipaba el TRS-80 Model 1, con un Z80 a 1´77 Mhz y 4 KB de RAM. Solamente el MOS 6502 le hizo sombra al Zilog Z80 en el terreno de las primeras microcomputadoras, siendo el núcleo central, en torno al cual giró el diseño de los Sinclair Spectrum, los Amstrad CPC, y los MSX tan conocidos y populares en Europa.

Después del éxito de su microprocesador de 8 bits y sus variantes, Zilog creó microprocesadores de 16bits (el Z800) y 32 bits (el Z8000), pero sin mucho éxito, razón por la cual la compañía deja a un lado los microprocesadores para centrarse en los microcontroladores. Estos dispositivos pueden encontrarse en infinidad de productos electrónicos de ámbito industrial, doméstico, o de las telecomunicaciones.

En 1980 Faggin deja la empresa que creó, y Zilog ya no volvería a cosechar su éxito inicial. Rápidamente Intel y Motorola fueron haciéndose con cuota de mercado, y Zilog pasó a ser una subsidiaria de la multinacional *Exxon*, cuyo negocio principal era los derivados del petróleo. Su increíblemente exitoso microprocesador Z80, fue el único de sus productos realmente rentables. Aun así, en 1989, Zilog es vuelta a comprar por la dirección y los empleados en un intento de relanzar la compañía. Para 1991 cotizaba en bolsa, y se comenzó a vender con éxito nuevos productos como el V-Chip, que permitía funciones de control para padres en televisores. Pero esta nueva gama de productos tampoco funcionó, y en 1998 Zilog es adquirida por la *Texas Pacific Group*, para poco después declararse en suspensión de pagos, y resurgir una vez más con productos como el eZ80 orientados a las telecomunicaciones, o controladores de infrarrojos incluidos en los mandos a distancia.

4.1.7   AMD

Advanced Micro Devices Inc, fue fundada el 1 mayo de 1969, por un grupo de trabajadores de Fairchild Semiconductor. Comenzaron su actividad fabricando diversos chips semiconductores, hasta dedicarse a partir de 1975 en una segunda etapa, al negocio de las memorias RAM. Fue también en este año, cuando usando ingeniería inversa crearon un microprocesador compatible con el Intel 8080, comenzando así una larguísima tradición de fabricación de microprocesadores análogos a los creados por Intel.

A pesar de que los productos estrella de AMD han sido siempre los microprocesadores compatibles con las normas definidas por Intel, a lo largo de su historia ha creado y comercializado infinidad de otros dispositivos. Así a finales de los años ochenta, en AMD se creó una serie microprocesadores RISC denomina 29K, que estaban basados en tecnología de desarrollo propia, y fueron ampliamente utilizados en la circuitería de la mayoría de las impresoras láser. También otros chips como el de módem llamado AMD7911, han tenido y tienen éxito en sus posteriores evoluciones.

En lo que se refiere a los microprocesadores compatibles con la familia Intel x86, AMD fabricó desde el principio microprocesadores análogos, más baratos, e incluso algunas veces superiores. Fue en febrero de 1982 cuando AMD firmó un contrato de licencia con Intel, convirtiéndose así en fabricante de microprocesador 8088 y 8086 bajo licencia. Esto fue una de las condiciones de IBM, al elegir el 8088 como microprocesador de su IBM PC. Los de IBM no permitían que ninguno de sus productos dependiera de un solo proveedor, y de esta manera AMD también proveería a IBM de micros en caso de necesidad. En base a este acuerdo, AMD también produciría el microprocesador 80286, aunque finalmente el acuerdo se rompió unilateralmente en 1986, e Intel no dio ningún detalle técnico de sus 80386 a AMD. Intel proporcionó el 386 antes que, a IBM a Compaq, con lo que Compaq fue la primera en tener en el mercado un PC basado en 386. Una vez que estaba claro el distanciamiento entre IBM e Intel, no dispuestos a dejar escapar su parte del pastel, los de AMD pleitearon contra Intel, y en 1994 la Corte Suprema del Estado de California falló a favor de AMD. Tampoco esto haría que las cosas mejoran mucho para AMD, pero ayudó.

Pero mientras todo esto ocurría, AMD no paró en su desarrollo de nuevos productos, y así en 1991 lanzó un clónico barato del Intel 80386 llamado Am386. De este microprocesador se consiguieron vender en menos de un año un millón de unidades. Su siguiente diseño, el Am486 compatible con el Intel 80486 incluso fue comprado por fabricantes de renombre como la antes mencionada Compaq. El aquí fue que el proceso de ingeniería inversa que AMD utilizaba para copiar los productos de Intel hacía que los tiempos de desarrollo de los nuevos productos fueran demasiado largos como para encajar en la frenética evolución del mercado, y para cuando AMD tenía un buen producto del tipo 386 en el mercado, Intel ya vendía versiones evolucionadas del 486. Esta situación hizo peligrar el futuro de AMD con el lanzamiento del Pentium por parte de Intel, y el K5 como respuesta en 1996. AMD necesitaba urgentemente un producto capaz de competir contra los Pentium. La «K» de K5 decía la campaña publicitaría que venía de «kryptonita», porque este era el único producto capaz de vencer al Superman de Intel. Sin embargo, los K5 resultaron ser un fiasco, porque tan solo implementaban las características de los Pentium a medias, y el rendimiento era mucho menor.

Afortunadamente para AMD, el panorama cambió cuando en 1996 se hicieron con la compañía *NexGen*, y con ello incorporaron su equipo de diseño a sus filas. AMD apostó muy fuerte por este equipo de diseñadores, entregándoles un edificio propio, y recursos suficientes. Fruto de esta decisión vería la luz el AMD K6. Este nuevo microprocesador lanzado en 1997 era ya un buen producto, capaz de competir con cualquier de los Pentium de Intel, comenzando con él una pugna real por el liderazgo tecnológico y la innovación en el mercado. A partir de este punto y en base al éxito cosechado, llegarían los K7 en la primavera de 1999, y ya en el siglo XXI, una evolución de esta llamada K8, que como novedad estaba basado en arquitectura de 64 bits. Tanto la arquitectura como el nuevo juego de instrucción de 64 bits, había sido desarrollado por la propia AMD. Intel acabaría por hacer uso del juego de instrucciones de AMD, en sus microprocesadores con soporte 64 bits que llegan hasta nuestros días.

4.1.8 Motorola

Motorola fue fundada en Chicago en 1928 por los hermanos Paul y Joseph Galvin. Por aquel entonces la *Steward Baterry Co.* se dedicaba a fabricar transformadores para conectar aparatos receptores de radio que funcionaban con baterías. Estos transformadores permitían escuchar la radio, conectándola a la toma de corriente eléctrica general, lo cual a medio plazo suponía un ahorro en baterías, y una gran comodidad. Sin embargo, la empresa quebró y los hermanos Galvin viendo una oportunidad de negocio la compraron transformándola inicialmente en la *Galvin Manufacturing Corporation*. Tenían en sus inicios cinco empleados, 565 dólares en efectivo, y 750 dólares en herramientas. Como los Galvin eran hábiles a la hora de enfocar sus productos la empresa salió adelante con fuerza, todo lo más a partir de 1930 cuando desarrollaron la primera radio comercial para automóvil. Por aquel entonces estaba de moda utilizar el sufijo «ola» para lo relacionado con el audio. Así *Victrola*, *Radiola* y *Rockola* llevaban tiempo vendiendo fonógrafos y aparatos de audio en general. Decidieron llamar a su nuevo producto Motorola como unión de audio y motor.

En 1936 Paul Galvin que volvía de un viaje por Europa, se dio cuenta de que de nuevo estaba a punto de estallar el conflicto bélico, y decide comenzar a desarrollar productos potencialmente adquiribles como equipamiento del ejército. Así, en 1940 tienen preparada la Handie-Talkie AM con la etiqueta también de Motorola, de la que vendieron más de cien mil unidades al ejército estadounidense. Esto sentaría precedente, y desde entonces continuaron desarrollando productos de electrónica de comunicaciones para el ejército. No solo eso, al terminar la guerra, tal era el éxito y el renombre de los productos Motorola de la Galvin Manufacturing Corporation que, en 1947, la compañía pasó a llamarse directamente Motorola.

Diseñando y fabricando aparatos receptores de radio, emisores e intercomunicadores, Motorola llegó a finales de la década de los sesenta con el firme propósito de impulsar el desarrollo de la telefonía móvil y las telecomunicaciones en general. Así fue un transponedor de radio de Motorola el que transmitió las primeras palabras desde la luna a la Tierra el 20 de julio de 1969. El transponedor instalado a bordo del módulo lunar Apollo 11 transmitía la telemetría, la localización, las comunicaciones de voz y las señales de televisión entre la Tierra y la Luna. Con el tiempo sería también Motorola quien diseñaría toda una constelación formada por 66 satélites artificiales de comunicaciones alrededor de la Tierra, llamada *Iridium*.

En cuanto a la telefonía móvil de uso civil, el proyecto de Motorola daría sus frutos a lo largo de los años setenta, para cristalizar finalmente en el primer teléfono móvil comercializado en el mundo, el *DynaTAC* de 1983. Este teléfono sin cables pesaba 800 gramos, medía 33 x 5,5 x 8,9 centímetros, costaba 4000 dólares de la época, y tenía una hora de autonomía en conversación. Sorprendentemente vendieron 300.000 unidades.

Diseñando y fabricando aparatos de radio y telecomunicaciones, Motorola entró también en el negocio de los semiconductores, y es aquí durante la década de los 70 y de los 80 donde hizo una importantísima aportación al desarrollo de la incipiente industria de las microcomputadoras. En 1975 Motorola lanzó al mercado un microprocesador formado aproximadamente por 6800 transistores, y que llamó precisamente 6800. Era de 8 bits, y lo lanzó al mercado poco después de que Intel lanzara su 8080. Tenía 78 instrucciones y normalmente se vendía en un encapsulado cerámico de 40 pines. Necesitaba una única alimentación de 5 voltios para funcionar, al contrario que su competidor de Intel, que necesitaba tres tensiones diferentes. El popular microcomputador en kit *Mits Altarir 680* de 1976 hacía uso de él. Con tan solo 1KB esta es considerada por muchos como la segunda microcomputadora doméstica, después de la Altair 8800 basada en el Intel 8080.

Motorola sustituyó el 68000 original por el MC6802, que añadía un generador de reloj, compatibilidad con tecnología TTL y memoria de 128 bytes integrada. Con su versión 6801 Motorola comercializo un verdadero microcontrolador de 8 bits, pues tenía 2 KB de ROM, 128 bytes de RAM, multiplicación por hardware, y puerto serie embebido. Aunque el tope de la gama de 8 bits lo constituyó el 6089, verdadero sistema de 8 bits con vocación profesional a pesar de su escaso éxito. Sobre este microprocesador se montaron los sistemas Dragon 32/64 y Tandy-TRS80.

Motorola comenzó a marcar la diferencia con respecto a sus competidores a principios de la década de los ochenta, de la mano de una muy agresiva campaña para mejorar la calidad de sus productos. Se pretendía que el 99.9997% de los productos de Motorola fueran libre de defectos, esto es la norma de calidad *seis sigma*. En esta política de calidad estaba Motorola cuando lanzó al mercado su familia de microprocesadores 68000, comercializados a partir de 1980. Fueron una revolución. Basados en él, Apple creó el Lisa y el Macintosh. Atari la serie ST, Commodore los Amiga, Sinclair los QL, Sun Microsystems estaciones de trabajo para Unix, Silicon Graphics estaciones de trabajo gráficas varias, SNK la video consola Neo Geo, Sega las video consolas Mega Driver y Mega CD, Texas Intruments calculadoras programables como la TI-89 o la Voyage 200, y NeXT las microcomputadoras sobre las que se desarrolló el invento de la página web. Muchos otros fabricantes utilizando ingeniería inversa, copiaron en sus productos el estándar de facto creado por la serie 68000 de Motorola, utilizándolo en multitud de diseños.

Sin embargo, la estrategia empresarial de Motorola se decidió fuera otra que la de dedicar recursos al diseño y fabricación de microprocesadores. A partir de comienzos de la década de los noventa, Motorola comenzó a perder terreno respecto a su principal competidor en este sector, Intel, con la llegada sobre todo de la familia Pentium. Así que, en un intento de aunar esfuerzos, se decidió crear una arquitectura de microprocesador basada en tecnología RISC, y aliarse con Apple e IBM, para desarrollar así la familia PowerPC de microprocesadores.

Finalmente, el éxito de los PowerPC no fue tan grande como el esperado y Motorola acabaría abandonando el negocio de los microprocesadores, cediendo toda su creación de semiconductores a una nueva empresa formada a partir de esta sección Motorola: la *Freescale Semiconductor Inc.* Desde entonces Motorola centró sobre todo en la telefonía móvil y las telecomunicaciones, hasta su adquisición por parte de Lenovo en 2014.

4.1.9   DataPoint 2200

En 1969 Víctor Poor y Harry Pyle, ingenieros de la Computer Terminal Corporation, desarrollaron un modelo de chip microprocesador. Dado que Datapoint Corporation no fabricaba componentes electrónicos, Poor llevó su modelo a dos fabricantes de componentes, Texas Instruments e Intel Corporation. Su intención era que fabricaran la pastilla para Datapoint. TI no fue capaz de fabricarlo en un primer momento, e Intel no pudo tener el chip preparado a tiempo, y devolvió el dinero a Datapoint, a cambio de conservar la opción de terminar con el proceso de preparación por su cuenta, con opción a comercializar sus resultados. Lo haría.

El Datapoint 2200 fue lanzado por la empresa Computer Terminal Corporation (CTC) en fecha tan temprana como junio de 1970. La intención inicial fue la de crear un terminal versátil y económico, para conectarse a los mainframes y minicomputadoras de la época. Para ello podía cargar los programas para las diferentes emulaciones de terminal de una unidad de casete que incorporaba. Esto lo hacía por definición, ser programable, todo lo más cuando la CPU utilizaba un conjunto de instrucciones, que no tan sorprendentemente en unos años se convertirían en el embrión del conjunto de instrucciones de la arquitectura x86 de Intel.

En la fecha de su lanzamiento, el Datapoint 2200 se vendía con un teclado completo de calidad, un monitor en fósforo verde de 80 columnas y 12 líneas, y dos unidades de cinta. La memoria RAM del Datapoint 2200 podía ir de 16KB hasta 64KB. Inicialmente también estaba disponible una unidad de disco duro de cartucho removible, de 2.5MB, módems, varios tipos de interface serial, interfaz paralela, impresoras, lector de tarjetas perforadas, e incluso con el tiempo se podía adquirir una unidad de disco de 8", y unidades de disco duro de mayor capacidad, y a partir de 1977 interface de red de área local. Todo ello en una caja de 61x61x30.5 con dimensiones similares a las de una máquina de escribir de la época. El diseño del Datapoint 2200 demandaba un microprocesador, que es lo que Poor y Pyle tenían en mente inicialmente, pero al no conseguirlo implementaron todas sus funciones usando unos 100 componentes TTL discretos. Hasta abril de 1972 Intel no tenía su versión monopastilla del 8008 en el mercado.

4.1.10 Kenbak 1

En 1985 en Museo de Computación de Boston, realizó un concurso con el objeto de mantener un registro actualizado de la historia de la informática y las computadoras. El museo buscó a nivel nacional por todos los Estados Unidos entre otras cosas, todos los ejemplos de computadoras personales posibles. Resultado de esta búsqueda, el museo dictaminó en 1987 que había un modelo de computadora que podía considerarse como personal, que había precedido en el tiempo a la Altair: La KENBAK-1

Diseñada por John Blankenbaker de la Kenbak Corporation en 1971, solamente se comercializaron 40 equipos al costo de 750 dólares cada uno. La computadora estaba formada por 132 circuitos integrados, alimentada por dos fuentes de alimentación, una de 5 voltios y otra de 12 voltios, y refrigerada por un pequeño ventilador en la parte trasera. Funcionaba a una frecuencia de aproximadamente 1 MHz, y tenía 256 bytes de memoria RAM. En el panel frontal se encontraba una batería de pequeñas bombillas que mostraban el estado del sistema, y una serie de interruptores conectados directamente a la placa base que permitían programarla. Se contemplaba también la posibilidad de instalar una unidad de tarjeta perforada para la entrada de datos.

4.1.11 MITS

Ed Roberts y Forrest Mims, crearon la Micro Instrumentation Telemetry Systems (MITS), en diciembre de 1969 en Alburquerque, Nuevo México. Ed Roberts había pasado diez años en las fuerzas aéreas, donde conoció a Mims, así que inicialmente se dedicaron a fabricar módulos de telemetría para cohetes. Para 1971 en vista de lo limitado de su negocio original, estaban ya vendiendo calculadoras electrónicas, comenzando con el modelo 816, la cual se vendía en modo de kit para ser ensamblada por el comprador. Esta calculadora permitía ver resultados de operaciones de hasta 16 dígitos. Fue un buen éxito de ventas, así que Roberts se puso manos a la obra para confeccionar otro kit que poner a la venta. Esta vez se trataba de algo más ambicioso: una microcomputadora.

En enero de 1975, apareció en la portada de la revista Popular Electronics, la que es considerada primera computadora  personal de éxito. La Altair 8800. Su kit de montaje requería de bastante habilidad y tiempo para hacerla funcionar. Estaba equipada con un microprocesador Intel 8008 con 256 bytes de memoria RAM de serie. Los usuarios programaban en lenguaje binario mediante interruptores en el panel frontal. De la misma manera, la salida se podía leer en binario en los LEDs frontales. No había ningún programa disponible para ella inicialmente, aunque en menos de dos meses tenían miles de pedidos de su computadora, esperando a ser atendidos. El éxito fue rotundo, y el bus de esta computadora, llamado S-100, se convirtió en el estándar de facto para todas las nuevas microcomputadoras de su época. A destacar que una nueva empresa en estado embrionario, que acabaría llamándose Microsoft, creó su primer producto para esta microcomputadora. Paul Allen programó un intérprete Basic que se cargaba en la memoria de la máquina, haciendo uso de una cinta perforada. Bill Gates tal y como veremos lo vendió.

A este exitoso kit de la empresa MITS, le siguió otro basado esta vez el nuevo microprocesador de Motorola modelo 6800. La Altair 680 se lanzó en octubre de 1975, y para ella la recién formada Micro-Soft también desarrolló un intérprete Basic. Sin embargo, el éxito de esta microcomputadora, a pesar de ser análogo, fue menor que el de la basada en el microprocesador de Intel, haciendo bueno el dicho de quien golpea primero, golpea dos veces. MITS también comercializó una versión mejorada de la 8800. La 8800B, lanzada en marzo de 1976, incorporaba una mejor fuente de alimentación, un puerto serie, y la versión del microprocesador Intel 8008A, además de 2KB de RAM.

En 1977 MITS vendía cerca de 7 millones de dólares al año, cuando la Pertec Computer Corporation (PPC) la adquirió por más de 6 millones de dólares. Entonces Ed Roberts ingresó en la Universidad de Mercer para estudiar medicina, donde se graduó. Hoy en día ejerce la medicina en Georgia. Mims siguió su trabajo como científico, en ramas tan diversas como la de la creación de aparatos de medida de la capa de ozono. MITS nunca volvería a crear un producto exitoso.

4.1.12 Philips G7000

Durante el tiempo que la multinacional de la electrónica holandesa Philips se dedicó al negocio de la informática, fabricó y vendió una serie de equipos compatibles con la norma MSX, y con los IBM PC. Sin embargo, fue Philips la que comercializó años antes en España la que puede ser considerada primera microcomputadora  personal con éxito de ventas: la G7000, Videopac Computer.

En realidad, la G7000 no era otra cosa que la Magnavox Odissey de 1978, una videoconsola equipada por un microprocesador Intel 8049 a 1.79 Mhz, con una memoria RAM de 256 bytes a parte de los 64 bytes de los registros del microprocesador. Permitía gráficos de 128x64 píxeles en 16 colores, contaba con un teclado de membrana de tipo QWERTY, y los programas se cargaban mediante un cartucho de entre 1KB y 8KB que se insertaba en el frontal superior. Venía además de serie con dos joysticks. Aunque lo que hace poder considerar a la Philips G7000 como la primera microcomputadora doméstica comercializada con éxito de ventas aquí, era sus posibilidades de programación. Insertando el cartucho 7010 BASIC, la videoconsola se convertía en una sencilla plataforma de programación con un intérprete Microsoft Basic 8049, y una conexión de casete. Todo ello antes de que el Sinclair ZX-80 comenzara a venderse.

Cuatro años después, cuando Sinclair ya había aterrizado en nuestro mercado con sus ZX-80 y ZX-81, Philips lanzaría una actualización de la G7000 llamada G7400 Videopac+. Para la G7400 se vendía también el módulo de ampliación C7420 Home Computer Module, que transformaba la videoconsola en una auténtica microcomputadora doméstica. La C7420 añadiría a la G7400 un microprocesador Z80 funcionando a 3.574 MHz, 16KB de RAM y 18KB ROM. De la ROM 8K eran para el intérprete Basic Z80 Microsoft, y 14KB de RAM eran accesibles por el usuario para la programación. Agregaba también posibilidad de guardar los programas, porque tenía también un puerto de casete con dos conectores de 3.5mm estándar, para conexión de auriculares y micrófono, además de un conector de 2.8mm opcional, para control automático de la unidad de casete. Gracias al módulo C7420, se podía usar una resolución gráfica de 320x240 píxeles, y 40 * 24 caracteres de en 8 * 10 píxeles en modo de texto. Permitía hasta 8 colores a la vez. En modo texto contaba con 96 caracteres cada uno definibles por el usuario, y en modo gráfico un total de 192 símbolos también definibles por el usuario. El Basic de Microsoft le daba control sobre el generador de sonido, con lo que se conseguía una plataforma de iniciación a la programación completa.

4.1.13 Commodore

La historia de Commodore parte de la biografía de su fundador, Idek Trzmiel (1928-2012). Nacido en Polonia y de origen judío, en 1939 tras la invasión de las tropas de nazis fue enviado junto a su familia a un gueto para realizar trabajos forzados. Idek que tenía entonces 11 años, al tiempo sería metido en un vagón de ganado junto con el resto, para ser llevado al campo de concentración de Auschwitz. A la llegada fueron examinados por el doctor Mengele decidiendo en ese momento que hacer con aquellos, según su concepto, *untermenschen*. Según el propio Idek, su padre fallecería al poco tiempo por una inyección de gasolina de las que Mengele utilizaba para sus experimentos. Así fue la primera etapa de la vida de nuestro protagonista, el fundador de Commodore.

Idek sobreviviría a seis años de cautiverio y en abril de 1945, la ochenta y cuatro división de infantería del ejército de los Estados Unidos liberaría el campo de trabajo de Ahlem donde el joven Trzmiel había sido trasladado. Tras dos años de indecisión, en noviembre de 1947 Idek Trzmiel optó por emigrar a Estados unidos, y pasar a llamarse **Jack Tramiel**. Se alistaría en el ejército, en donde aprendería a reparar máquinas de escribir y tabuladoras de IBM.

Al igual que Thomas Watson acabo dedicándose a las computadoras y fundando IBM por casualidad tras fracasar su negocio que nada tenía que ver son ello, tiempo después, Tramiel por casualidad en 1953 trabajando como taxista tuvo la oportunidad de ver un local en el Bronx neoyorquino de venta y reparación de material de oficina el cual se traspasaba. Aprovechó la oportunidad y así comenzó a hacer negocio y amasar cierta fortuna, no solamente reparando y vendiendo, sino también importando directamente máquinas de escribir de Europa. Pero como en Estados Unidos las restricciones aduaneras eran muy altas para las importaciones de Europa en aquella época, Tramiel decidió aplicando la legalidad establecer en 1955 una compañía en Canadá que importara de Europa y a su vez exportara a Estados Unidos. Buscó un nombre eufónico de corte militar para su compañía, y finalmente optó por el de Commodore que es el que comanda tres o más barcos en la marina. A esto unió por analogía con IBM las palabras "*Bussiness Machines*". Anecdóticamente, cuando a Tramiel se le preguntaba por la razón de poner Commodore a su empresa, repetía que quería llamar a su empresa General, pero que había tantos generales en los Estados Unidos: *General Electric, General Motors*, que no le pareció apropiado. También pensó en ponerle Almirante, pero ya estaba en uso. Así que estando de viaje en Berlín, con su esposa, montados en un taxi, el taxi hizo una parada corta y frente a ellos había un Opel Commodore. De ahí decía a veces Tramiel que sacó el nombre, aunque el Opel Commodore no se comenzó a comercializar hasta 1968, años después de la creación de la Commodore Bussiness Machines.

En siete años las importaciones de Olivetti, Imperial y otras marcas de las máquinas de escribir, le dieron suficientes beneficios, como para plantearse la reorientación de su negocio. Es aquí cuando entraron en escena MOS Technology y Chuck Peddle. Mos Technologies comenzó su relación comercial con Commodore, como proveedora de los chips que esta utilizaba en sus máquinas calculadoras electrónicas. Commodore había acabado en este negocio, porque los mismos clientes que le compraban las máquinas de escribir para equipar sus oficinas, le demandaba este tipo de productos. El empresario canadiense Irving Gould había animado a Tramiel a viajar a Japón para aprender como los empresarios japoneses hacían negocio con las calculadoras electrónica. Commodore ya importaba calculadoras electrónicas como la Casio AL-1000, vendida bajo su propia marca en el mercado de EEUU, y Tramiel finalmente accedió a lo que su socio le pedía.

Del viaje a Japón Tramiel trajo unas cuantas ideas claras sobre la manera en la que plantear la entrada al negocio de las calculadoras electrónicas. Contactó entonces con la gente de MOS Technologies, para comprarle los chips que necesitaba para fabricar su nuevo producto. Hasta entonces MOS había sido una pequeña empresa dependiente de Texas Instruments, para los que fabricaba los chips que ellos diseñaban. En MOS trabajaron también para Atari, fabricando algunos de los chips de sus máquinas Pong, pero con el tiempo MOS prácticamente trabajaría solo para Commodore y sus chips de calculadoras electrónicas para oficina. Entonces fue cuando el Ingeniero Electrónico Chuck Peddle llegó a MOS Technologies. Peddle había trabajado anteriormente desde 1973 en Motorola, en el proyecto de diseño del microprocesador 6800. Pero él junto con otros diseñadores como Bill Mensch no estaban de acuerdo con la política empresarial de Motorola, por lo que decidieron abandonar la empresa, para crear su propio equipo de diseño que creara un microprocesador basado en sus diseños.

En esa época todavía no existían empresas en el ámbito de las nuevas tecnologías, dedicadas exclusivamente al diseño de nuevos productos sin medios de fabricación, lo que hoy en día se llaman *"Fabless"*. Más adelante empresas como Cyrix triunfarían durante un tiempo sin tener planta propia de fabricación, pero a mediados de los años setenta, Peddle y sus compañeros no encontraron mejor opción que trabajar para MOS Technologies, previa negociación de un alto grado de libertad en la orientación de sus diseños. Así nació el microprocesador MOS6501 en 1975. El diseño era compatible con el Motorola 6800, incluyendo el mismo tipo de orden de las señales en las patillas, por lo que Motorola demandó de inmediato a MOS. MOS reaccionó, rediseñando el mismo microprocesador, pero con un patillaje diferente, cambiando el nombre original por el de 6502, que fue lanzado en septiembre de 1975. Fácilmente podía ser adaptado para ser usado en placas base diseñadas para el Motorola 6800, pero no incumplía las normas que permitirían a Motorola volver a demandar a MOS. Este microprocesador, fue un éxito total y rotundo desde el principio, entre otras cosas porque costaba solo 25$ frente a los 179$ del Motorola 6800. El precio tan bajo, MOS lo conseguía utilizando una técnica especial de corrección de máscaras en la cadena de fabricación de los chips. Sin embargo, el 6502 no tenía ningún kit que permitiera al comprador aficionado a la microelectrónica comenzar de inmediato a producir resultados, por lo que Peddle diseñó un kit basado en él. El kit fue llamado KIM-1 (Keyboard Input Monitor - 1) y se le podía conectar fácilmente un terminal de segunda mano de una computadora mainframe, ampliarle 8KB de memoria, y cargarle un intérprete Basic desde casete. Por unos 500$ el aficionado se construía así su propia microcomputadora. Había también mucha documentación sobre cómo hacer montajes nuevos partiendo de este kit, como por ejemplo convertirlo en una caja musical manipulando un bit de salida conectado a un pequeño altavoz. MOS a su vez licenció el microprocesador, para que Rockwell International y Synertek pudieran fabricarlo. Rockwell lanzó en 1976 un kit similar al KIM-1 llamado AIM 65, con unas características muy similares al famoso Apple I que simultáneamente Jobs y Woz comenzaron a vender. Synertek lanzaría el SYM-1 siguiendo también esta línea. Sin embargo, casi nadie en aquel momento

comprendió que el producto en el cual estaban trabajando, se convertiría en el punto de partida de toda una nueva industria. Ese casi nadie, no incluía a Jack Tramiel.

PET

La Commodore dirigida por Jack Tramiel, a pesar de las dificultades que tenía para mantenerse a flote en un mercado altamente competitivo cada vez más invadido por los productos asiáticos, tuvo suficiente fe en el 6502 como para conseguir la financiación necesaria para adquirir MOS Technology. En ese momento Irving Gould aportó más dinero, y por consiguiente más cuota de poder en la compañía. Junto con la adquisición de MOS, al final también consiguieron contratar los servicios de Peddle, lo que fue decisivo para la nueva reorientación de los negocios de Commodore. Peddle había intentado junto con Bill Gates la compra de Apple a Wozniak y Jobs, pero estos no aceptaron la oferta de 100.000$ porque querían 150.000$, y con el apoyo económico de Mike Markkula seguirían con el diseño del Apple II por su cuenta. Entonces fue cuando Peddle aceptó la oferta de Tramiel, con la idea clara de que entraría a trabajar para Commodore con el objetivo principal de diseñar una microcomputadora. Commodore hasta entonces diversificaba productos dentro del terreno de la microelectrónica, llegando en 1975 a comercializar exitosos relojes de pulsera de tecnología led. Peddle convenció a Tramiel de que el negocio de las calculadoras estaba ya acabado, y que el de los relojes digitales no tenía buena salida, y asumió la tarea de producir la microcomputadora Commodore PET (*Personal Electronics Transactor*).

Los anglosajones han tenido siempre un gusto a veces incompresible por los acrónimos. Así en muchas ocasiones primero se crea el supuesto acrónimo, y luego se busca un significado. "*Transactor*" en el mundo anglosajón, es el negociador que te guía en un negocio o te aconseja. Se supone que el PET hacía esto de manera personal y electrónica. "*PET*" en realidad significa mascota, y era un buen nombre para designar una microcomputadora con vocación doméstica. Así que el nombre de la nueva microcomputadora pretendía comunicar que era una mascota personal, que además haría las funciones de nuestra consejera.

Habiéndose convertido Commodore en una empresa de informática, cambió su nombre por el de Commodore International Ltd., desplazando su sede financiera a las Bahamas, y su domicilio social a West Chester, Pennsylvania, cercano al sitio de MOS Technology. La sección de la empresa con las funciones de cuartel general de operaciones, donde se crearon los nuevos productos, continuó llamándose Commodore Business Machines, Inc.

La Commodore PET comenzó a venderse a partir de septiembre de 1977, tres meses después del Apple II. Aun así, era diferente al resto de sus competidores porque era el primero y único en incorporar todo el uno. Teclado, pantalla, y unidad de almacenamiento en forma de casete se vendía todo junto es un solo bloque. El modelo inicial fue llamado 2001, y se podía adquirir en las versiones de 4KB de RAM llamada 2001-4, y la de 8KB de RAM llamada 2001-8. El PET básicamente era un KIM-1 con un controlador de video MOS 6545 y los periféricos todos incluidos. La pantalla era en blanco y negro, y permitía caracteres en mayúsculas semigráficos de 40x25 (columnas x filas). El teclado era pésimo, y se parecía más al de una calculadora que al de una máquina de escribir. Esto fue algo que le restó muchos compradores a favor del Apple II haciendo perder mucha cuota inicial de mercado, y el *momentum* de negocio. El sonido también era algo meramente anecdótico, un altavoz piezoeléctrico capaz de producir pitidos. Sin embargo, al poco tiempo de haber aparecido, Commodore tenía pedidos en firme para un millar de unidades. El lema de Tramiel por aquel entonces era "*computers for the másses, not for the classes*" (computadoras para las masas, no para las clases sociales), así que el PET tenía un muy ajustado precio inicial de 795$, frente a los 1295$ de su principal competidor, el Apple II. No era mucho peor que el Apple II, pero si mucho más barato.

Cuando Commodore intentó comercializar su PET en Europa, se encontró con que Philips ya tenía un producto con este nombre en el mercado, por lo que aquí se conoció con el nombre de Commodore CBM (Commodore Bussiness Machine), con los modelos análogos a los de la serie 2001 americana. A la vez se lanzaba en Estados Unidos la serie PET 4000, con pantalla más grande en fósforo verde, BASIC en ROM, y teclado de calidad. La más exitosa de esta serie fue la PET 4032 (con 32KB de RAM), que se vendió muy bien para las escuelas, por lo relativamente barato, y lo muy duro de su carcasa metálica. En Europa se lanzó el CBM 8000, con vocación realmente empresarial, que incluía un nuevo controlador gráfico, que le permitía visualizar en pantalla 80x25 caracteres. Sin embargo, esta novedad le hizo ampliamente incompatible con el software ya creado. Aun así, se vendió muy bien, y los últimos modelos, conocido como los *SK* y los *Execudesk*, usaron una carcasa mejorada, con un teclado separado, y un montaje giratorio para el monitor.Por último, como colofón a los Commodore PET, se creó el SP9000, conocido como el *SuperPET* o el MicroMainframe. La diseñaron en la Universidad de Waterloo para enseñar programación. Además del software básico del CBM 8000, los SP9000 incluían un microprocesador Motorola 6809, lo que le permitía ejecutar el sistema operativo OS/9, y ser programado en BASIC, APL, COBOL, FORTRAN, PASCAL y Ensamblador.

Podía equiparse con un disco duro de hasta 7.5 MB, y también trabajar como terminal. Con ello se podía dado sus capacidades propias, programar y probar en local, para después subir el programa a un mainframe de mejor rendimiento. Aun así, Commodore quería crear la microcomputadora doméstica definitiva, y debido a las muy reducidas capacidades gráficas y sonoras de los PET, estaba claro que no podía competir con los Atari 800, los Apple II, o los Tandy TRS-80.

VIC 20

En Commodore se propusieron el límite de los 300$ para vender una microomputadora doméstica para las grandes masas, y así fue como por 299$ se comenzó a comercializar en junio de 1980 la VIC 20. Contaba con el microprocesador MOS 6502, 5KB de RAM de los cuales solo tres y medio eran para el usuario, y el chip de video VIC (*Video Interface Chip*), que originalmente había sido diseñado para equipar terminales de grandes ordenadores, y máquinas de videojuegos de salón asequibles. Al no encontrar compradores, y contar con un gran stock en los almacenes, acabó siendo el motor gráfico de la VIC 20. Este chip le permitía mostrar texto a 22x23 caracteres, y gráficos a 176x184 en un máximo de 16 colores. Tenía conexión para monitor externo, que con adaptador permitía conectarse a un televisor, joystick, cartucho para juegos, puerto serie, y posibilidad de conectar una casete, una impresora, un módem, o incluso una disquetera externa. En la ROM tenía cargado el Commodore BASIC. En este caso, Commodore decidió no cometer el mismo error que en las primeras versiones del PET, y equiparon al VIC 20 con un teclado de extraordinaria calidad. La lección aprendida con las primeras versiones del PET, en el que Commodore perdió mucha cuota de mercado a favor de Apple II por causa de su teclado, se aplicaría a todo el resto de lanzamiento de Commodore. Las microcomputadoras de Commodore siempre se caracterizarían desde este momento con tener uno de los mejores teclados del mercado.

La estrategia de Commodore para el VIC20, fue anunciar el nuevo producto bajo el reclamo «¿Por qué tener tan solo un videojuego?», y funcionó. El potencial comprador de una videoconsola de un solo juego de la época podía prácticamente por el mismo precio comprar una microcomputadora, que le permitiera jugar a muchos videojuegos. Con el tiempo, el precio del VIC 20 bajó hasta los 100$, y en total aproximadamente dos millones y medio de VIC 20 se vendieron. Commodore conseguía mantener mucho más bajos los precios que la competencia, porque fabricaban el microprocesador de sus microcomputadoras ellos mismos, e incluso lo vendían a Atari y Apple también. De esta manera todas las ventas, incluidas las de la competencia, eran negocio rentable entonces para Commodore.

Aunque el nombre a esta microcomputadora le vino dado por su chip de video (el VIC), inicialmente en Estados Unidos se propuso los nombres de Micronet y Vixen. Pero en Alemania que era el principal mercado en Europa de Commodore, los nombres Vixen y VIC tienen significados poco apropiados, por lo que finalmente en muchos países de Europa se comercializó con el nombre de VC-20. Para los alemanes este era el *"Volks - Computer"* en un obvio juego de palabras parafraseando el *"Volkswagen"* (*Volks* significa para el pueblo).

C64

El VIC-20 se vendía bien, entre otras cosas puesto que como ya hemos dicho desde el primer momento en que en Commodore se decidió dedicarse al negocio de las computadoras, contaron con la importantísima baza de ser los propietarios de la empresa MOS Technology, Inc. Esta empresa diseñaba y fabricaba los mejores componentes para microcomputadoras y videoconsolas del mercado en ese momento. Siendo así, en enero de 1981, los de MOS iniciaron un proyecto para diseñar los circuitos gráfico y de audio para una nueva generación de videoconsolas. Pensando en un cliente potencial como Atari, o que eventualmente la propia Commodore comercializara una videoconsola, se crearon los llamados VIC-II para gráficos y SID para audio. Estos diseños estaban preparados para ser fabricados en masa para noviembre de 1981. En Commodore Japón se decidió entonces crear una videoconsola con teclado rudimentario, basada en estos chips. La llamaron, Commodore MAX Machine, aunque más tarde cuando también fue brevemente vendida en el mercado estadounidense la llamaron Ultimax, y en el Alemania V-10. El diseño de la MAX Machine, corrió a cargo del japonés Yashi Terakura. La MAX machine, funcionaba mediante cartuchos, con lo que la carga de videojuegos era inmediata. Si se quería usar como microcomputadora y programarla en Basic, necesitaba del cartucho con el intérprete Basic para arrancar. Internamente incorporaba un microprocesador MOS 6510 a 1.02 MHz, y 2.5 KB de memoria RAM. Tenía mejores gráficos y sonidos que el VIC 20, pero el teclado era pésimo, y las posibilidades de conexión de una casete o cualquier otro periférico complicadas. En Commodore se dieron cuenta rápido del incorrecto posicionamiento en el mercado de este producto, y rápidamente dejaron de producirlo.

Mientras esto ocurría entorno a la MAX Machine, Bob Russell que había creado el diseño del VIC-20, y Bob Yannes que diseñara el chip de sonido SID, disentían de la orientación de la línea de productos de Commodore, enfocada a ser una continuación de los PET orienta al mercado de los negocios. Pronto Al Charpentier que había diseñado el chip de video del VIC-II, y Charles Winterble, que era el gestor de MOS Technology, se unieron a este grupo de disconformes. Juntos propusieron a Jack Tramiel, una verdadera continuación de bajo coste del VIC-20, orientada al mercado doméstico y cuya rentabilidad se basará en la venta masiva. Tramiel aceptó, admitiendo incluso que la máquina tuviera 64 KB de RAM. Este hecho era importante, porque 64 KB de RAM a principios de los años ochenta, costaban más de cien dólares. Sin embargo, Tramiel calculó acertadamente que los precios bajarían, y que para cuando la producción de la máquina comenzara el precio sería mucho más asequible. Dicho así en noviembre de 1981, Tramiel fijó como fecha de presentación del producto el primer fin de semana de enero de 1982, para coincidir con el Consumer Electronics Show.

Así comenzó el diseño de lo que inicialmente fue llamado Commodore VIC-40. Partiendo de la MAX Machine, utilizando gran parte de su circuitería, y planteando una compatibilidad con los cartuchos de esta, el equipo quedó formado por Bob Russell, Bob Yannes y David Ziembicki. Trabajaron sin parar para poder tener el prototipo listo para el *Consumer Electronics Show*, y consiguieron tenerlo listo a tiempo. Por razones de marketing, y numeración interna de los productos de la empresa, el VIC-40 acabó llamándose Commodore 64. Hay que tener en cuenta que era el sustituto del VIC-20, tenía una apariencia muy parecida, pero no era una evolución propiamente dicha, porque era compatible solo parcialmente con el modelo anterior.

En el Consumer Electronics Show de Chicago de 1982 causó sensación. El pabellón de Commodore fue invadido por la gente de Atari, que se quedaba perpleja ante una microcomputadora capaz de hacer aquello, y que pretendía lanzarse al mercado por tan solo 595$. En Commodore no estaban locos, sencillamente como eran dueños de las plantas de fabricación de los chips que integraba, el precio de producción era de solo 135$. La arquitectura hardware del Commodore 64 destacaba frente a sus competidores por su capacidad de expansión mediante cartuchos, y gran versatilidad. Contaba con un microprocesador MOS 6510 a aproximadamente 1 MHz, concretamente 1,02 MHz en la versión NTSC para el mercado americano, y 0,985MHz en la versión PAL para el mercado europeo. También era posible insertar un cartucho equipado con un Z80A y ejecutar CP/M con todo el software que para él había ya desarrollado. Tenía una ROM de 20 KB con el sistema operativo y el intérprete Basic, y una RAM de 64KB. Gráficamente el chip VIC II permitía modos texto de 40 x 25 caracteres, y modo gráfico de 320 x 200 en 16 colores. Además, se podían controlar hasta ocho *sprites* en pantalla mediante hardware. A nivel de audio es una leyenda hoy en día, porque el chip SID dejaba libre la CPU, y con sus tres canales de sonido, se podían hacer maravillas. El teclado era de tipo QWERTY y de calidad. Tenía 66 teclas, de las cuales 62 eran alfanuméricas y 4 teclas de función dobles a la derecha. Sin embargo, no era estándar. No tenía tecla de CAPS LOCK o TAB, y solo había dos teclas de cursor con función doble. Aunque sí que había teclas especiales como RUN/STOP para ejecutar programas, CLEAR/HOME para borrar pantalla, RESTORE para reiniciar, y la tecla Commodore con el logotipo de Commodore. Esta tecla especial, usándola en combinación de otras daba acceso a caracteres gráficos o funciones. La idea de la tecla con el logotipo del fabricante, con el tiempo fue adoptada por Microsoft, imponiendo la tecla Windows en los teclados de casi todos los ordenadores actuales.

Para entrada/salida lo más usual era usar un modulador RF para conectarlo a la televisión, aunque de serie traía un conector de salida A/V para un monitor de 40 columnas. Tenía puerto de comunicaciones serie para conectar disqueteras, impresora o módems, puerto de cartucho, dos puertos de joystick compatibles con Atari, un puerto de casete propietario de Commodore, y un conector de alimentación externa. Es ahí donde estaba precisamente el punto débil del Commodore 64. La fuente de alimentación externa era muy propensa a fallos. En cuanto a los periféricos, lo más usual era conectar la casete especial de Commodore a 300 baudios, disqueteras externas de 5'25" simple cara (modelos 1540, 1541, 1541 II y compatibles) y con posibilidad de usar la otra cara, y con doble cara y 5'25" (modelo 1571), e incluso disqueteras de 3'5" doble cara (modelo 1581). Con el tiempo hubo fabricantes que lanzaron un disco duro externo, conectable mediante una

interfaz especial de hasta 20MB de capacidad.

A nivel de programación de alto nivel, el BASIC que venía con la máquina era otro de sus grandes fallos. Resultaba que una de las microcomputadoras más potentes del mercado, tenía muchas de sus prestaciones accesibles solo mediante POKEs , es decir, accesos directos a memoria en los que se insertan directamente instrucciones en ensamblador. Aun así, el éxito fue rotundo, y aunque no consiguió desbancar al Apple II en Estados Unidos, sus ventas fueron altísimas. En Alemania arrasó, y en el mercado europeo en general, hasta la irrupción de los Amstrad CPC, hubo un duelo entre los Sinclair ZXSpectrum y los Commodore 64. Atari fue siempre el eterno tercero, y todo el resto por detrás. El Commodore 64 comenzó a fabricarse en 1982, y sus diferentes versiones fueron saliendo al mercado hasta 1993. En total se vendieron unos 30 millones de C64. La primera versión la C64-1 utilizaba la misma carcasa que el VIC 20, pero rápidamente fue sustituida por la C64-2, con su característica carcasa color marrón claro. También hubo una versión específica diseñada para las escuelas, llamada según el mercado en que se presentó Educator 64, CMB 4064, o PET 64. Commodore pretendía con ella competir directamente con el Apple II, reutilizando las carcasas de los antiguos PET 4000. En esta carcasa se montaba una placa de C64 deshabilitando la posibilidad de color, y anulando el sonido. Suficiente para propósitos educativos. La ROM de estas máquinas mostraba el mensaje COMMODORE 4064 BASIC V2.0 con los sprites y colores inhabilitados. Pero bastaba ejecutar las instrucciones *"POKE646,PEEK(646)OR128"* para restablecer la ROM original y conectando un monitor externo poder tener color.

En 1984 llegaría la versión SX64, que no era otra cosa que una versión portátil del C64 original. Fue el primer ordenador portátil a color. Básicamente era una carcasa con un minúsculo monitor a color de 5", y una unidad de disquete modelo 1541 integrada. No tenía posibilidad de conexión de casete, y la intención inicial de Commodore con este modelo, no fue otra que la de crear una microcomputadora barata portable, orientada a profesionales.

En 1986 se lanzó al mercado la versión 64C, que cambiaba el diseño de la carcasa, e internamente integraba la mayoría del hardware en un solo chip VLSI. El problema fue que este nuevo diseño de carcasa hacía muy difícil la conexión física de los periféricos que ya existían para la versión tradicional de la máquina. Como novedad se incluía el sistema operativo GEOS, con interfaz gráfica, lo cual era muy meritorio en una máquina de 8 bits. Pero para la época de lanzamiento de esta microcomputadora, Atari con su ST y la propia Commodore con su Amiga, eran unos competidores demasiado grandes. El problema con el diseño de la carcasa del 64C, Commodore lo solucionó lanzando en 1987 el C64 Aldy, que poco después sería sustituido por el 64G. Los dos eran un 64C en una carcasa blanca o gris, idéntica a las C64 original en dimensiones.

En 1990 Commodore lanzó una videoconsola basada en el C64, la llamada C64GS. Era compatible con los cartuchos de C64, pero no tenía posibilidad de ejecutar la enorme cantidad de software en casete, o en disquete, por lo que no llegó a triunfar y tan solo se comercializó en Europa. Ese mismo año, en Commodore de plantéo para la década de los noventa un rediseño y una ampliación completa del C64, llamada C65 o también C64DX.

Permitía gráficos a 256 colores, y tenía integrada una disquetera de 3'5". Sin embargo, nunca llegó a comercializarse.

Plus

A pesar de ser el producto estrella de Commodore su modelo 64, a lo largo de los años que esta empresa se dedicó a crear microcomputadoras, muchas fueron las líneas de productos que sacaron al mercado. Algunos de estos productos, desafortunadamente en competencia con otros de la propia marca. El Commodore 64 fue un diseño creado por el departamento de ingeniería de la compañía, sin embargo, los Plus/4, 16 y en menor medida el 128 fueron creados por el departamento de marketing.

El Commodore Plus/4 nació primero con el nombre de 264 (64KB de RAM) y 232 (32 KB de RAM). También hubo una versión con teclado numérico separado, y sintetizador de voz, llamada VC364. Todas estas versiones, no pasaron de comercializarse en un número cercano al centenar de unidades, siendo la más extensamente fabricada la que exhibía el nombre Plus/4.

Esta microcomputadora, nació con la intención de encontrar un hueco en el equipamiento básico de la oficina, y como herramienta de trabajo en casa. En la ROM del sistema, podía encontrarse una aplicación de procesador de textos, otra de hoja de cálculo, otra de base de datos, y otra de gráficos. En Alemania se llegó a vender bastante bien, no así en el resto de Europa o Estados Unidos. Fue presentado en junio de 1984, al muy reducido precio de 299$. El Commodore 64 costaba el doble y no incorporaba las cuatro aplicaciones del Plus/4. Además de esto, el Plus/4 incorporaba un intérprete Basic bastante más completo que el que traía el C64, y la unidad de disquete que se podía conectar como opción era bastante más rápida que la del C64. En marketing consideraban que el Plus/4 no era competidor del C64, porque el C64 era poco más que una máquina de videojuegos metida en la carcasa de un VIC 20. Parecía de lógica que el plus/4 arrasara teniendo como compradores el gran público que realmente quería iniciarse en el uso de aplicaciones ofimáticas y la programación.

No fue así. El Plus/4 era incompatible con el C64. Para cuando el Plus/4 llegó al mercado en 1984, los desarrolladores de software llevaban ya dos años creando aplicaciones y sobre todo juegos para el C64. El Plus/4 tenía un hardware similar al C64, pero con otros chips, que entre otras cosas le proporcionaba peores gráficos que los del C64, y no tenía soporte de sprites por hardware. Además, a nivel sonoro no incorporaba el celebérrimo chip SID del C64, por lo que era muy poco atractivo para el desarrollo de videojuegos. Respecto a las aplicaciones incluidas, eran muy limitadas. El procesador de texto, por ejemplo, solo permitía teclear un máximo de 99 líneas por documento, por lo que, si no se disponía de una disquetera para grabar constantemente el trabajo, no servía para prácticamente nada. En definitiva, fracaso total. Como colofón, en torno al lanzamiento de esta serie de microcomputadora, Jack Tramiel decide que ya no desea continuar en la empresa que el mismo creó. El 13 de enero de 1984 vende sus acciones de Commodore, y se va. Continuaría exitosamente en Atari esta vez sí eligiendo el mismo los productos que su empresa comercializaría. Aunque esa es otra historia.

La otra línea de productos lanzada por el departamento de marketing en esta dirección fue la Commodore 16, 116. Esta vez sí que se trataba directamente de buscar un sustituto a otro producto anterior, el VIC 20. Pertenecía la misma línea que el Plus/4, microprocesador MOS 7501, gráficos gobernados por el chip TED de 16 colores y sin *sprites*, sonido de dos canales y cuatro octavas, y esta vez tan solo 16KB de RAM, y una ROM que solo albergaba el Commodore Basic 3.5. Era difícil programar buenas aplicaciones para un hardware así, de manera que los desarrolladores de software le dieron la espalda. Otro fracaso del departamento de marketing.

C128

Algo distinto fue el caso del Commodore 128. En 1985 por fin se quisieron dar cuenta los de marketing, de que el rotundo éxito del C64 se debía a la grandísima cantidad de software disponible para el, sobre todo juegos que era lo que al cliente mayoritario le interesaba. Por otra parte, había una inmensa biblioteca de aplicaciones disponibles para el sistema operativo de 8 bits CP/M, que se ejecutaba en máquinas equipadas con un microprocesador Zilog Z80. En Commodore decidieron crean una microcomputadora con 128 KB de RAM, 100% compatible con la C64, con modos ampliados de gráficos y sonido, y además capaz de ejecutar CP/M. Querían competir con el IBM PC, y el Apple Macintosh. El resultado: el Commodore 128 para la versión compacta, y el 128D para la versión CPU y teclado separados.

Dentro de estas microcomputadoras, se podía encontrar un microprocesador MOS 8502 a 2Mhz, y un Zilog Z80 a 2.5 Mhz, el chip de sonido SID, los de gráficos VIC II y VDC, 128 KB de RAM y 48 KB de ROM. Todo ello con un teclado de calidad, y además en el caso del 128D con una disquetera de 5'25" incorporada. Si se presionaba la tecla Commodore al encender el sistema, se arrancaba en modo C64, con lo que se iniciaba la ROM del C64 tal cual, siendo compatible a todos los niveles. Si no, se arrancaba el modo 128, con Basic ampliado, que permitía entre otras cosas un modo texto de 80x25 caracteres equivalente al de cualquier PC de la época. Sin embargo, llegó tarde al mercado, porque en 1985 había llegado ya el momento del mejor diseño de Jay Miner: el comercializado con el nombre de Commodore Amiga.

Amiga

Para hablar del Commodore Amiga, primero hay que recordar que la historia de Atari y Commodore se entrecruzó en más de una ocasión a lo largo de la existencia de ambas empresas. El fundador de Commodore, Jack Tramiel, acabó siendo el dueño de Atari como más adelante veremos, y en el caso que ahora nos ocupa, el alma mater de Atari, Jay Miner, acabó siendo el creador del producto que sustentó a Commodore durante una década.

Jay Glenn Miner (1932-1994) aunque nació en Prescott, Arizona, sus padres se fueron a vivir al sur de California, y con el tiempo el joven Jay estudiaría en la Universidad de San Diego. A principios de la década de los cincuenta, estalló la Guerra de Corea, y Miner decidió unirse a la Guardia Costera. Allí Miner entró en contacto directo con diversa instrumentación electrónica de vigilancia, como el radar, lo cual hizo despertar en él el interés por la electrónica. Tanto fue así que, tras terminar la guerra, se matriculó en la famosa Universidad de Berkeley, consiguiendo en 1958 la titulación de Ingeniero en Electrónica y Computadoras. Con su título en bolsillo, Miner comenzó a trabajar en diversas compañías de microelectrónica y semiconductores, siendo para mediados de los setenta el diseñador jefe de Synertech, una compañía que fabricaba chips por encargo para Atari.

Por aquel entonces en Atari estaban pensando en crear una videoconsola de cartuchos intercambiables, basada en el nuevo microprocesador MOS 6502. Harold Lee, unos de los diseñadores del videojuego Home Pong, le dijo al ingeniero jefe de Atari Al Alcord, que sólo Jay Miner podría diseñar algo así. Harold Lee, podía haber recomendado a Stephen Wozniak, el creador de los Apple I y II, que por aquel entonces había colaborado gracias a Jobs con Atari, en la placa base del videojuego BreakOut. Pero no fue así. La historia de la microinformática doméstica hubiera sido muy distinta si la videoconsola Atari 2600 y las microcomputadoras que siguieron a aquel diseño hubieran sido realizadas por Wozniak.

Miner creó para Atari junto con su equipo de ingenieros y técnicos llamados Cyan Engineering, la videoconsola 2600, la microcomputadora 400, y la 800. Como dato curioso, en su laboratorio, donde solía trabajar hasta altas horas de la noche, siempre estaba su perra Mitchy. Hasta el punto de que algunos empleados se quejaron de que Miner fuese el único al que se permitía llevar su mascota al trabajo. El ingeniero jefe Al Alcorn, les contestaba que, si trabajaban tan bien como Miner, se buscaran un perro decente y ya hablarían.

A principios de los ochenta las cosas fueron mal para Atari, sobre todo a raíz del gran fracaso de la comercialización de su videojuego E.T. Además, en Atari se empeñaban en seguir produciendo microcomputadoras baratas basadas en el microprocesador MOS 6502, mientras que Miner estaba realmente interesado en crear una máquina avanzada basada en el Motorola 68000. Finalmente, en 1982 Miner dejó Atari, y se fue a Zimás, una empresa que se dedicaba a fabricar chips para marcapasos. Meses después de esto, Larry Kaplan, uno de los mejores programadores para la Atari 2600, contactaba con Miner. Kaplan le informó de que había recibido una oferta de varios inversores para formar una compañía que crease la máquina de videojuegos definitiva, y lógicamente que contaba con él. De esta manera, asociándose con David Morse que era el vicepresidente de marketing de una macroempresa juguetera llamada Tonka Toys, y seis millones de dólares, nace Hi-Toro. Este nombre lo eligieron por sonar moderno y tejano a la vez. Pero el nombre de *"Hi-Toro"* rápidamente se percataron, de que a menudo se relacionaba con la industria de materiales para la agricultura y la ganadería. Larry Kaplan no vio claro el éxito de la empresa, y al no recibir la compensación económica que esperaba, abandonaría prematuramente la compañía para regresar a Atari. Así que, si inicialmente el proyecto encargado a Jack Miner plateaba crear una videoconsola que superara a la Nintendo NES bajo la tutela de Kaplan, finalmente Miner consiguió hacer del diseño de la videoconsola un potente ordenador personal. Miner pasaba hora y horas concentrado en el diseño de su nueva computadora, tanto que internamente empezaron a decir que estaba todo ese rato con su "*girlfriend*", que en ingles significa algo así como novia. De aquí, por la gran influencia hispana en el sur de Estados Unidos, Miner pasó a decir que estaba con su «amiga». Finalmente, como se dio el caso de una empresa japonesa se llamaba también Hi-Toro, se propuso el nombre de Amiga para el nuevo producto y la compañía. El proyecto de la videoconsola-ordenador se llamó internamente *Lorraine*. Inicialmente para confundir a la

competencia, en Amiga decidieron crear algunos juegos y accesorios para la Atari 2600. Uno de esos accesorios fue el **Amiga Joyboard**, un periférico para subirse encima, que permitía jugar a unos juegos bastante simples, y con poca precisión, controlando la acción mediante el balanceo del cuerpo.

Continuando con el desarrollo de la nueva videoconsola-computadora, Jay Miner contrató al experto en mainframes Bob Pariseau, para que creara el Sistema Operativo del Amiga. Éste a su vez contrató a otros cuatro ingenieros: RJ Mical, Dave Needle, Dale Luck, y Carl Sassenrath. Juntos, fueron capaces de diseñar un sistema multitarea basado en un microkernel, con una interfaz gráfica de usuario basada en ratón, superior por ejemplo a la del Macintosh original. Definitivamente la nueva máquina de videojuegos sería algo más que solamente eso. Como curiosidad, Mical, el que diseñó la interfaz gráfica del sistema operativo llamada Intuition, creó un pequeño juego para el Joyboard mientras que trabajaba en su proyecto. El objetivo de este juego era permanecer totalmente inmóvil, sin ningún tipo de balanceo, por lo que lo tituló "Zen Meditation". Esto hizo que el mensaje de error de las primeras versiones del Amiga OS fuera precisamente *"Guru Meditation"*, y un código hexadecimal de error. Jay Miner decidió por su parte para el desarrollo hardware el proyecto Lorraine, implementar unas capacidades gráficas muy superiores a la competencia con diversas opciones de aceleración gráfica por hardware, capaz de mostrar varias pantallas de distintas resoluciones al mismo tiempo, y con sonido estéreo en cuatro canales con posibilidad de samples digitales. Jay Miner planeaba mostrar al público su nuevo producto en el Consumer Electronics Show de enero de 1984, a la vez que Apple presentara su menos avanzado Macintosh. En la imagen de la izquierda, puede verse el prototipo del Amiga Lorraine, el cual finalmente causó una muy buena impresión en la feria.

Pero a pesar de las buenas ventas del resto de sus productos, la compañía estaba falta de liquidez de cara a la producción del nuevo ordenador, por lo que no podían fabricarlo de inmediato y comenzar a competir con los Macintosh. Se intentó vender el diseño a compañías como Silicon Graphics, Hewlett-Packard, Sony, Philips, o incluso la propia Apple, aunque finalmente sólo Atari estuvo dispuesta a invertir en la compañía. Inicialmente se pactó que Atari prestaría 500.000 dólares a Amiga, con la condición de tener la exclusiva durante un año del Amiga como sistema de videojuegos, y devolver el capital antes de junio, o Atari se quedaría con toda la tecnología. Era una decisión arriesgada, pero después de que Jay Miner hubiera hipotecado su casa por segunda vez, no les quedaba otra opción. Sin embargo, a última hora Commodore hizo una jugada que nadie esperaba. Pusieron sobre la mesa los 500.000$ necesarios para apartar a Atari del Lorraine, y otros 24.000.000$ más para comprar toda la compañía. Esto supuso el nacimiento del Commodore Amiga. Entonces comenzaron las prisas. Había que depurar tanto el hardware como el software antes de lanzar el producto definitivo al mercado, y hubo que hacer algunos sacrificios. Por ejemplos para la gestión de recursos, el manejo de discos y otro tipo de tareas vitales en el sistema operativo, se adaptó un proyecto universitario de Tim King, que terminó llamándose AmigaDOS. Esto fue algo muy inferior al proyecto que tenía en mente Carl Sassenrath para el núcleo del sistema operativo, pero en todo caso fue suficiente.

Finalmente, se presentó el Amiga 1000. Como homenaje a todos los que habían colaborado en el desarrollo de esta máquina, y tal y como era costumbre en la época, en la carcasa del Amiga 1000, podía verse la firma de Jay Miner, y la huella de su perrito máscota Mitchy. También se podían encontrar las firmás de Jeff L Taylor, Dan Reitsinger, Dave Dorneman, Greg Lee, Debbie Minardi, Lee Ho, Mike Slifcak, Martin Pryzbylski, Chris Raymond, Mark Shu, Keith Culel, Tom Cahill, Dan Bertram, Rick Geiger,

Robert J. Mical y muchos otros. Todas estas firmás se encuentran en relieve bajo la carcasa que cubre la parte superior de la CPU.

La presentación se llevó a cabo en julio de 1985, en el Lincoln Center de New York, haciéndose una gran celebración, a la que estuvo invitado el mismísimo Andy Warhol, haciendo uso del Commodore Amiga para crear en directo imágenes de su característico estilo Pop Art. Para octubre se ponía la venta el Amiga 1000. El modelo original tenía un microprocesador, Motorola 68000 a 7.14Mhz, 256KB de RAM y la posibilidad de ampliar rápidamente con un cartucho dedicado con otros 256KB. A ese puerto de expansión, además de memoria RAM adicional, se podía conectar un adaptador SCSI. Disponía de disquetera de 3'5" y 880 KB, y salida de televisión NTSC (60Hz) en la versión para Norteamérica y PAL (50Hz) en la versión para Europa y Australia. También contaba con una conexión RGB, lo que le permitía mostrar texto en 60x32 caracteres, o 80x32, y gráficos en 320x200 y 320x400 en 32 colores, y 640x200 y 640x400 en 16 colores. En el tema de los colores, técnicamente podía mostrar hasta 64 colores de una paleta de 4096 en modo EHB, o incluso los 4096 simultáneamente en modo HAM. El sistema operativo incluido era el AmigaOS se cargaba con el disquete, y tenía un núcleo de 32-bit con multitarea preferente, y un entorno gráfico llamado Workbench. Sin el disquete de arranque, o bien del sistema operativo, o bien del videojuego, nada se podía hacer con un Amiga.

El problema inicial fue la falta de producción, y de hecho hasta mediados de noviembre no estuvo fácilmente disponible para el público. El Atari ST ya llevaba para entonces meses en el mercado, y estaba a plena producción. Además, el modelo de Atari era mucho más barato de lo que la diferencia de posibilidades respecto al Amiga debería marcar. Commodore no supo crear buenas campañas publicitarias y ofertas, con lo que se vendieron menos de 40.000 ordenadores en todo 1985, y todo ello a un precio aproximado de 1300$ y sin monitor. Por si fuese poco, la compañía estaba dentro de una crisis financiera, y no pudo presentarse a las dos ediciones del CES de 1986, perdiendo una gran oportunidad de vender su nuevo producto.

Como resultado de este pésimo planteamiento del mercado por parte de Commodore, muchos empleados decidieron dejar la empresa. La plataforma Amiga, no evolucionó a lo largo de su década de fabricación con las posibilidades que el nuevo hardware en el mercado permitía, como si hicieron otras como las PC, o las Macintosh. Por otra parte, a nivel de software, los videojuegos eran sensiblemente superiores a los de sus competidores directos como el Atari ST, pero no eran muchas las aplicaciones más allá de las basadas en gráficos y sonido que se podían encontrar para el Amiga. Además, aunque de entrada las posibilidades sonoras del Amiga eran superiores al Atari ST, el no contar con puerto MIDI algo que sí tenía el ST, le restó muchas posibilidades en el terreno de la edición de música profesional.

De esta forma uno de los padres del Amiga original, Mical, dejó Commodore y siguió trabajando en la plataforma Amiga de forma independiente. Llegó a diseñar junto a Dave Needle, la videoconsola portátil Lynx, una especie de Amiga para videojuegos portátil, que terminó comprando Atari. La Lynx sería de Atari, pero para desarrollar los juegos de la Lynx se utilizaba un Commodore Amiga, no un Atari ST. Ambos dos se basaban también en el microprocesador Motolora 68000.

De toda la gama de modelos derivados del Amiga 1000 comercializados por Commodore cabe destacar los Amiga 500, los 2000, y los 3000. El Amiga 500, fue el más popular de todos, con sus 512KB de RAM de serie, y su diseño compacto todo el uno, fue el mejor vendido. El último modelo del Amiga, el 600, fue un intento por parte de Commodore en 1992 de hacer un producto barato, Y capaz de ejecutar el software que llevaba ocho años desarrollándole. El padre de la criatura, Jay Miner, decidió inicialmente trabajar como consultor para Commodore. Pero la salud comenzó a fallarle al bueno de Jay, y después de recibir un trasplante de riñón de en 1990, decidió marcharse de Commodore. Se fue a trabajar a Ventritex, una empresa de biotecnología en Sunnyvale, California. Su última creación fue un desfibrilador implantable, que podía ser reprogramado externamente. Jay Miner moriría 20 de junio de 1994. Con la partida de Miner, Commodore perdió lo poco que quedaba de su identidad propia.

Durante los años noventa Commodore comercializó ordenadores compatibles PC de gama baja, compitiendo de manera directa con Amstrad y Atari en el mercado europeo. Finalmente, después de años de pérdidas, en septiembre de 1997 la marca Commodore fue adquirida por el fabricante de ordenadores holandés Tulip Computers NV.

4.1.14 Sirius

Chuck Peddle (1937 – 2019) abandonó Commodore después de desarrollar toda la gama PET, para crear y dirigir su propia empresa de computadoras. Era su sueño desde la época en la que se alió con Bill Gates para intentar comprar Apple, y finalmente su alianza con Chris Fish (uno de los inversores que habían hecho posible la entrada de Commodore en el mundo de la informática) lo permitió. Anexionándose con Victor United, que era una subsidiaria de la gigantesca Walter Kidde Corporation, puso en marcha la Sirius Systems Technology. Peddle decidió crear una nueva computadora, partiendo del microprocesador Intel 8088, al mismo tiempo que IBM también lo decidía. Pero Sirius consiguió presentar su producto en 1982 algunas semanas antes. Dependiendo del mercado, se vendió bajo el nombre de Sirius 1, o de Victor 9000.

El último producto de Peddle no desbancó al PC de IBM en el mercado, y a pesar de plantarle cara durante un tiempo acabaría por sucumbir. Esta máquina fue muy innovadora y superior en algunos puntos a nivel técnico la IBM PC original, pero de nada le sirvió cuando entro en competencia contra el posicionamiento en el mercado con el que ya contaban IBM, y la cultura popular al respecto. La Sirius 1 incorporaba de serie 128KB de RAM, y una pantalla antirreflejos de calidad que permitía texto 80 x 25 y 132 x 50, y gráficos de 800 x 400 puntos en monocromo. Incluía un puerto paralelo IEEE-488, dos puertos serie RS232, y cuatro ranuras de expansión. Permitía ejecutar CP/M 86 y MS-DOS. Tenía dos unidades de disco de 5,25" y 612 KB o de 1,2 Mb como opción. También, como opción, podía incluir un disco duro de 10MB. Pero su competidor directo era el IBM PC, y luchar contra IBM con un producto tan similar al de IBM era absolutamente inviable.

4.1.15   IBM PC

En medio de cientos de empresas que, a finales de la década de los setenta y principios de la década de los ochenta comercializaron microcomputadoras, solo IBM fue la que finalmente marcaría la pauta hardware de cual habría de ser el estándar. Sin embargo, cuando IBM lanzó en 1981 el primer IBM PC, el 5150, no fue esa la primera incursión el gigante azul hacía en el mundo del ordenador personal.

IBM 5100

En septiembre de 1975, ya lo había intentado con discreto éxito, comercializando su modelo 5100. Entonces fue presentado como el primer computador electrónico basado en semiconductores portable de la historia. A la sazón pesaba lo que por aquel entonces eran unos muy comedidos 28 Kg.

El 5100 no tenía microprocesador de un solo chip propiamente dicho. La CPU estaba basada en un procesador propio de IBM que constaba de varios chips, proporcionando en su conjunto una CPU de 16 bits, que funcionaba a 1.9 Mhz. Esta configuración permitía el uso de hasta 64 KB de RAM. Aunque llevaba un monitor integrado, la pantalla de tan solo 5 pulgadas hacía que los caracteres fueran muy pequeños. Su resolución era de 64×16 caracteres y había un interruptor que permitía seleccionar si queríamos mostrar de las 64 columnas, las 32 de la izquierda o las 32 de la derecha, porque más de 32 a la vez en tan minúscula pantalla no se podía. Este problema quedaba resuelto conectándose a un monitor externo o a un televisor a través de un conector BNC que se incluía en la parte trasera. Aunque la salida era a 60 Hz, por lo que no servía para los televisores europeos de la época, que funcionaban a 50 Hz. En la pantalla interna se podía seleccionar también si queríamos mostrarla en blanco sobre negro o en negro sobre blanco. Como medio de almacenamiento usaba cintas DC300, capaces de guardar 204 KB. Como lenguajes de programación disponía de APL (un lenguaje usado en los mainframes IBM), o BASIC, dependiendo de la versión que hubiéramos adquirido. Estos lenguajes no estaban implementados sobre el microcódigo del procesador, sino que se habían implementado por software, con lo que aceleró el proceso de desarrollo del hardware. Esta computadora se podía comprar en un total de doce configuraciones distintas, variando el tamaño de la memoria y los lenguajes soportados. La más barata, con 16 KB de RAM y soportando solo APL costaba 8975 dólares de la época. La más cara, con 64 KB de y soportando tanto APL como BASIC, costaba 19975 dólares.

En 1978 IBM lanzaría al mercado una versión orientada al mercado de negocios, denominada 5110. Como gran novedad, la nueva computadora permitía la conexión externa de una unidad de disquetes de 1'2MB, e incorporaba puerto serie y paralelo para comunicación con dispositivos externos. La característica que más atractivas hacía a estos dos computadores, era que por un precio muy reducido, se podía ejecutar la mayor parte de la biblioteca de programas del sistema mainframe IBM 370, aun sufriendo la lentitud y la limitación de recursos. El 12 de agosto de 1981 nació lo que por evolución es el ordenador que la inmensa mayoría de los usuarios hoy en día tiene: el IBM 5150. Cuando IBM se planteó lanzar una microcomputadora personal al mercado, ya existía varios modelos de calidad de empresas como Apple, Commodore, o Atari, aparte de todos los compatibles con CP/M de diversos fabricantes. En IBM creían tan poco en la oportunidad de negocio que brindaba la informática personal, que incluso inicialmente se plantearon comprar la licencia a Atari, para fabricar su propia versión compatible con el Atari 800. El mercado estaba por aquel entonces copado por el Apple II, y no se pensaba que hubiera sitio para más competidores en ese segmento de las microcomputadoras con vocación doméstica. IBM se saltó el concepto de "*Home Computer*", para llegar al de "*Personal Computer*", dejando así la puerta abierta a la idea de que esta computadora no era eminentemente una máquina de videojuegos como las de la competencia, sino que estaba orientada a aplicaciones serias, aunque de ámbito personal. Apple reaccionaría en esa dirección también con la Apple III.

IBM PC 5150

En IBM decidieron seguir este planteamiento en julio de 1980, partiendo desde cero y con recursos propios. Así en septiembre de 1980 nació el **proyecto ACORN**, reuniendo a un equipo de doce especialistas, encabezados por William Lowe, en Boca Ratón, Florida. La misión de este equipo era desarrollar en un año una microcomputadora que el consumidor medio comprara. IBM podía haber elegido la óptima y avanzada arquitectura del Motorola 68000 para crear su microcomputadora, lo cual hubiera hecho además del PC original una más potente y estructurada máquina, a Intel una empresa de segunda línea. Pero no fue así. Independientemente del criterio técnico de los doce especialistas, en los despachos de los directivos se decidió que se utilizaría el microprocesador Intel 8088 con un bus externo de 8 bits e interno de 16 bits. Este microprocesador, había sido creado un par de años antes por Intel, y para avalar esta decisión, se consiguió que el diseño recibiera varios precios a nivel mundial. Con respecto al resto de los componentes de la nueva computadora, el planteamiento era análogo. En vez de fabricar IBM todos y cada uno de los componentes de la computadora, tal y como hasta entonces se había hecho, se decidió comprarlos a otros fabricantes. Además, se decidió que la arquitectura de la nueva máquina fuera abierta. Con ello otras empresas podían producir y vender máquinas compatibles con el IBM PC. Para ello, la especificación de la ROM BIOS fue publicada. IBM esperaba mantener su posición en el mercado al tener los derechos de licencia de la BIOS, y manteniéndose delante de la competencia.

Cuando llegó el lanzamiento del IBM PC modelo 5150, su configuración hardware básica incluía un microprocesador Intel 8088 a 4'77 Mhz, tan solo 16KB de RAM (expandible hasta 256KB), y en teoría no incorporaba disquetera. De serie el diseño original contemplaba tan solo la opción de conexión a casete para cargar y salvar datos y programas. Sin embargo, una vez puestos en venta, la práctica totalidad de los modelos se vendieron con al menos una disquetera de 5'25" y 160KB. La tarjeta gráfica podía ser una CGA que permitía unos modestos gráficos del 320x200 en cuatro colores, o bien 640x200 monocromos, o una MDA para solo texto.

En estos primeros tiempos de la comercialización del PC por parte de IBM no existía una configuración estándar. Uno iba al

distribuidor, encargaba una configuración, y el distribuidor recibía un montón de cajas con los componentes separados. Placa base, tarjeta gráfica, disquetera, carcasa, tenían que ser montadas por el mayorista y testeadas, al más puro estilo de los clónicos de hoy en día. Eso sí, la pantalla y el teclado que equipaban los IBM PC originales, eran con mucho los más robustos y duraderos del mercado. Lo rudos teclados mecánicos de estos primeros PCs de IBM, a pesar de sus retractores y que las mecanógrafas inicialmente se quejaran de su diseño no muy convencional para la época, superan las dos décadas de trabajo sin problemas. Parte de este libro fue escrito usando uno de ellos.

En lo referente al software que equipaba el IBM PC, ha de destacarse que el IBM PC podía ejecutar PC- DOS, CPM86 y UCSD D-PASCAL System, como sistemas operativos que había que cargar desde la disquetera. Pero que, si no se hacía esta operación, automáticamente se ejecutaba el intérprete Basic de Microsoft que venía incorporada en la ROM del sistema. Léase el capítulo dedicado a Microsoft para saber más sobre esto.

En España este ordenador costaba 400.000 pesetas, en una época en la que el salario medio era de 65.000. Ciertamente no se trataba de un producto ni mucho menos barato, ni para nuestro mercado, ni para ningún otro. Aun así, las compañías de software respaldaron desde el comienzo el lanzamiento del IBM PC, creando una gran biblioteca de programas que hacía de este el más atractivo de todos los de su segmento. Desde tiempo atrás, las compañías de software estaban hartas de desarrollar programas para computadoras que rápidamente desaparecían del mercado mucho antes de haber amortizado la inversión del desarrollo del software. El hecho de que esta máquina fuera de IBM garantizaba una continuidad. De esta forma IBM vendió en el primer mes lo que tenía previsto para los cinco primeros años, y para diciembre de 1984 ya se habían vendido 250.000 unidades a nivel mundial. La clave del éxito no fue otra que la confianza de los consumidores y las compañías de software en IBM, porque ciertamente IBM no se tomó demasiadas molestias a la hora de crear su PC.

IBM PC jr

El 1 de noviembre de 1983 IBM lanzó al mercado una versión reducida de su PC, orientada esta vez directamente al mercado doméstico de bajo presupuesto. Esta microcomputadora fue llamada PC Junior. Se lanzaron dos modelos. El primero fue el 4860-004 que tenía un teclado inalámbrico chiclet como el de una calculadora barata, y 64KB de RAM. El segundo el 4860-067, con un teclado también inalámbrico, pero de mejor calidad y con 128KB de RAM. Los dos seguían equipados con un Intel 8088 a 4.7 7Mhz, e incorporaban dos ranuras para cartuchos al estilo MSX. Tenían un puerto para lápiz óptico, y dos para joystick. La gran novedad eran los modos gráficos ampliados de 320x200x4, 640x480x2, 160x100x16, 160x200x16, 320x200x16, 640x200x4, y el sonido generado por un Texas Instruments SN76496 de tres canales con 16 niveles de volumen y generador de ruido blanco.

Los expertos en marketing aseguraban que el IBM PC Junior capturaría el mercado doméstico, igual que el IBM PC original hizo con el mercado de los pequeños negocios y profesionales. Sin embargo, no fue así, y en gran media por la lamentable elección de los teclados, que eran verdaderas máquinas de gastar pilas, algo que encarecía mucho el uso normal del PC y lo entorpecía. A mediados de 1985 desaparecería del mercado, incapaz de desbancar a máquinas como la Commodore 64, o la Apple II, y ni mucho menos de competir con las entonces recién salidas Atari ST y Commodore Amiga.

A posteriori Tandy Corporation comercializó una serie de clónicos de esta microcomputadora, los Tandy serie 1000. Se comenzó a comercializar dos semanas después de que IBM retirara su PC Junior, y sin embargo esta máquina y sus muchos sucesores tuvieron bastante éxito en el mercado. En definitiva, los Tandy 1000 eran menos costosos, más fáciles de ampliar y casi enteramente compatible con el IBM PC. El teclado y la CPU eran todo un bloque, y además se podían conectar a un televisor convencional. Con el tiempo el estándar gráfico creado para el IBM PC Junior, se conocería como "Tandy compatible" o "TGA". IBM hubiera hecho bien en contratar a todo el departamento de marketing de Tandy, porque ellos sí que sabían plantear bien los productos.

También en el mercado japonés primero, y en el australiano después, IBM comercializó en 1984 una versión mejorada del PC Junior, llama JX. Esta vez tendría disquetes de 3'5", y un teclado de calidad, pero no podía usar las tarjetas de expansión estándar ISA del IBM PC original. Su éxito fue muy limitado.

Con el lanzamiento del IBM PC de arquitectura abierta, comienza también la historia de los compatibles PC. En Microsoft, que había conseguido conservar el derecho a vender su sistema operativo MSDOS a otras empresas distinta a IBM, no perdieron el tiempo y de inmediato comenzaron a licenciar el sistema operativo a terceros. Para el año 1983, Compaq lanza el primer

PC compatible, a un precio más asequible que el de IBM, con lo que vende por valor de 111 millones de dólares. Pocos años después, Compaq superaría a IBM en ganancias, además de adelantarse tecnológicamente en diversas ocasiones. IBM sólo fue líder en el mercado de ventas de modelos PC durante los tres primeros años de su comercialización.

IBM XT

A partir de 1984 la alianza entre Microsoft e Intel (llamada por muchos Wintel), propiciaría la pérdida de control por parte de IBM de la evolución del estándar que ellos mismos habían creado. Para cuando Intel sacaba al mercado un nuevo microprocesador, Microsoft respondía de inmediato con un nuevo sistema  operativo. Intel vendía a cualquier que tuviera dinero para pagar, y Microsoft también, sin tener en cuenta a IBM e incluso ignorándola. IBM creó y convirtió en estándar, nuevas versiones evolucionadas del PC original. La primera fue lanzada el 8 de marzo de 1983, con el modelo 5160, el primero de la serie XT. Estos equipos equipaban mayor cantidad de memoria RAM, y un disco duro interno de 10MB, además de haber pasado por un rediseño de la placa base.

IBM AT

Al año siguiente IBM lanzaría al mercado el AT, modelo 5170. Esta vez como novedad contaba una nueva tarjeta gráfica, la EGA

(*Enhanced Graphics Adapter*), un teclado rediseñado, dos disqueteras de 5'25" y 1.2MB, disco duro y pantalla color.

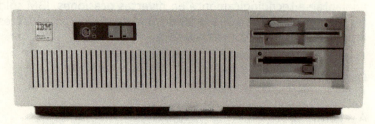

El AT estaba diseñado en torno al microprocesador Intel 80286 a 6Mhz o a 8Mhz, y de 16bits puro. Además, tenía un reloj interno alimentado por una batería, que guardaba la fecha y la hora al apagarse. Sin embargo, Compaq se adelantó a IBM en 1986 lanzando al mercado el primer PC con el nuevo microprocesador Intel 80386. Entonces IBM en un intento de retomar el mercado de los PC's y tomar las riendas del estándar, decide lanzar al mercado un nuevo sistema operativo de interfaz gráfica llamado OS/2 y una nueva arquitectura la PS2.

El error fue que la propia Microsoft estuviera envuelta en la génesis de este sistema operativo. Tras cuatro años de desarrollo conjunto entre IBM y Microsoft, el mismo día de abril de 1987 del lanzamiento de OS/2, los de Bill Gates anunciaron el lanzamiento del Windows 2.0. OS/2 era un sistema operativo de verdad, Windows 2.0 era tan solo una interfaz gráfica para MSDOS. Esto seguiría así en la historia de los Windows hasta el Windows Millenium inclusive. Pero al usuario normal le daba igual, lo que realmente le interesaba era la estabilidad del producto, y el software disponible. Tanto OS/2 en su versión inicial como Windows 2.0 eran inestables y consumían demasiados recursos, por lo que pasó tiempo hasta que el usuario normal decidiera abandonar el MSDOS. Para cuando IBM lanzó la segunda versión OS/2, esta vez por separado de Microsoft, Microsoft ya tenía en el mercado la versión estable de Windows, la 3.0. Con estas y otras maniobras al final Microsoft consiguió con la ayuda de la falta de acierto por parte de IBM, que OS/2 nunca fuera popular.

IBM PS/2

Cuando se lanzó el sistema operativo OS/2, IBM comenzó también como hemos dicho la comercialización de una nueva línea de ordenadores. Por supuesto, esta nueva serie traía el OS/2 incorporado como opción por defecto. A esta serie la llamaron PS/2 (Personal System 2). Los PS/2 estaban basados en una nueva arquitectura interna de buses desarrollada por la propia compañía y llamada Micro Channel. La arquitectura Micro Channel se licenciaría a los fabricantes de clónicos a precios muy elevados, pocos fueron los que la utilizaron, entre ellos cabe citar a Olivetti. Unos cuantos meses después Compaq contraataco lanzado la arquitectura abierta EISA. Con el tiempo Micro Channel sucumbió frente a EISA, e IBM dejó de fabricar equipos de la serie PS/2 para diseñar según el estándar definido por terceros.

Sin embargo, no toda la tecnología desplegada en los PS/2 pasó sin dejar huella. Con los PS/2 IBM creó un estándar en el mercado para las conexiones de dispositivos de entrada manual de datos, que veinte años después sigue vigente. A pesar de ser cada vez más común que los teclados y los ratones tengan conexiones USB, durante dos décadas el estándar a sido el conector P2. A principios de los 90, IBM comenzaba a perder mercado a pasos agigantados en el negocio de los PC. Intentando recuperar el mercado doméstico, abandonando la arquitectura Micro Channel (también llamada por sus siglas MCA, Micro Channel Architecture) y creando la serie PS/1 basada en la arquitectura anterior AT a precio más contenido. Aun así, no triunfan y se intentó también comercializar PCs de gama baja fabricados en Asia bajo la marca Ambra, a principios de los años noventa. El resto de la década sobrevivió en el mercado de los PC, gracias sobre todo a la venta de la exitosa gama de portátiles ThinkPad. Finalmente, a principios del siglo XXI, IBM vendería todo su negocio de ordenadores personales a la marca china Lenovo. Los inventores del PC ya no venden PCs.

4.1.16 Texas Instruments (y 2)

TI también fue participe de la revolución de la microinformática doméstica de principios de los años ochenta. Lo haría con las microcomputadoras TI- 99/4 en el año 1979, y TI-99/4 en el año 1981.

Está serie de microcomputadoras fue la primera comercializada a gran escala, que contaba con un microprocesador de 16 bits, el TMS9900 operando a 3.3MHz. Contaba también con 16 KB de RAM de video, gobernada por un chip de video TI TMS9918A VDP, que le permitía 32×24 y 40×24 caracteres en pantalla, además de una resolución gráfica de 256×192 en 15 colores. Tenía como novedad posteriormente copiada por sus competidores la posibilidad de manejar mediante hardware 32 sprites monocromos en pantalla. A nivel sonoro el chip TI TMS9919 le permitía generar sonido en tres canales más uno de ruido blanco o periódico. Características todas ellas más que notables para su época, aun contando con que había varias limitaciones en su diseño que la hacían muy poco flexible. La principal de estas limitaciones era la escasa memoria RAM. De serie tenía 256 bytes de RAM para programación, que podían eso sí ser ampliados a 32KB. Además de esto, todos los periféricos y la memoria estaban conectados al CPU a través de un multiplexor 16 a 8 bits, lo que requería de dos ciclos de reloj para cualquier acceso, y ralentizaba el uso de la microcomputadora no sacando todo el potencial a su microprocesador de 16 bits. Como punto final, esta microcomputadora accedía a la mayoría del hardware a través de un bus serie de un solo bit llamado Communications Register Unit (CRU - 9901). Con este bus se conectaban por ejemplo unidades de disquete de 5'25" y 84KB de capacidad.

Respecto a las ampliaciones, se podían añadir funcionalidades nuevas mediante cartuchos ROM. Así había una versión del lenguaje de programación LOGO, y otro con un Z80 integrado capaz de ejecutar CP/M. Aunque el más famoso de todos era el Extended Basic, que proporcionaba una ampliación del limitado BASIC que en ROM traía de serie esta microcomputadora, con nuevas funciones de todo tipo. Otro de los cartuchos incluía uno de los más vistosos inventos de TI, el primer chip de síntesis de voz. Este cartucho incluía TMC0280 un chip de codificación de predicción lineal (LPC), que permitía a estas pequeñas microcomputadoras "hablar". Estas microcomputadoras, sin embargo, no tuvieron mucho éxito, y TI abandonaría esta línea de negocio a mediados de los años ochenta.

En febrero de 1982 tres de los principales empresarios de TI: Bill Murto, Rod Canion, y Jim Harris, decidieron asociarse con Ben Rosen y Sevin-Rosen y formar una nueva compañía dedicada a la venta de ordenadores compatibles con el IBM PC. Su premisa era la compatibilidad y la calidad, por lo que decidieron formar el acrónimo que pondría nombre a la empresa a partir de "COMPatibility And Quality". Durante dos décadas Compaq fue uno de los principales fabricantes de ordenadores compatibles PC.

En los años noventa TI destacó sobre todo por su serie de calculadoras programables basadas en microprocesadores Z80 y 68000, verdaderas microcomputadoras de bolsillo, programables en BASIC o ensamblador con infinidad de aplicaciones de todo tipo. Con este producto Texas Instruments arrebataría parte del mercado que tradicionalmente había sido controlado por HP y por Casio.

4.1.17 AT&T (y 2)

El 1974 el Departamento de Justicia de Estados Unidos lanzó
una demanda antimonopolio contra la AT&T con lo que, tras años
de litigios, el 8 de enero de 1982 finalizó dicho monopolio. A
partir de esa fecha, la AT&T se separaría de sus compañías de
servicios a nivel local. A cambio AT&T podría entrar en el
creciente negocio de las computadoras. El 1 de enero de 1984
dicha separación surgió efecto, con lo que la compañía perdió un
70% de su valor en bolsa, todo lo más cuando sus repetidos
intentos de entrar en el mercado de la informática no cuajaron.

Cuando AT&T Computer Systems nació a comienzos de los años
ochenta, contaba en su poder con ser los creadores del sistema
operativo Unix System V, y patentes de varios de los primeros
microprocesadores de 32 bits. En base a esto lanzaron al
mercado productos como el 3B15, basado en el microprocesador
WE32000 orientado a la filosofía de trabajo de terminales,
contra un gran ordenador central. Incluso intentaron sin éxito
entrar en el mercado de los ordenadores personales, con el 3B1,
que basado en el microprocesador Motorola 68010 ejecutaba
Unix. El microprocesador funcionaba a 10Mhz, y computaba
internamente a 32 bits, para comunicarse externamente a

16bits. Contaba con un disco duro de capacidades entre 5MB y 67MB, y una configuración de partida con 512KB de RAM. A esto se le añadía un monitor monocromo de fósforo verde y diez pulgadas típico de la época, y un módem interno de 300/1200 baudios. Una versión mejorada de este 3B1, pero en su misma línea fue el 3B2, con el que se sacó al mercado la release 3 del Unix System V.

Pero las cosas no le fueron bien a AT&T en un mercado que desconocía, e intentó adquirir experiencia absorbiendo en 1991 a la NCR Corporation (la misma que durante décadas fuera la principal competencia de IBM). Se intentó de nuevo conseguir beneficios en el negocio de las redes UNIX y los ordenadores personales, pero tampoco se cumplieron las expectativas. En 1996 NRC se separaría de AT&T por la nueva ley de telecomunicaciones que entonces entró en vigor, y por el mismo motivo los Bell Labs se convirtieron el Lucent Technologies. Lucent Technlogies vivió un momento dulce a finales del siglo XX cuando las mayoría de las conexiones domésticas a Internet se hacían vía modem, y Lucent era uno de los principales fabricantes de componentes de estos modems. Por su parte AT&T, bajo la batuta de Michael Armstrong se convirtió a partir de 1997 en el principal proveedor de televisión por cable de Estados Unidos.

4.1.18 NCR (y 2)

Además de la actualización de su exitoso modelo 315, NCR continuaría innovando en el ámbito de las minicomputadoras. De esta forma crearon la primera computadora realizada completamente mediante circuitos integrados en 1968. Fue llamada Century 100.

Estas computadoras venían con 16 ó 32 KB de RAM, lector de tarjetas perforadas de ochenta columnas, o de cinta de papel perforada, y dos discos removibles de 5MB. NCR equipó también a su nuevo sistema, con una impresora capaz de imprimir 600 líneas por minuto, lo cual lo convertía en un sistema completo para tareas de gestión. NCR acabaría la década de los sesenta, siendo los inventores en 1968 de las pantallas de cristal líquido (LCD). John L. Janning las inventó mientras trabajaba para NCR.

En la de los setenta, concretamente en 1974, cambiaría su nombre a NCR Corporation.

A finales de los setenta y comienzos de los ochenta, NCR no supo subirse al carro del incipiente microinformático personal. Por el contrario, en 1982, decidió involucrarse en sistemas de arquitectura abierta y enfoque corporativo. Así nació el TOWER 16/32, que funcionaba bajo Unix. En NCR se pretendía implantar este sistema operativo tan famoso en las universidades de aquella época, también en la oficina. De este modelo se vendieron unas 100.000 unidades, lo que hizo que NCR fuera pionero en la implantación de estándares de arquitectura abierta en el mundo de la informática. Aunque además de apostar por estándares de arquitectura abierta como Unix, en la década de los ochenta, NCR vendió también varios modelos compatibles con el estándar PC de IBM.

Entre esos modelos destacaban los NCR-PC4 como el de la imagen de la izquierda, y el NCR-3390 que además estaba preparado para hacer de funciones de terminal de cualquiera de los sistemas superiores de NCR. Estos ordenadores, funcionaban bajo una versión personalizada del MSDOS creada por NCR, llamada NCR-DOS. El NCR-3390 tenía un microprocesador Intel 286 que le permitía trabajar a 6,8, o 10 Mhz, y tenía modos gráficos mejorados superando el estándar CGA del momento, consiguiendo resoluciones de 640x400 píxeles, lo que lo hacía en calidad de visualización muy similar al clásico terminal IBM 3270.

En los años noventa, NCR lanzaría el System 3000, que era una serie de ordenadores basados en lo microprocesadores Intel 386 y 486, y que utilizaban la arquitectura Micro Channel de IBM, previo pago de todas las licencias claro está. A partir de aquí NCR dejaría progresivamente su relación directa con el mundo de las computadoras, para centrarse en otros productos, como los cajeros automáticos en donde es líder del sector. Tambien la compañía a continuado con sus productos relacionados con cajas registradoras. El hecho de ser adquirida por AT&T en 1991, para refundarse en solitario en 1997 no hizo sino afirmar a NCR en este mercado especializado.

4.1.19 Hewlett Packard (y 2)

HP no permaneció ajena al auge del negocio de la microinformática personal de los años setenta. La diferencia con el resto de las fabricantes es que HP creó productos de alta calidad y también alto precio, orientados a labores técnicas y científicas. Así comenzaría en 1971 a comercializar la serie 98x5 de microcomputadoras de escritorio. Estas microcomputadoras, incorporaban en la ROM un intérprete BASIC, y utilizaban una cinta magnética para el almacenamiento de los datos, y la carga de los programas. Como ejemplo de esta serie que llegaría hasta los años ochenta esta la 9830 de 1972. Tenía una CPU de 16 bits, una ROM de 15KB, y una RAM de 3.5KB hasta 6KB. Para visualizar la información contaba con un *display* led rojo, de una línea con 32 caracteres, y una unidad de casete incorporada. Como característica especial tenía una impresora matricial incorporada, sobre el teclado y el *display*.

En los años ochenta, HP se introdujo también en el mercado de las impresoras láser, y de inyección de tinta para escritorio, continuando por otra parte con los sistemas de escritorio orientados a profesionales, esta vez siguiendo el estándar creado por IBM con su PC. Terminaría los años ochenta con una fuerte vocación innovadora, siendo el 3 de marzo de 1986 la fecha en la que quedó registrado el domino de Internet *hp. com* a su nombre. En el terreno de los sistemas mainframe y minocomputadoras, cabe destacar en esta época la serie HP9000. Esta serie basada en el microprocesador Motorola 68000, corrían la versión Unix de HP, denominada HP-UX.

Sería en la década de los noventa, cuando HP expandiría su línea de productos informáticos orientada inicialmente a las universidades, la investigación y la empresa, hacía los consumidores y usuarios domésticos. De esta forma adquiriría las marcas Apollo Computer, Convex Computer, y finalmente Compaq.

4.1.20 Digital Equipamiento (y 2)

En 1976 DEC tomó la decisión estratégica de ampliar la arquitectura del PDP-11 a 32 bits, creando así el primer miniordenador de 32 bits. Este nuevo miniordenador compatible con el PDP-11, y puesto a la venta a partir de 1978, se llamó VAX 11/780.

La gran novedad que aportó el VAX-11 fue el uso de memoria virtual, permitiendo ser utilizado tanto bajo sistema operativo UNIX, como el específicamente diseñado para él y propiedad de DEC, llamado VMS (Virtual Memory System). En los años ochenta, Digital llegó a ser la segunda empresa fabricante y proveedora de ordenadores más grandes del mundo, con más de 100.000 empleados. Además de hardware en aquel momento ofrecía productos 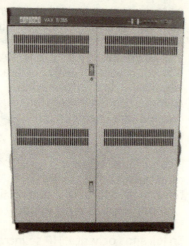 software para sus sistemas, como gestores de bases de datos, lenguajes de programación o procesadores de textos. A un VAX, casi siempre se le conectaba uno o varios terminales VT100 para trabajar.

En los años noventa, DEC lanzó el microprocesador Alpha (que inicialmente se llamó AXP). El Alpha era un microprocesador de 64 bits, con arquitectura RISC, equipando sistemas VMS, Unix, y Windows NT, fue considerado como el microprocesador más rápido del mundo en su época. Aunque DEC con sus ordenadores basados en microprocesadores Alpha no consiguió apenas mercado, frente a sus competidores más inmediatos. Intel con su arquitectura Pentium, IBM con PowerPC en RISC, y también en RISC los MIPS, ganaron la competición a Alpha. DEC terminaría perdiendo en una década, todo el terreno ganado en las otras tres anteriores. A mediados de los años noventa la empresa comenzó su declive hasta la desaparición.

4.1.21 Xerox Corporation

Xerox es a nivel mundial la marca por antonomasia de las fotocopiadoras. Chester Carlson, descubrió en 1931 un material fotoconductor que se cargaba de electricidad estática sólo en las zonas iluminadas lo que tras mucho trabajo para la entonces llamada The Haloid Company, consiguió desarrollar la fotocopiadora y comercializarla a partir de 1959.

The Haloid Company se dedicaba desde principios del siglo XX al negocio del papel de fotografía. La nueva tecnología que desarrolló para poder copiar imágenes, se llamó xerografía. Por ello a comienzos de la década de los sesenta, la compañía cambió su nombre por el de Xerox Corporation, a la vez que lanzaba al mercado la exitosa fotocopiadora Xerox 914. Pero en el ámbito de nuestro interés, Xerox, es merecedora de un puesto de honor en la historia del desarrollo de la informática tal y como hoy la conocemos. Durante décadas se desarrollaron en el Xerox PARC (Palo Alto Research Center), las tecnologías que hoy en día son cotidianas en nuestro uso de los ordenadores. En esta división de investigación de la compañía, fundada en 1970 en Palo Alto, en pleno Silicon Valley, se desarrolló algo tan importante para informática actual como la interfaz gráfica de usuario (GUI). Lo curioso es que a pesar de que en el Xerox PARC se crearon muchos de los estándares actuales, y se invirtieron para ello más de 100 millones de dólares, Xerox fue incapaz de sacar al mercado ningún producto rentable basado en esa nueva tecnología. Fueron otros, como Apple o Microsoft, los que sacaron partido de sus innovaciones. En el PARC nacieron los iconos y los entornos gráficos basados en ventanas y mapas de bits, el ratón y la red Ethernet, la impresora láser, y la programación orientada a objetos (lenguaje Smalltalk).

Los orígenes del PARC se remontan a 1969, cuando el por aquel entonces jefe científico de la Xerox, Jack Goldman, contrató al doctor en física especializado en resonancia nuclear magnética George Pake, de la Universidad de Washington, con la intención de crear un nuevo centro de investigación de la compañía. Pake eligió Palo Alto, en pleno Silicon Valley, a pesar de encontrarse tan alejado de la central de Xerox ubicada en Nueva York. La localización del PARC en la costa oeste de Estados Unidos, demostró ser una elección ideal a mediados de la década de los setenta. El PARC podía contar con una gran cantera de ingenieros altamente cualificados, provenientes de las universidades de Standford y Berkeley, de organismos gubernamentales como la NASA o las Fuerzas Aéreas, y de otras empresas de tecnología. La atmósfera general que se respiraba en el PARC era de gran libertad en las investigaciones y desarrollos. En aquella época se comenzaba a gestar, mediante la colaboración entre diferentes empresas y organismos oficiales, la actual Internet. Esta fue la época dorada del PARC, que coincidió con la dirección del centro por parte de Bob Taylor, pionero de la red Arpanet y colaborador cercano de Douglas Engelbart.

El paradigma de lo desarrollado en el PARC, es el por aquel entonces calificado de minicomputador, Xerox Alto. Antes de que se pusieran de moda la interfaz gráfica y el ratón, antes incluso de que el microprocesador fuera la piedra angular del diseño de las computadoras, en el PARC, Butler Lampson ampliamente influenciado por el trabajo de Douglas Engelbart, escribía en un documento interno las especificaciones del Xerox Alto. Esto ocurría en 1972, mucho antes de popularizarse el concepto de ordenador personal. El año siguiente Chuck Thacker realizó el diseño. Tenía un procesador central microprogramado, 128Kbytes de memoria principal, un disco duro de 2.5 Mbytes, una conexión de red Ethernet, un monitor en blanco y negro de tubo de rayos catódicos, un ratón de tres botones, teclado, y ocupaba más o menos como un frigorífico pequeño. Su lenguaje de programación era llamado MESA (un lenguaje de programación orientado a objetos y multihilo), y para él se desarrollaron varios programas novedosos de edición de textos y gráficos del tipo WYSIWYG (*What You See Is What You Get*), es decir: lo que se ve en pantalla es lo que se obtiene. Característica esta fácil de implementar, tendiendo en cuenta que el diseño de su monitor hacía posible ver en pantalla una hoja completa tamaño A4 en vertical sin recortarse y a tamaño natural. El sistema tenía 384KB de memoria (expandible a 1.5MB), un disco duro de 10MB, 29MB ó 40MB, una unidad de disquete de 8", el ratón, y una conexión Ethernet. El tubo de rayos catódicos de 17" de la pantalla en blanco y negro era grande para los estándares de ese entonces. Fue pensado para poder exhibir dos páginas de 8.5"x11" de lado a lado en tamaño real. Según los estándares de la época, el Xerox Alto debía de catalogarse como un miniordenador, pero en realidad era más un ordenador personal, dado que un único usuario sentado frente a la pantalla interactuaba con la máquina. Se fabricaron varios miles de unidades, aunque nunca fue un producto comercial, siendo su ámbito de utilización las universidades y los centros de desarrollo e investigación.

4.1.22 Unisys

Burroughs pagó 4.8 billones de dólares por hacerse con el control de Sperry, y así crear Unisys, una empresa de 120.000 empleados con un volumen de ventas de 10.5 billones de dólares anuales. Pero mediados de los años ochenta, era el fin de la industria tradicional de la informática enfocada a empresas, basada en sistemas de miniordenadores cliente/ servidor, y el comienzo de la era de los sistemas personales y la subida al trono de las empresas de software como Microsoft.

Unisys comenzó su andadura continuando los pasos de las empresas de las que partía, vendiendo sistemas de computadoras sobre todo a agencias del gobierno estadounidense. Incluso en los años noventa, comenzó a vender también en Gran Bretaña, merced a contratos firmados con el gobierno británico.

Unisys ha estado durante años especializada en sistemas UNIX, orientados a su explotación en grandes corporaciones, siendo el ejemplo culmen de sus desarrollos, el Unisys ES7000. Este ordenador de tipo servidor, basado en microprocesadores Intel Xeon, Itanium o AMD Optaron, permite ejecutar Solaris, Suse Linux o Red HAT, el sistema Unisys OS2200 y Unisys MCP, además de algunas versiones de Windows Server.

4.1.23 Sun Microsystems

El 12 de febrero 1982 Andy Bechtolsheim, Vinod Khosla, y Scott McNealy, todos ellos estudiantes graduados de Stanford, fundaron Sun Microsystems. Bill Joy de Berkeley, programador de sistemas UNIX, se unió poco después. Le pusieron el nombre de Sun, derivándolo de las iniciales de la Red de la Universidad de Stanford (Standorf University Network). La empresa comenzaría a generar beneficios cinco meses después. El logotipo de Sun, que consta de cuatro copias intercaladas de la palabra SUN, fue diseñado por el profesor Vaughan Pratt, también de la Universidad de Stanford. La versión inicial del logo se había orientado a los lados horizontal y vertical, pero posteriormente fue rediseñado a fin de aparecer de pie en una esquina.

El primer producto de SUN, el ordenador Sun 1, el cual fue concebido por Andy Bechtolsheim aun antes de crear la empresa. Creó originalmente una estación de trabajo CAD personal, con posibilidades de conexión de red. Fue diseñado como un equipo con tres letras «m»: 1 MIPS de capacidad de procesamiento, 1 Megabyte de memoria RAM y 1 Megapíxel de resolución gráfica. Para sus propósitos utilizó el muy popular microprocesador Motorola 68000, haciendo uso de su administración de memoria (MMU) para apoyar el sistema operativo Unix, y dar así soporte a la memoria virtual. Durante esta década, la compañía continuó creciendo, con la introducción de nuevos productos no tan solo de hardware como su línea de microprocesadores RISC SPARC, sino también de software como la tecnología NFS, que permitía trabajar con archivos localizados en otras máquinas, a los usuarios de una red. En 1988 Sun Microsystems anunciaba unos beneficios de 1000 millones de dólares.

Los años noventa, todavía fueron mejores para la compañía, porque con la venta de sus servidores basados en UNIX, se convirtieron en la compañía estadounidense que más rápido crecía. A la par lanzaron con gran éxito su versión propia de UNIX, llamada Solaris. Además, justo cuando las cosas en la venta de hardware comenzaban a ponerse mal, con la llegada de nuevos competidores que  vendían hardware similar a mejor precio, SUN lanzó al mercado su lenguaje de programación Java. La idea que vio la luz en 1995 era crear un lenguaje de programación que permitiera el desarrollo de programas para cualquier plataforma. SUN pretendía vender la idea de que el futuro pasaba por un mundo de ordenadores muy limitados, conectados a potentes servidores, que serían lo que realmente realizaran el trabajo.

Sin embargo, las cosas no pintaron tan bien para SUN a partir de finales del siglo XX, porque la llegada al mercado de productos gratuitos basados en UNIX (todas las distribuciones de GNU/Linux), y de estándares abiertos en la programación, hicieron que progresivamente perdiera cuota de mercado.

4.1.24 MIPS Tecnologies

A pesar de lo relativamente desconocida de esta compañía dedicada al desarrollo y comercio de microprocesadores, sus aportaciones al mundo de la informática han sido importantes.

MIPS (Microprocessor without Interlocked Pipeline Stages), creó la arquitectura de microprocesador del mismo nombre, que es de tipo RISC, es decir, de un conjunto de instrucciones reducidas de computación. Inicialmente esta arquitectura de microprocesadores, se basada en 32bits, para luego evolucionar a los 64bits. MIPS32 y MIPS64 definen un registro de control, así como el conjunto de instrucciones. Los trabajos originales de la arquitectura RISC de MIPS comenzaron en 1981 en la Universidad de

Standford, para tres años después lanzarse sus creadores a la aventura empresarial. MIPS PC Systems Inc., fue fundada en 1984 por el citado grupo de investigadores de la Universidad de Standford, liderados por John L. Henessy, décimo presidente de esta universidad. No le fue difícil a John L. Henessy, localizar inversores que sufragaran los enormes gastos iniciales, que implica una empresa dedicada al desarrollo de tecnología. Tan rápido como en 1985, MIPS lanzó su primer microprocesador, el R2000. Esa CPU de 32 bits, y su actualización del año 1988 llamada R3000, fueron la principal fuente de ingresos de MIPS durante los años ochenta, y ampliamente utilizados en las computadoras orientadas al trabajo con gráficos de la empresa Silicon Graphics. De hecho, por razones comerciales se desvió el diseño original implementando por hardware instrucciones como multiplicación y división, para estas versiones. Silicon Graphics como aventura empresarial, al igual que MIPS, partió de la Universidad de Standford.

Con la llegada de la década de los noventa, MIPS lanzó el primer microprocesador de 64bits, el R4000. Este diseño fue tan importante para los de Silicon Graphics (prácticamente su único cliente), que Silicon Graphics Inc (SGI) compró MIPS en 1992 para garantizar que el microprocesador estaría disponible en un futuro. MIPS mantuvo cierta independencia dentro de SGI, y decidió licenciar sus diseños y el estándar RISC definido a terceras empresas. Hubo gran aceptación, e incluso Sun Microsystems intentó hacer lo mismo con su arquitectura SPARC sin conseguirlo. En 1997 las cosas le iban tan bien a MIPS que consiguió vender 47 millones de CPUs, más que Motorola con su familia 68000. Con esto MIPS compró su independencia de SGI, y pasó a ser una empresa independiente de nuevo en 1998.

La mayor fuente de ingresos de MIPS, proviene de licenciar su tecnología. NEC, Philips, Toshiba y Broadcom entre otros, obtuvieron licencia para fabricar el MIPS64. Éxito total. Lo más curioso de todo esto, es que el mayor uso en número de unidades de los microprocesadores de MIPS, se consiguió a raíz de equipar con ellos la serie de videoconsolas PlayStation de Sony.

4.1.25 Cray Research

Esta empresa fabricante de supercomputadoras, nació en 1972 fruto del trabajo del carismático arquitecto de computadoras Seymour Cray (1925-1996), y de su equipo. Cray sorprendió a propios y extraños con el lanzamiento en 1976 de la computadora vectorial Cray-1. Pero hasta llegar a este punto Cray había pasado por un largo camino. Seymour Cray estudió ingeniería eléctrica y matemáticas en la Universidad de Minnesota. Una vez conseguida su titulación universitaria, pasó la década de los cincuenta trabajando primero para Engineering Research Associates. Cuando esta empresa y las siguientes fueron siendo adsorbidas, acabó trabajando para la Remington Rand, y Sperry Rand. Allí participaría de manera activa en el diseño del UNIVAC 1103.

En 1957 seguiría a William C.Norris, cuando decidió marcharse de Sperry Rand junto con otros ingenieros, y fundar la Control Data Corporation, la que sería una de las ocho más importantes empresas de computadoras durante la primera y segunda generación. Trabajando en la CDC, desarrollaría su labor en el proyecto del CDC 1604, que fue uno de las primeras computadoras comerciales que utilizaba transistores, en lugar de tubos de vacío. Pero la verdadera vocación de Cray era la de crear la computadora más potente del mundo, y siendo así en 1962 Norris dió el visto bueno a la creación de un laboratorio para investigar sobre ello. Cray y treinta ingenieros más, crearon así en CDC 6600, mucho más barato y potente que la mejor de las computadoras con las que IBM contaba en aquel 1964. Históricamente suele ser considerada como la primera supercomputadora, por la gran diferencia que la separaba de su más inmediata competidora.

A finales de los años sesenta, CDC lanzaría otra supercomputadora al mercado, el modelo 7600. A ella le tendría que haber seguido la CDC 8660, que inicialmente se planteaba como una computadora formada por cuatro 7600 en un solo bloque. Tras cuatro años de proyecto, todo el trabajo demostró ser inútil, y el planteamiento inicial erróneo. Cray que dejó de tener apoyo financiero por parte de CDC, se marchó con parte de su laboratorio, y fundó la Cray Research Inc.

En 1976 saldría el primer esperado producto, el Cray 1, computadora que operaba con procesadores vectoriales a 80Mhz y 64Bits, refrigeración por freón, y 16 Megas de RAM. Pesaba 5.5 toneladas, y tenía una curiosa estética muy a la moda, en forma de columna circular. Los primeros compradores para esta supercomputadora llegaron solos, y empezaron las ofertas por parte del Lawrence Livermore National Laboratory y Los Alamos National Laboratory. Finalmente fue a Los Alamos, por 8,86 millones de dólares.

Después de esto, en el plazo de tres años, la compañía había vendido seis computadoras CRAY-1 con precios que oscilaban entre los cinco y los ocho millones de dólares. Pero Seymour Cray no se sentía satisfecho técnicamente con el diseño del Cray 1, y decidió diseñar un Cray 2, entre seis y doce veces más rápido que su predecesor. Recordemos que la filosofía de las computadoras Cray, era la de crear artefactos de cálculo automatizado, lo más rápido posible. El sistema operativo o las aplicaciones disponibles eran algo totalmente secundario. Un Cray prácticamente tan solo daba como opción ser programado en FORTRAM, lenguaje netamente orientado a las aplicaciones científicas y matemáticas.

El Cray 2, apareció en 1985, y tenía una potencia de cálculo de 1.9 megaflops (millones de operaciones de punto flotante por segundo). Para construirlo se empleaban 240.000 chips, metidos en una caja tan reducida, que el calor generado tenía que ser disipado por líquido refrigerante. El Cray 2 era en cierto modo una computadora dentro de una pecera de llamativos colores.

A mediamos de la década de los ochenta, la compañía era netamente rentable, puesto que controlaba gran parte del mercado de la supercomputación. De un total aproximado de 130 supercomputadoras a nivel mundial, 90 de ellas eran Cray. Entonces se decidió continuar con dos líneas de desarrollo, una la seguida por el ingeniero Steve Chen y su equipo, que daría como resultado el Cray X-MP, y otra dirigida por el propio Seymour Cray, para el diseño del Cray 3, que tenían intención de hacerlo basándose en chip semiconductores de arseniuro de galio, en vez de silicio. El proyecto Cray 3 previsto para final de la década, finalmente se canceló por problemas con el desarrollo de los chips de arseniuro de galio. El proyecto X-MP, dio como resultado una exitosa supercomputadora de 200 megaflops. Sorprendente para aquella época, aunque hoy en día sea menos de la mitad de la capacidad de cálculo de una videoconsola doméstica típica.

Tras el fracaso de su proyecto Cray 3, Symour iniciaría otro nuevo proyecto. Pero el mercado de principios de los noventa no demandaba ya supercomputadoras, todo lo más cuando la capacidad de cálculo de las arquitecturas RISC (*Reduced Instruction Set Computer*), se acercaba cada vez más a la de una supercomputadora. La compañía quebró en 1995, siendo entonces adquirida por Silicon Graphics (SGI). Al poco Seymour Cray no sobreviviría a un fatal accidente de tráfico.

4.1.26 Atari

Si hay algo con lo que Atari se identifica, es precisamente con cómo comenzó su historia como empresa: como pionera en el mundo de los videojuegos. Así que dedicaremos aquí algunos párrafos a la extensísima historia de los juegos basados en computadoras.

Profundizar en los orígenes de Atari, implica remontarse al año 1962, en que Steven Russell, junto a algunos de sus compañeros del *Tech Model Railroad Club* en el MIT, creó el videojuego Spacewar. Antes de SpaceWar pocos antecedentes históricos de juegos basados en computadora se pueden encontrar. OXO fue uno de ellos. Un juego de tres en raya programado para el EDSAC (un computador electrónico de 1949), creado en 1952 por Alexander S. Douglas. OXO es poco conocido, y eso se debe a que el EDSAC era un sistema único y propietario de la Universidad de Cambridge. Al juego de Douglas le siguió el que William Higinbotham programó para un osciloscopio en 1958. El juego se llamó Tennis for Two y este si que es considerado el primer videojuego jamás creado.

Pero volviendo a Spacewar, el juego consistía en dos cohetes del estilo de los que salían en las películas de ciencia ficción de la época, uno llamado "Wedge" y el otro "Needle". Se trataba de competir jugador humano contra jugador humano, y la cuestión era lanzar misiles uno contra otro, teniendo en cuenta parámetros de aceleración y fuerza gravitacional. Unos interruptores hacían girar las naves de manera muy similar a la que los hacía el videojuego Asteroides casi dos décadas después. Cada nave podía disparar 31 torpedos por turno y si uno de los torpedos daba a la otra nave, se terminaba la partida. Steve

Russel programó Spacewar en una minicomputadora Digital PDP-1, que funcionaba con tarjetas perforadas. El código original ocupaba un total de 9KB de memoria. Spacewar, fue verdaderamente el primer videojuego de éxito a gran escala. ARPA-NET, la red precursora de Internet, hizo que se copiara por otras universidades equipadas por un PDP-1. Esto se podía hacer sin problemás, porque Russel no patentó su juego. El quería que fuese de libre circulación, y en torno a él los adictos se multiplicaban.

El fundador de Atari, Nolan Bushnell (1943 -), fue uno de esos adictos al juego de Russel. Tanto le impactó, que a principios de los años setenta, creó una maquina operada por monedas copia de ese juego. El videojuego pasó a llamarse Computer Space, cuando Nutting Associates compró el diseño y fabricó 1500 unidades. Este primer videojuego operado por monedas fue un rotundo fracaso, porque resultaba demasiado difícil de manejar para el potencial usuario de la época, que jamás había visto un videojuego.

Sin embargo, Bushnell, como todo empresario de éxito, supo aprender de sus errores, y enseguida se dio cuenta de cuál fue el error en el planteamiento de su videojuego. Se decidió a seguir creando videojuegos operados por monedas, para poner en los bares, pero esta vez con el planteamiento de que fueran tan sencillos, que no fuera necesario leer ninguna instrucción para usarlos. Se asoció para este nuevo proyecto con su amigo Ted Dabney, y confiando en su proyecto siguió trabajando. La nueva empresa creada por esta asociación partió de 500 dólares de inversión al 50% por cada socio. Inicialmente se llamó Syzygy, palabra inglesa que en astronomía designa el momento en el cual un planeta o la Luna está directamente en línea con la Tierra y el Sol. Más tarde, en junio de 1972 cambiaron el nombre por el de Atari, que es la palabra que se utiliza en el juego de tablero chino llamado Go, cuando se logra posición de victoria sobre el contrincante. Bushnell eligió el nombre, en base a su gran afición a ese juego.

4.1.26.1 Pong

Para crear su primer videojuego, Atari se inspiró en la Magnavox Oddyssey, que era la primera consola comercial del mundo. En ella Bushnell vio un videojuego que le encantó por su sencillez. Era un juego de tenis, idéntico a lo que luego sería Pong. Allan Alcron fue el encargado de programar un tenis, que funcionara en un hardware lo más barato posible. Montaron un primer prototipo, y lo pusieron a funcionar en un bar. A los pocos días, el dueño del bar, un tal Andy Capps, llamó a Bushnell para decirle que su máquina estaba estropeada. El problema resultó ser que la máquina estaba repleta de monedas hasta más allá de su límite, lo que había hecho que dejara de funcionar. Viendo el inmenso éxito, decidieran no vender la licencia de producción a nadie, y que Atari distribuyera sus propios juegos. Pero para ello se necesitaba capital, y su inversión inicial de 500 dólares no era ni muchísimo menos suficiente. Conseguir el crédito fue difícil tarea, porque el mundo financiero de aquel entonces veía el emergente negocio de los videojuegos, como algo asociado con las mafias y los casinos.

Aunque finalmente consiguió un crédito de 50.000 dólares, poco, pero en principio suficiente.

Con el dinero del crédito Nolan Bushnell alquiló una pista de patinaje abandonada, y contrató personal no cualificado localizado a través de una agencia de empleo. Bushnell enseñó lo conocimientos necesarios de montajes electrónicos a estos primeros empleados, y consiguió tener 8500 máquinas Pong operativas para finales de 1972. Cada máquina constaba 500 dólares fabricarla, se vendían por 1500, y generaban unos 200 dólares por semana de explotación. Un tercio de esas máquinas, eran explotadas directamente por Atari, por lo que gran parte de los ingresos de la empresa venían en monedas, y los primeros sueldos de los empleados se pagaron directamente en estas monedas. En éxito fue enorme, y fueron varias las empresas que comenzaron a sacar clones de Pong al mercado, vendiéndolos más baratos que el original.

Aunque el verdadero problema no era ese. El problema era que la patente del juego de tenis electrónico, o todo lo que se le pareciera, pertenecía a Ralp Baer y a la empresa Magnavox. La patente decía «*La presente invención pertenece a un aparato y a un método, en conjunción con televisores estándares, monocromos o en color, para la generación, muestra y uso de símbolos o figuras geométricas en la pantalla del televisor para el propósito de simulaciones de entrenamiento, jugar juegos y para realizar otras actividades entre uno o más participantes*». Magnavox reclamó entonces a Atari el pago por el uso de la patente. Bushnell no quiso ir a juicio, y terminó pagando 700.000 dólares por un contrato que le permitiría comercializar todo tipo de juegos sin pagar ningún tipo de royalties más. Fue un buen trato, porque teniendo en cuenta los beneficios a los que habría las puertas con este acuerdo, fue muy barato.

Atari 2600

Atari se dedicó entonces durante el resto de la década de los setenta, a crear máquinas de videojuego de salón por monedas, y videoconsolas como la Atari 2600. El 1976 Bushnell vendió Atari a Warner Communications, y en 1978, Bushnell abandonó Atari por problemas con Ray Kassar, que era el presidente de la compañía puesto por Waner Communications. Con ello se dio un giro a la estrategia de mercado de Atari, que desde entonces se dedicó también al emergente mercado de las microcomputadoras domésticas. En base a esta decisión estratégica, se creó un nuevo departamento dentro de Atari, separado del de los videojuegos de salón y el de las videoconsolas, y exclusivo para el desarrollo de microcomputadoras. En este departamento trabajó el mítico Jay Miner, que para entonces ya había creado la videoconsola Atari 2600.

La Atari 2600, lanzada originalmente en 1977, fue una de las primeras consolas de videojuegos domésticas exitosas y desempeñó un papel crucial en la popularización de los videojuegos. Estaba equipada con un procesador MOS 6507, una versión modificada del 6502. Incluía una RAM de solo 128 bytes, lo que limitaba la cantidad de datos que podían ser almacenados y procesados en tiempo real, con una resolución de 160x192 píxeles. Además, su capacidad de audio era básica, y la consola podía generar sonidos simples y melodías limitadas. Los juegos se distribuían en forma de cartuchos, lo que permitía a los usuarios expandir su biblioteca de juegos fácilmente al adquirir nuevos cartuchos.

Atari 400

A finales de 1979 Atari presentó las microcomputadoras Atari 400 y Atari 800. Ambas se desarrollaron a partir de un diseño inicial de videoconsola de juegos pensada para ser la sustituta la Atari 2600. De esta forma se lanzó al mercado una versión de característica limitada denominada Atari 400, que estaba diseñada pensando casi exclusivamente en el jugador de videojuegos. Usaba al igual que el modelo superior un microprocesador MOS 6502B a 1´79Mhz, 4KB de RAM (que a la hora de comercializarla se convirtieron en 8KB), modo texto de 40x25 caracteres, resolución gráfica máxima de 320x192 píxeles máximos a 128 colores en resoluciones bajas, sonido de cuatro canales, unidad de cartucho, y teclado de membrana. Incorporaba también como novedad soporte para sprites, y contaba con chips específicos desarrollados para ambos microcomputadores. Estos chips, llamados ANTIC y CTIA, gobernaban los gráficos (posteriormente CTIA se sustituirían por GTIA), y el chip POKEY controlaba el teclado, el sonido, y las comunicaciones serie. El Atari 400 costaba 500 dólares de la época.

El Atari 800 era equivalente, pero inicialmente se pretendía comercializar con 8KB de RAM, saliendo finalmente al mercado con 16KB, para llegar a equipar a posteriori 48KB. Aparte de este aumento de RAM, el modelo 800 tenía un teclado de calidad. Ambas dos microcomputadoras permitían conectar una unidad de casete de 60 baudios, o de disquete de 5'25", y 10KB de ROM donde se incluía un intérprete del Atari Basic. La orientación de estas microcomputadoras era claramente hacía el mercado de los videojuegos, tanto es así que Atari comercializó finalmente la videoconsola originalmente planeada, aunque solo fuera en el mercado norteamericano. Esta videoconsola fue la Atari 5200, compatible por supuesto con todos los cartuchos de videojuegos de estas dos microcomputadoras. Dentro del mercado, el Atari 800 que era la competencia natural del Apple II, pero a un precio mucho más reducido, se vendió bastante bien, pero no tan bien como el modelo de equipar las escuelas estadounidenses. Aun así, la mismísima IBM estudió la posibilidad de fabricar microcomputadoras compatibles con la Atari 800, en vez de crear su propio desarrollo, cuando decidió lanzar al mercado lo que finalmente seria su PC.

El problema con el Atari 800 fue que era muy complicado y caro de construir. Tenía un blindaje muy pesado de aluminio integrado en la carcasa, para cumplir las normas de aquella época, restrictivas en cuanto a las emisiones de radio que causan interferencias en aparatos domésticos. Además de esto, integraba un total de siete tarjetas de circuito separadas para la RAM la ROM y el resto de los componentes. Por otra parte, la memoria RAM resultaba insuficiente si se le comparaba con sus competidores en el mercado de principios de los años ochenta. El diseño y las características eran francamente mejorables, a la vista de los productos de la competencia, y las posibilidades de la tecnología.

Resultado de la búsqueda de solución a este problema, en 1982 Atari comenzó el demorado proyecto Sweet 16, con la intención de crear un microcomputador compatible con los anteriores, con más RAM, en una sola tarjeta de circuitos integrados y de carcasa más liviana adaptada a las nuevas leyes de principios de los ochenta, referentes a la emisión de interferencias. Así nació el descalabrado 1200XL.

El Atari 1200XL, se lanzó al mercado contando con las novedades de 64KB de RAM, auto test inicial de hardware, y carcasa y teclado rediseñados. Pronto se hicieron patentes sus fallos de diseño, cuando se descubría que había un slot de expansión en la placa base, pero no un agujero en la carcasa para poder acceder a él. También faltaba un pin en el conector de monitor, haciendo que la imagen se viera menos nítida de lo inicialmente previsto, y se eliminó el alimentador de 12V del puerto serie que controlaba la casete externa. Los potenciales compradores bien informados, apenas mostraron interés en esta máquina, que fue retirada del mercado rápidamente en 1983. Para subsanar los errores, Atari lanzó dos rediseños llamados 600XL y 800XL. Sus principales diferencias eran una carcasa diferente, y que el 600XL tenía 16KB de RAM, frente a los 64KB del 800XL. Ambos tenían el intérprete Atari Basic incorporado, sin necesidad de comprar cartucho aparte.

La Atari 800XL fue el máximo exponente de los microcomputadores de 8 bits creados por Atari. Solucionaba todos los problemas de la 1200XL, y mejoraba su diseño y nivel de integración. Sin embargo, no triunfó todo lo que hubiera

merecido, entre otras cosas porque para la campaña de navidades de 1983, su máximo competidor, el Commodore 64, llevaba ya varios meses en el mercado y tenía gran stock de unidades. Por el contrario, a duras penas llegaron los Atari 800XL a las estanterías de las tiendas. Además de esto, el entonces presidente de Commodore Jack Tramiel, se había enzarzado en una guerra de precios a la baja con Texas Instruments que también había sacado su microcomputadora doméstica TI-99. Los clientes compraron másivamente el Commodore 64. Esto unido a la crisis de los videojuegos de 1983, hizo que la Warner Communications estuviera deseando vender la división de microcomputadores de Atari, a pesar de la buena aceptación del público de la serie XL.

Así fue como Jack Tramiel, creador y gerente de Commodore, y a la sazón principal causante indirecto de las pérdidas de Atari, llegó a hacerse con el control de la compañía. Jack Tramiel decidió debido a problemas internos en Commodore, vender sus acciones de la empresa, y marcharse el 13 de enero de 1984. Ya sabemos que de muy joven había sobrevivido al campo de concentración de Auschwitz y al doctor Mengele. El abandonar la empresa a la que tantos años y trabajo había dedicado no le supuso trauma alguno, y sencillamente continuó su camino. Con el dinero obtenido, compró a precio de saldo la división de microcomputadoras de Atari el 3 de julio del mismo año, y comenzó a crear nuevos productos. Así nacería la serie XE, una vez ya desestimados los nunca terminados de desarrollar 1400 (con modem de 300 baudios), y 1450XLD (con modem y disquetera incorporada).

De la serie XE, se lanzaron al mercado dos modelos, el 130XE y el 65XE. Se trataba de hacer otra vez máquinas compatibles con los modelos iniciales 400 y 800, con 128 y 64 KB de RAM respectivamente, y algunas mejoras menores, tales como puerto paralelo, y circuitería de la placa base optimizada. El éxito de la serie XE fue parcial. En 1987 se crearía un hibrido entre videoconsola y microcomputador, llamada XEGS, que no era sino un XE, sin teclado, con mando de juegos y pistola lumínica, al que sorprendentemente se le podía comprar aparte un teclado para convertirse así en un XE completo. En 1992 Atari dejó oficialmente de dar soporte a toda su serie de microcomputadoras de 8 bits. Incluidas estas.

ATARI ST

El gran proyecto de Tramiel, era crear una nueva serie de diseños de microcomputadoras, que fuera el reemplazo de gama XL. Repasando un poco lo ya citado, recordemos que la empresa Amiga, impulsada por un brillantísimo antiguo ingeniero de Atari llamado Jay Miner, había estado

trabajando para crear un nuevo estándar de microcomputadora, que a nivel gráfico tuviera un espectacular rendimiento. La idea era una pantalla a color con una imagen análoga a la de la televisión de la época, pero con el doble de nitidez y resolución. Amiga comenzó las negociaciones para la venta de su diseño a Atari, cosa que llegó a oídos de Commodore, la cual adquirió la licencia de la nueva máquina de forma inmediata sin apenas regatear.

Tramiel se dejó escapar esta microcomputadora para Atari. Jamás llegaría al mercado el Atari Amiga, por lo que Atari necesitaba un nuevo diseño de microcomputador rápidamente para poder mantenerse en el mercado. El primer paso fue conseguir un contrato de fabricación de Motorola, para abastecer con sus microprocesadores de la serie 68000 las líneas de producción de Atari. Después a trabajar en torno a este microprocesador, y en unos meses ya tenían el nuevo modelo, el llamado Sixteen ThirtyTwo.

El ST no superaba en particular a muchos de sus competidores en el mercado, pero general, analizando tanto el precio como hardware y el software disponible para la serie Atari ST, estos pueden ser catalogados en justicia como los mejores microcomputadores domésticos que a mediados de los años ochenta se podían adquirir. El enfoque inicial que Jack Tramiel quiso dar a la serie ST, era que pudiera hacer lo mismo que un Mac de Apple, pero más rápido, con mejores gráficos, y a un precio ocho veces inferior. Lo consiguieron. A nivel gráfico ST es cierto que no ofrecía tanta resolución como los Mac, pero si color y más rapidez. El teclado era de verdad, con todas las teclas que Apple no había incluido en su diseño y con un buen tacto. La unidad de disquete era estándar de 3'5" como la que se podía encontrar en cualquier PC o MSX2 de la época, y no tan peculiar como los de Mac o Amiga. Además de todo esto, como ya veremos, en un ST se podía ejecutar el software de un Mac o un PC.

Para crear el sistema operativo de la nueva máquina, Jack Tramiel contacto con la empresa de Gary Kindall, Digital Research. El nuevo sistema operativo, con una interfaz gráfica muy similar al Finder Mac, se llamaba GEM (Graphical Environment Manager). Se basaba en el uso de ventanas desplazables, iconos, punteros, una papelera para eliminar archivos, y un ratón que se manejaba de manera exacta a la del Macintosh. Tanto fue así que Apple decidió ir judicialmente a por Digital Research (en vez de a por Atari), dando como resultado que las futuras versiones de GEM para los compatibles PC, fueran sustancialmente modificadas. Sin embargo, las versiones de GEM para Atari quedaron sin modificar. La versión de Atari, incluía compatibilidad con CP/M, un programa llamado *Calamus* de autoedición profesional integrada del tipo que lo que ves en pantalla sale por la impresora, y la posibilidad de hacer que todo esto se imprimiera por una impresora láser rápida y barata, la SML-804.

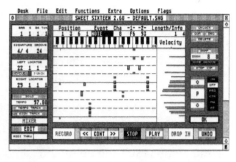

Aunque el verdadero punto fuerte del Atari ST era la música. Este microcomputador dotado de puerto MIDI fue la plataforma favorita de la mayoría de los músicos profesionales desde mediados de los ochenta hasta bien comenzada la década de los noventa, con aplicaciones como el Notator y el Cubase. El MIDI (Interfaz Digital de Instrumentos Musicales), es un estándar creado en agosto de 1983, y que permite a todo tipo de dispositivos musicales electrónicos comunicarse y compartir información, con el objetivo de crear música. El Atari ST incluía de serie un puerto de comunicaciones MIDI, y tenía la suficiente potencia como manejar software capaz de sacar partido de esta característica. Además de esto y, sobre todo, el Atari ST era un sistema extremadamente estable y confiable.

En realidad, a mediados de la década de los ochenta, la lucha en el mercado de las microcomputadoras doméstica se libraba básicamente entre dos bandos. En uno los IBM PC y sus compatibles de bajo precios, y en el otro los siempre carísimos y elitistas Apple Macintosh. Entre ellos había un tercer contrincante situado entre los dos competidores, que sorprendentemente el mercado mundial ignoraba: los Atari ST. El ST contaba con software propio de calidad, y emulaba tanto al PC como al Mac, y el precio de un modelo de gama alta, era el mismo que el de un PC de gama baja. El *Atari MEGA STe* fue la última máquina de la serie ST de Atari en 1991.

Atari afrontó los años noventa en pleno retroceso, intentando igual que Commodore vender bajo su marca compatibles PC de bajo precio. Sin embargo, los PC de Atari eran extremadamente peculiares, en detalles como el ratón, que era el mismo que el del Atari ST, haciéndolo incompatible con cualquier otro de PC.

En 1993, Atari lanzó al mercado sin éxito la videoconsola de 64 bits Jaguar. Sin funcionar la división de videoconsolas, y tampoco la de ordenadores, en 1996 la familia Tramiel dejó el negocio dando como resultado un rápido cambio de dueños. Así en julio de 1996, Atari se fusionó con JTS Inc. Esta empresa se dedicaba a producir discos duros, y de la fusión nació la JTS Corp. Con ello el nombre de Atari desapareció del mercado.

4.1.27 Tandy

En 1919 nació una empresa que en sus comienzos se dedicó a producir artículos de cuero en Fort Worth, Texas. Dos amigos, Norton Hinckley y Dave L. Tandy fueron sus fundadores, y su primer producto fueron diversos tipos de zapatos de cuero. Ese fue el negocio de Tandy durante medio siglo, hasta que, en 1962, aprovecharon la oportunidad de hacerse con la empresa de electrónica RadioShack, de Boston, Mássachusetts. RadioShack fundada en 1921 por los hermanos Theodore y Milton Deutschmann, se había dedicado durante años a la fabricación de radios, y equipos de alta fidelidad, pero una mala gestión a comienzos de los sesenta, con un crecimiento en puntos de venta por encima de lo razonable, le llevó a la bancarrota. En paralelo, Tandy a través de InterTAn realizaba otra operación en Gran Bretaña, adquiriendo otra empresa similar. En Tandy se apostaba por orientar los negocios hacía el mundo de la microelectrónica, siendo esta empresa una de las más activas partícipes de la revolución de las microcomputadoras personales, de los años setenta.

TRS-80

El punto de inflexión ocurriría el 3 agosto de 1977, con el anuncio en rueda de prensa del Tandy TRS-80 Model I. Diseñado por Don French y Steve Leininger, contaba con microprocesador Zilog Z80 a 1.77 Mhz, 4 KB de RAM, y otros 4KB de ROM con un intérprete Basic. Inicialmente el planteamiento era que, si no se conseguía venderse bien, las unidades fabricadas se utilizarían para equipar las tiendas de la cadena RadioShack. Sin embargo, se vendió tan bien, que Tandy crearía nuevas versiones mejorando el original. El modelo Level II comercializado en mayo de 1979, tenía 16KB de RAM, y 12KB de ROM con una versión ampliada del Basic, creada por Microsoft. Tenía un teclado muy grueso, bajo el cual se encontraba la circuitería principal. Fue la primera en usar este diseño, que luego adoptaría entre otros Commodore en su modelo VIC-20. Venía acompañada con un monitor en blanco y negro que no era sino un televisor modificado RCA XL-100 de 12 pulgadas sin sintonizador. Permitía también la conexión de casete o de unidades de disco flexible de 5'25".

El Model III de julio de 1980, integró el conjunto en una bonita carcasa, y mejoró el hardware original. Esta nueva versión, por fin permitía visualizar letras minúsculas, además de equipar un Z80 más rápido y contar con un mínimo de 64KB de RAM, puerto paralelo, y puerto serie, además de la pantalla de 16 líneas por 64 caracteres del modelo original.

Después de este, el Model 4 de abril de 1983, permitiría como gran novedad el trabajo directo con el sistema operativo CP/M, en modo texto de 80x24 caracteres. Toda esta línea de TRS-80 eran compatibles entre si a nivel de software, y como computadoras personales estaban más orientadas al pequeño negocio, que al mercado doméstico. Esto llevaría a que muchos fabricantes crearan clones baratos de esta microcomputadora, como la LOBO MAX-80 de la imagen en Norteamérica, o la Aster CT-80 en Holanda.

Color Computer

Por otra parte, una vez las siglas TRS-80 eran conocidas en el mercado, Tandy creó nuevos productos orientados esta vez al mercado doméstico. Así nació TRS80 - Color Computer de 1980, también llamado CoCo. Esta vez Tandy cambió de microprocesador, y usó un Motorola 6809 a 0.89MHz por lo que no era compatible con la línea anterior. Motorola por aquel entonces daba muchas facilidades a la compra por parte de fabricantes de microcomputadoras de su microprocesador, a pesar de ser un producto más caro. El microprocesador de Motorola era a todas luces el más avanzado de los micros de 8 bits, e incluso con el se entregaba un esquema básico de microcomputadora creada a partir de él, que fabricantes como Dragon Data Ltd. o la propia Tandy utilizaron. El CoCo venía con 4KB de RAM que podían llegar a ser 32KB, y en su ROM de 8KB incorporaba un intérprete Basic de Microsoft, el Tandy Color Basic. Su teclado era de goma como el de una calculadora, y podía mostrar 32x16 caracteres en pantalla solo en mayúsculas, y gráficos de 256x192 en un máximo de 16 colores de una paleta de 64. Algo mucho más apropiado para los videojuegos que sus sistemas anteriores, a pesar de que para abaratar costes no integrara ningún hardware especializado en sonido ni video.

Con el éxito del CoCo, Tandy crearía nuevas versiones mejoras con más RAM, mejores gráficos, y un teclado de verdad (modelos Coco 2 y 3). Incluso creó algunos cartuchos de extensión que dotaban al CoCo de un sintetizador de sonido y de voz, un módem de 300 baudios, un controlador de diskettes, una interfaz serie RS232, un controlador de disco duro, un adaptador de música estéreo, una tableta digitalizadora, o un ratón. También buscando el mercado del más barato todavía, crearía una versión reducida llamada TRS-80 MC-10 en el afán de competir con el Sinclair – Timex ZX-81 que comenzaba a quitarle mercado.

Tandy lanzaría en 1983 bajo las siglas TRS-80 un modelo portable fabricado por Kyocera en Japón. Su nombre completo era TRS-80 Model 100, y tenía un Intel 80C85 CMOS a 2.4 MHz, 32K ROM, 32K RAM estática, y una pantalla LCD de 240 por 64 píxels, y un modem de 300 baudios incluido. En esta línea lanzaría también los TRS-80 Pocket Computer, un producto inicialmente de Sharp tipo calculadora programable que fabricantes japoneses como la propia Sharp o Casio, fabricaban con gran éxito. De hecho, por ejemplo, la TRS-80 PC-5 Pocket Computer era idéntica a la Casio FX-780P.

Por último, también Tandy copó parte del mercado, con su línea de computadoras compatibles con el IBM PC. Estas microcomputadoras fueron las Tandy 1000 y Tandy 2000, fabricadas originalmente por Tandon Corporation, y después por ellos mismos. Los Tandy 1000 se diseñaron originalmente como compatibles IBM PC Jr. por lo que tenían los modos MDA/CGA estándar y un modo de 16 colores especial, además de eso contaban con tres canales de sonido mono, gestionado mediante un DAC (conversor digital analógico) compatible también con el del IBM PC Jr.

A finales de la década de los ochenta, Tandy abandonaría el negocio de las microcomputadoras, para continuar con sus otras actividades empresariales.

4.1.28 Apple

La historia de Apple comenzó como la de tantas otras empresas relacionadas con la informática, que nunca consiguieron triunfar. En 1971 Bill Fernández, que más tarde se convertiría en uno de los primeros empleados de Apple, presentó al joven Steven Wozniak de 21 años, a un adolescente Steven Jobs de tan solo 16 años. Steven Wozniak, al que siempre le ha gustado que le llamen Woz, era ya por aquel entonces un electrónico consumado. Jobs por el contrario era un aficionado a la tecnología de las microcomputadoras, con limitados conocimientos técnicos. A pesar de esto, Jobs desde el principio demostró tener talento los negocios, y tener una visión tan clara del mercado y de los productos que este necesitaba.

Steven Wozniak había sido precoz en el tema de la microelectrónica desde el principio. A los trece años construyó su propia máquina de restar y sumar, con transistores regalados por un ingeniero amigo de su familia, que trabajaba en Fairchild. Con el tiempo cursaría estudios de Ingeniería y Ciencias de la computación en la Universidad de Berkeley.

Jobs, de origen sirio hijo de una joven universitaria soltera que lo entregó en adopción, también llegó a la universidad (Reed College, en Portland, Oregon), pero asistió solo seis meses debido al elevado costo que suponía, y que no podía afrontar. Aun así, durante unos meses continuó asistiendo como oyente a las clases que le interesaban, como la de caligrafía. Así pasaría tres años. Woz pidió una licencia en Berkeley para ir a trabajar a Hewlett-Packard en el diseño de calculadoras, y Jobs consiguió trabajo en Atari. Al Alcorn el cofundador de Atari diría tiempo después, que el director de personal fue a verlo y le dijo, que tenía un hippie que parecía haber venido de las montañas pidiendo trabajo, y que si llamaba a la policía. Alcorn quedó intrigado por la personalidad de Jobs y optó por reclutarlo. Con Jobs dentro de Atari, Woz terminó siendo responsable del desarrollo del videojuego Pong para un sólo jugador que quería Bushnell. Se llamó BreakOut (el famoso juego de la pared de ladrillos y la pelota que rebota). Durante cuatro noches Wozniak desarrolló BreakOut basándose en las especificaciones de Atari, y Jobs lo ensambló e hizo el negocio. Al parecer Atari gratificó a Jobs con un extra de 5000$ por el minucioso trabajo de Woz, que consiguió ahorrar más de cincuenta chips del diseño original, cosa que Jobs ocultó a Woz. El bueno de Woz, seguía pensando que el pago del trabajo era como inicialmente se pactó 750$, sin embargo, Woz recibió 375$ por aquello, y Jobs 5375$. Con el tiempo Woz descubriría el engaño.

Mediados de los años setenta, era un auténtico paraíso de novedades en el terreno de la microelectrónica y las computadoras. La industria de los semiconductores había madurado, y comenzaba a dar sus frutos. Siendo así, Woz visitó por aquel entonces una de tantas ferias de microelectrónica en San Francisco, y fue allí donde tomó contacto con el microprocesador MOS Technology 6502. Este circuito integrado, de coste muy inferior a la competencia, le permitiría desarrollar el microcomputador que tenía en mente desde hacía tiempo. Así desarrolló su diseño y lo implementó, con un resultado mucho más limpio que el microcomputador en KIT Altair, que la empresa MITS comercializaba por aquella época. Woz estaba especializado en optimizar circuitos, así que utilizaba menos componentes para su computadora que Altair. Cuando presentó su diseño a la gente del club de aficionados de la microelectrónica y los microcomputadores, Homebrew Club, quedaron asombrados. Paul Terell de Byte Shop, en ese momento la única cadena de venta de microcomputadoras quedó tan impresionado que solicitó cincuenta unidades ya montadas, estando dispuesto a pagar 500$ por cada una. El aparente problema era que Woz, estaba obligado por contrato a ofrecer cualquiera de sus desarrollos a HP, así que tuvo que presentar su microcomputadora a su supervisor en HP, por si este consideraba que su diseño debía ser explotado por HP. Los de HP no vieron ninguna utilidad a la microcomputadora de Woz, y le dieron vía libre para hacer lo que quisiera con su diseño.

Dicho y hecho, se cuenta que entonces en 1976 Jobs vendió su Volkswagen Omnibus, y Woz su calculadora HP-65, y aquí un dato bastante desconocido, uniéndose a otro empleado de Atari llamado Ron Wayne, los tres juntos crearon la Apple Computer. La empresa quedó establecida con tres socios fundadores, en el garaje de Jobs en el 2066 Crist Drive de Los Altos, dedicándose inicialmente a fabricar los Apple I, de los que por 666,66$ se vendieron poco a poco hasta un total de 175 unidades. Hay básicamente dos versiones que explican el porqué del nombre de la nueva compañía. Una dice que Jobs pasaba las horas trabajando en el garaje de su casa fabricando unidades del modelo número uno, basando su dieta en manzanas, y de ahí el nombre. Otra que hacía

referencia a la famosa manzana que cayó sobre la cabeza de Newton, y que fue el detonante del desarrollo de las leyes de la gravitación universal, pretendiendo dar a entender que las computadoras Apple producirían el mismo efecto en sus usuarios. Este argumento desde luego queda claramente plasmado en el primer logotipo de Apple. Ron Wayne diseño este logotipo, además de escribir los manuales del Apple I. En él se puede ver a Sir Isaac Newton, sentado bajo un manzano, y en el marco que rodea la imagen escrito: Newton..."*A mind forever voyaging through strange seas of thought...alone.*" (Newton...una mente siempre viajando a través de los extraños mares del conocimiento...sólo). Esta cita era de William Wordsworth, uno de los poetas románticos ingleses más conocidos. Ron Wayne, abandonó la empresa al año siguiente de su fundación, por no confiar en el éxito financiero de la misma a corto plazo. Ron Wayne había tenido que cerrar su propia empresa de ingeniería hacía cuatro años, así que cuando le surgió la oportunidad de Apple, ni siquiera dejó su empleo en Atari (en realidad tampoco Jobs había dejado de trabajar en Atari, ni Woz en HP). El 10% de acciones que le correspondían de la empresa, las vendió en 1977 por 800$. Cinco años después, en 1982, ese 10% valía 1500 millones de dólares. Con la partida de Wayme, Jobs decidió cambiar el logotipo de Apple, por otro menos elitista y más acorde con los tiempos en los que vivían, así que cambió el estilo clásico y académico de Wayne, por la silueta de una manzana multicolor.

Apple I

La Apple I fue de las primeras microcomputadoras vendidas con teclado y posibilidad de conexión a una pantalla de televisión estándar, todo ello montado en una bonita caja de madera a gusto del consumidor. Venía equipada con un microprocesador MOS Technology 6502 a 1Mhz, 4KB de RAM ampliables a 8KB en placa base, o hasta 48KB con tarjetas de expansión, una ROM de 256 bytes, y gráficos de 20x24 caracteres, con scrolling implementado por hardware. De serie incorporaba un desensamblador en la ROM, lo que era todo un avance respecto del codificado en binario que entonces tenían sus competidores. Con la interfaz de casete de 75$, se incluía un intérprete BASIC en cinta.

Las ventas no estaban mal del todo para la Apple I, e incluso se comenzó con el diseño del modelo Apple II. Pero al enterarse Jobs en 1977, del pelotazo que había dado Ed Roberts al vender MITS (la fabricante del exitoso Altair) por seis millones de dólares, intentó hacer algo parecido ofreciendo la todavía sin consolidar Apple a HP y a Atari entre otros. Realmente Apple no era un negocio todo lo rentable que se podía esperar, porque ni siquiera estaba claro que la idea de una microcomputadora personal, fuera a triunfar, así que no mostraron interés. Curiosamente entonces un joven Bill Gates, asociado con Chuck Peddle (el creador del microprocesador que era el núcleo del Apple I), ofrecieron 100.000$ por Apple. Jobs quiso 150.000$ y al final se tuvo que quedar con su empresa, y su maltrecha economía. La situación dio un giro, cuando el empresario Mike Markkula invirtió 250.000$ en Apple, siendo este el punto de inflexión que marcó la diferencia entre una pequeña empresa a punto de desaparecer, y una empresa capaz de sacar nuevos productos al mercado. Markkula había sido gerente de ventas de Fairchild primero, y de Intel después. Tan solo con 38 años vendió todas las acciones de estas empresas que había acumulado, y se retiró. Aun así no dejó a un lado el mundo de los semiconductores, y al ver una oportunidad en Apple, con su cheque compró la tercera parte de la empresa, catapultándola al éxito.

El principal motivo que atrajo a Mike Markkula a Apple fue el nuevo diseño de la Apple II, rotundo éxito. Inicialmente Jobs contactó con Regis McKeena, que trabajaba para Intel, y era considerado el mejor agente publicitario del Silicon Valley. Del trabajo de McKeena para Apple, salió el logotipo que sustituyo el original de Wayne, y él contactó con el inversor Don Valentin, que rechazo la oferta de invertir en Apple, derivándola a Mike Markkula. En esta operación la sede de Apple pasó del garaje de Jobs, a una pequeña oficina en Cupernico, Woz y Jobs dejaron sus trabajos para Atari y HP, y Apple se convirtió oficialmente en una corporación, girando todo su negocio entorno a su nuevo y flamante Apple II.

Apple II

La Apple II se presentó en 1977 en la feria West Coast Computer Faire. En la placa base seguía llevando el 6502 a 1 Mhz del Apple I, pero incorporaba además ocho slots de ampliación. Tenía en ROM el intérprete Basic llamado Integer BASIC, que solo calculaba con números enteros, además del Sweet 16, un miniensamblador. Todo ello con la gran novedad del color en los gráficos. El Apple II con el tiempo se convirtió en un mito, dado que varias generaciones de informáticos norteamericanos se iniciaron con un Apple II. Aunque el diseño de Woz, ha sido alabado y puesto como ejemplo a estudiantes de arquitectura hardware de computadoras durante décadas, no estaba exento de fallos. La placa base que inicialmente equipaba el sistema, tenía fallos, y se le hicieron varias mejoras. En modo texto la versión inicial, no desactiva el color del circuito de video y los caracteres aparecían tintados por el borde. Además, en modo color tenía solo cuatro colores en lugar de los seis de la placa revisada. A esto se le unía que no permitía modificar la señal de video al modo europeo PAL de 50Hz, y no disponía de un conector video protegido. Tampoco reconocía la RAM exacta del sistema cuando la configuración era de 20 o 24 Kb. Para terminar la interfaz de casete provocaba interferencias con el altavoz, y su señal de entrada era muy sensible.

Sin embargo, Apple hizo un planteamiento excelente con su Apple II, en el terreno en el que la mayoría de sus competidores presentes y futuros fallarían: la disponibilidad de software, las posibilidades de ampliación, y la licencia de fabricación de clónicos a terceros. Eran muchas las compañías que se dedicaban al desarrollo de software de todo tipo para el Apple II, estando disponibles para él aplicaciones tan demandadas como la hoja de cálculo VisiCalc. De hecho, VisiCalc fue la primera hoja de cálculo comercial disponible para una microcomputadora, y lo estuvo en primer lugar para Apple II a partir de 1981. Dan Bricklin que era licenciado en ingeniería eléctrica e informática por el Instituto Tecnológico de Mássachusetts, y en gestión empresarial por la Universidad Harvard, fue junto a Bob Frankston su principal artífice.

Al éxito del Apple II contribuyó el uso generalizado del rápido disco flexible, en detrimento de las lentísimás casetes, lo que en la práctica permitía desproteger y copiar todo tipo de software. Si a esto unimos la tarjeta Z80 que le permitía ejecutar el sistema operativo CP/M, y abrirle así la inmensa biblioteca de software disponible para este sistema, las posibilidades del Apple II eran enormes para la época. Pero con la llegada de nuevos competidores al mercado como Atari y Commodore, y sobre todo con el rumor del inminente lanzamiento por parte de IBM de una microcomputadora, en Apple se toma la decisión estratégica de renovar su Apple II. El resultado sería la Apple III, que lanzada en mayo del 1980, incorporaba como gran novedad la posibilidad de una unidad de disco duro.

Apple III

Con el Apple III, el planteamiento inicial era crear una computadora para el mercado de los negocios, comenzando su equipo de diseño a trabajar a finales de 1978 bajo la dirección de Wendell Sander. El proyecto tuvo como nombre en código Sara, que era el nombre de la hija de Sander. Partiendo de la necesidad de compatibilidad con el anterior  modelo, se instaló un microprocesador de 8 bits Synertek 6502, que funcionaba a 2 MHz, el doble de la velocidad del Apple II. Podía equipar un máximo de 128 Kilobytes de memoria RAM, contaba con un teclado de calidad y una disquetera interna encajada en la carcasa del teclado, de 5'25" y 143K. Internamente tenía cuatro ranuras de expansión, que aceptaban tarjetas para Apple II, y era posible además conectarle periféricos adicionales a través de los dos puertos serie incorporados en la parte posterior. Sin embargo, el Apple III tenía un muy grave problema de diseño. Las placas y los circuitos dentro de la carcasa estaban alojados en espacios demasiado pequeños, sin ventilación, dando como resultado un sobrecalentamiento y el fallo continuo del sistema, cuando no la avería. Hasta el 9 de noviembre de 1983 no se lanzó un modelo con este problema solucionado, la Apple III plus, que además incluía 256KB de RAM. Para entonces era demasiado tarde, IBM ya se estaba comiendo el mercado empresarial con su PC.

El principal problema encontrado en el desarrollo del Apple III fue la actitud y la influencia de Steve Jobs en su diseño, algo que no quedaría oculto a los oídos del por aquel entonces gerente de la empresa Mike Markkula. Jobs no quería ningún ventilador en el ordenador, decía que quedaban antiestéticos, eran ruidosos y además incrementaban la interferencia electromagnética que había sido uno de los grandes problemas del Apple II. Jobs pensaba que el chasis del Apple III, diseñado completamente en aluminio sería suficiente para refrigerar todos los circuitos electrónicos de su interior. A su vez, desde el punto de vista de la estética y diseño, forzó a los ingenieros a meter todos los componentes electrónicos en espacios pequeños sin ningún tipo de ventilación posible. Este planteamiento sería muy válido para el desarrollo del futuro Macintosh, no para el Apple III. Pero aparte de la ventilación había más problemas. Tan importantes como que algunos cables producían cortocircuitos. Para abaratar costes, no se usó oro para las conexiones en una época en la que todavía no se conocía un sustituto mejor. De esta manera se perdió fiabilidad. Para diseñar las placas, se había utilizado un programa de CAD-CAM que incorrectamente parametrizado, creó unas placas de circuito impreso con líneas muy juntas, haciendo que durante el proceso de fabricación muchas de las soldaduras provocasen cortocircuitos. Se tuvo que rehacer el diseño de los circuitos impresos a mano para poder solventar esos problemas. Por si todo lo anterior no fuera poco, el chip que controlaba la frecuencia de reloj proporcionado por National Semiconductor funcionaba mal. Las nuevas funciones de calendario y agenda perpetuos eran completamente inútiles. El 10 de febrero del año 1981 Apple decide hacer público que desactiva la funcionalidad de reloj de los Apple III, cuyo chip estaba soldado en placa y no se podía cambiar. También anunció entonces que bajaba el precio de los ordenadores a 4.190 dólares, devolviendo 50 dólares a la gente que lo compró anteriormente dado que el equipo no cumplía con las características anunciadas. En marzo de ese mismo año se empieza a distribuir en grandes volúmenes, pero se estima que el 20% de las máquinas salían de fabrica completamente inservibles, y que el resto de las que funcionaban fallaban al poco tiempo. Tan solo las buenas ventas del Apple II salvaron a la empresa, más aún cuando el siguiente producto que lanzarían, el Lisa, tampoco resultó exitoso.

Lisa

El Lisa supuso el primer intento por parte de Apple de crear una microcomputadora basada en una interfaz gráfica de usuario de ventanas. El proyecto inicial se había iniciado también en 1978 al igual que el Apple III, pero no como sustituto y evolución hacía el mundo empresarial de Apple II, sino como un nuevo producto cien por cien orientado al mercado empresarial, que en Apple se consideraba había de ser su objetivo principal. La idea de fondo era competir directamente con IBM, con una filosofía totalmente diferente, con lo que se conseguiría mediante técnicas de marketing vender un producto más o menos novedoso, y de calidad estándar, a precios desorbitados.

Lisa oficialmente significaba Local Integrated Software Architecture (Arquitectura de Software Integrada Localmente), aunque se rumoreaba en Apple, que se le puso ese nombre al proyecto, por ser este el de una hija que Jobs tuvo, y que el acrónimo se intentó encajar una vez decidido el nombre. Otros decían que LISA significaba Let's Invent Some Acronym (Vamos a Inventar Algún Acrónimo). Sea como fuere Jobs terminó siendo apartado del proyecto Lisa en 1982, para centrarse en el Macintosh, comenzando la comercialización del Lisa en enero de 1983, por una astronómica cantidad cercana a 10.000$. En el se copiaba las ideas que años atrás Jobs había visto en una visita al Xerox Parc, plasmadas en el Xerox Alto. Ni tan siquiera el Lisa fue en primer ordenador personal comercializado, basado en una interfaz gráfica de usuario (GUI), y un ratón. Xerox había lanzado al mercado en 1981 el Xerox Star, cuyo nombre oficial era "*8010 Star Information System*" (Sistema de Información Estrella 8010), que ofrecía dos años antes que el Lisa, básicamente lo mismo.

Lisa tenía un microprocesador Motorola 68000 a 5Mhz, 1 MB de memoria RAM, dos unidades de disquete de 5'25" de 871KB cada una, y como opción estaba disponible además una unidad externa de disco duro llamada Apple Profile de 5 MB, que originalmente había sido diseñada para el Apple III. El modelo posterior, el Lisa 2, sustituiría las problemáticas unidades de disquete de 5'25", por unas nuevas de 3'5", y el disco duro externo por uno de 5MB o 10MB esta vez interno. El sistema operativo del Lisa era multitareas no preferente, y poseía la capacidad de trabajar con memoria virtual. El problema de la memoria virtual era que el disco duro era lento, con lo que el sistema parecía bloqueado la mayor parte del tiempo cuando hacía uso de esta característica.

Una vez puesto en el mercado, el Lisa fracasó estrepitosamente. Los clientes potenciales de la nueva creación de Apple se resistían a pagar los 10.000$ que Apple pedía por su producto, y preferían comprar el IBM PC, que era menos costoso, estaba abalado por la mayor multinacional de computadoras del momento, y era mucho más rápido en respuesta que el sistema gráfico del Lisa, realmente no imprescindible a la hora de general resultados y sacar adelante el trabajo. La línea del Lisa se discontinuó en 1986, tras sacar el modelo original, el Lisa 2, y el que por temás de marketing llamaron Macintosh XL (un Lisa con los 64KB de ROM del sistema operativo del Macintosh). El cliente más grande que consiguieron para el Lisa fue la NASA, la cual usó el software LisaProject para administración de proyectos, por lo que acabaron teniendo serios problemas cuando el Lisa fue discontinuado. Tanto fue así que, en 1989, Apple enterró cerca de 2.700 Lisas que no se vendieron en un terraplén en UTAH, consiguiendo una anulación de impuesto en la tierra que alquilaron para ello.

Mientras todo esto pasaba con las computadoras de Apple y el mercado, el equipo humano de Apple evolucionaba. En 1981 Wozniak había tenido un accidente con su pequeña avioneta de recreo mientras intentaba aterrizar. Pasó cinco semanas para recuperarse de la amnesia sufrida después del impacto, tras lo cual se dio cuenta de que tenía una vida por delante más allá de su relación con Apple. Jobs le pidió que se quedará, pero Woz regresó a Berkeley, para obtener finalmente su diploma de ingeniería. Nunca más formó parte de ningún equipo de ingeniería de Apple, e incluso con el tiempo llegó a tener más acciones de Microsoft que las que nunca tuvo de Apple. Así estaban las cosas, cuando en medio del fracaso del Lisa y el Apple III, y el desarrollo del Macintosh, Markkula y Jobs decidieron recurrir a un profesional de marketing para que dirigiera la compañía. La persona elegida, había estado durante años gobernando las campañas de marketing de una multinacional que vendía agua azucarada, la Pepsi, que gracias a él había comido terreno año tras año a su histórico competidor, la Cocacola. Su nombre era John Sculley. Jobs aceptó que él mismo no tenía las cualidades suficientes para dirigir a Apple, y pensó que, si el objetivo de Apple era la IBM igual que el de la Pepsi era Cocacola, entonces Sculley era su hombre.

Macintosh

Con Sculley dirigiendo Apple, Jobs se centró en el proyecto Apple Macintosh. Escogió personalmente un equipo de ingeniería y adquirió un edificio exclusivo para el proyecto con una bandera con una calavera con tibias cruzadas, con el logotipo de Apple en donde debería estar el ojo. *«Mejor es ser pirata que ingresar en la marina»* decía.

Los programadores, mientras que en Pascal desarrollaban el sistema operativo del Mac, recibían palos y agasajos a partes iguales. Se comenta que en un día de campo, puso al equipo de la Macintosh en un bando, y a los demás en otro, haciéndolos pelear entre ellos. Esas peleas y filosofía de trabajo terminaron mal. Tanto Sculley como Markkula, decidieron que Steve Jobs tenía que dejar Apple porque su influencia sobre los nuevos productos era nefasta. El precio de las acciones de Apple había bajado de sesenta y cinco dólares en sus mejores momentos, a solamente veinte en la primavera de 1985. Jobs fue enviado a un pabellón aparte del resto, al que internamente llamaron Siberia, hasta que finalmente decidió coger su dinero y marcharse.

Pero en Apple seguían adelante, y el Macintosh original de 128KB (Macintosh es una palabra del inglés, que en español se traduce como "impermeable" y que es una variedad de manzana por otra parte, descubierta en 1796 por John McIntosh) fue lanzado el 24 de enero 1984. Fue el primer ordenador personal exitoso que se comercializó con una interfaz gráfica de usuario y un ratón. Su línea evolutiva llega hasta nuestros días de la mano de Apple, que tan solo anecdóticamente permitió la creación de clones.

En el mercado había más computadoras basadas en GUI, pero en Xerox Alto costaba 32.000$, un Xerox Star 16.000$ y un Lisa de la propia Apple 10.000$. El Mac costaba "solo" 2500$. Por ese precio el cliente accedía a una bonita máquina de atractivo diseño externo, equipada con un Motorola 68000 a 8Mhz, 64 KB de ROM, 128KB de RAM, una pantalla monocroma de blanco o negro (sin escala de grises) de 9 pulgadas y con resolución de 512x342 pixeles, disquetera de 3'5'', teclado de juguete y ratón de un solo botón. Además de esto contaba con sonido estéreo, un puerto serie, uno paralelo, e incluso conector SCSI en la versión Plus. Aunque lo que realmente haría revolucionario al Mac era su software, concretamente su sistema operativo Mac OS 1 original, que había sido desarrollado en ensamblador 68000 y Pascal, tenía escritorio, ventanas, iconos, mouse, menús y barra de desplazamiento. La papelera no permitía recuperar archivos una vez apagado el sistema, y tampoco se podía trabajar en dos aplicaciones al mismo tiempo. No era ni multitarea ni permitía memoria virtual. También era imposible crear una carpeta dentro de otra carpeta, y de hecho todos los archivos eran guardados en la misma dirección del disco, creándose una nota en la tabla de archivos para que cada archivo estuviera en su respectiva carpeta. Así el Finder (el equivalente al explorador de

Windows) podría parecer como que el archivo estaba ubicado en su carpeta. En la versión 1.1 se agregó las cajas de avisos de diálogo, el comando para limpiar el Mac y algunas mejoras de velocidad.

En 1985 llegaría el Mac consiguió que el Finder ciento más rápido, los regresar y cerrar se agregaron más crear nuevas apagar, icono impresora. discos o unidades podían ser arrastrados al icono de basura y ser extraídos. El Mac todavía ejecutaba el rápido. Atari inquietar su

OS2, en el cual se fuera un veinte por comandos de eliminaron, se opciones para carpetas, de la Los

podían OS3 de 1986 Finder más empezaba a a Apple con serie

ST por aquel entonces. El sistema de archivos HFS (*Hierarchical File System*) fue reemplazado por el nuevo sistema de Macintosh MFS (*Macintosh File System*). Las carpetas eran reales, y se podían crear carpetas dentro de otras. Los iconos con Zoom fueron agregados en la parte inferior derecha en la ventana dentro del escritorio. Se suele considerar que ésta fue la primera versión madura y completa del Mac OS, la primera con la que realmente se podía trabajar de manera cómoda con el entorno gráfico. A partir de aquí las nuevas versiones evolucionarían conforme las nuevas mejoras del hardware del Apple Macintosh, que en total pasan de ser más de doscientas diferentes.

A comienzos de los años noventa, Apple hacía aguas por los cuatro costados, así que Scully abandonó la gerencia de Apple, entrando en su lugar Michael Spindler. A este alemán de nacimiento le llamaban «diesel», porque funcionaba igual que un motor de precisión. Estricto y muy metódico, había sido primero director general en Apple Europa, antes de convertirse en los que los americanos llaman CEO (Chief Executive Officer), que no es otro que el encargado de máxima autoridad de la gestión y dirección administrativa en una organización o institución. Así pues en junio de 1993 Spindler aterriza en su sillón de CEO, justo antes del lanzamiento de la llamada Apple Newton, y con una compañía que se sustentaba sobre todo a la buena venta de sus PowerBooks,portátiles basados en entorno Macintosh lanzados a principio de la década.

Apple Newton

La Apple Newton era una suerte de antecesor de las actuales PDA. Su funcionamiento giraba en torno a un sistema de reconocimiento de escritura, pero este sistema no funcionaba bien. El nombre oficial de este producto de Apple comercializado entre 1993 y 1998, era MessagePad. Newton era el nombre del sistema operativo que la gobernaba, pero al final el nombre del sistema operativo eclipsó al nombre del hardware, y fue mundialmente conocida como la Apple Newton. Contaba con un procesador RISC ARM 610, una pantalla táctil monocroma de 336*240 píxeles, 4MB ROM y 640KB RAM. También un puerto PCMCIA II, un puerto de infrarrojos IRDA, y otro de tipo serie. Se alimentaba con cuatro pilas estándar AAAA, con lo que conseguía unas treinta horas de autonomía, pero su peso rondaba el medio kilo. Su éxito fue discreto.

En 1994, aparecieron los primeros Mac dotados de procesadores PowerPC, los PowerMac. Además de esto, por fin se otorgaron licencias a varias compañías para construir clones de Mac que ejecutaban MacOS. Umax y Power Computing fueron dos de ellas. El lanzamiento de Windows 95 complicó las cosas y hacía muy difícil la competencia con la enorme cantidad de PC barato, y ahora además funcionando en entorno gráfico. En enero de 1996, mientras Apple atravesaba su peor crisis, se lanzó el Performa, un equipo de bajo costo que no se vendió bien y Spindler se vio obligado a renunciar. Un antiguo ejecutivo de National Semiconductor llamado Gil Amelio lo reemplazó. Amelio no duraría mucho en Apple. Cuando a fines de 1996, Apple compró NeXT, Steve Jobs volvió a la carga, y retomó el poder en Apple. Inicialmente se pretendía que el sistema operativo NeXTstep desarrollado por NeXT, fuera la próxima versión del Mac OS, la versión número diez, conocida finalmente como Mac OS X. Cuando Amelio dejó la compañía, Jobs asumió entonces las tareas más importantes dentro de Apple y comenzó a tomar decisiones destinadas a reestructurar la empresa, incluido un acuerdo con su aparente archienemiga Microsoft. Con este acuerdo ambas compañías compartirían patentes durante cinco años. Apple ofreció a Microsoft 150 millones de dólares en acciones y Microsoft pagó una suma que no fue revelada públicamente para zanjar asuntos de propiedad intelectual que habían surgido años atrás durante el desarrollo de Windows. Jobs también decidió recuperar las licencias para clónicos del Mac que se habían otorgado, y así detener la producción. Solo Apple fabricaría Mac.

En noviembre de 1997, Jobs decidió que a partir de ese momento la venta de los Mac se haría directamente a través de la propia Apple, contactando o bien por Internet en la web de Apple Store o por teléfono. Con ello en sólo una semana, la Apple Store se convirtió en el tercer sitio web de comercio electrónico más importante a nivel mundial. Apple terminó el siglo XX en pleno crecimiento. En enero de 1998, Job anunció el primer trimestre económicamente rentable en mucho tiempo. Ese mismo año, en mayo, presentó un nuevo tipo de Mac orientada a Internet, y de atractivo diseño: La iMac.

La iMac eran baratas comparadas con los productos a los que Apple tenía acostumbrado el mercado. Con todo ello el año 1998 fue sumamente rentable para Apple ya que las iMacs se vendieron extremadamente bien. En 1999, el lanzamiento de la PowerMac G3 dentro de la gama alta, y el anuncio del portátil iBook mantuvo el negocio en marcha. Incluso un poco más tarde se anunció el lanzamiento de la generación de PowerMacs G4.

Apple entró en el siglo XXI, basando su nueva estrategia en Internet, y el negocio virtual. Steve Jobs anunció que seguiría al frente de la compañía, y así fue hasta que falleció de cáncer en 2011.

4.1.29 Next Computer Inc

Cuando Steve Jobs abandonó Apple en 1985, no se dedicó a perder el tiempo o dilapidar su fortuna. Por el contrario, visitó varias universidades de Estados Unidos, para indagar sobre que se estaba gestando en el terreno de la tecnología informática. Al término de sus pesquisas, llegó a la conclusión de que el futuro pasaba por PostScript como lenguaje estándar en gráficos, el micronúcleo como filosofía de diseño de sistemas operativos, y la programación orientada a objetos para el desarrollo de aplicaciones.

Jobs decidió que seguiría en el mercado de la informática, esta vez creando una computadora dirigida a la programación de objetos, y con PostScripts como tecnología de visualización. También decidió que su producto lo orientaría en primera instancia al mercado académico, en vez de a los saturados mercados profesionales y domésticos. Con este propósito, Jobs buscó inversores que le permitieran afrontar la enorme inversión de un proyecto así. Uno de los candidatos a la presidencia de Estados Unidos, Ross Perot, sería uno de ellos, y partiendo de una inversión inicial de siete millones de dólares, nace la NeXT Inc.

Jobs reclutó a siete antiguos trabajadores de Apple, y comenzaron a trabajar con PostScript, lo que con el tiempo acabaría evolucionando hasta Adobe Acrobat. Apple reaccionó pleiteando contra NeXT, porque consideraba que competiría directamente en su mercado con tecnología que Jobs se había llevado de Apple. Finalmente, ambas partes llegaron a un acuerdo extrajudicial, por el que NeXT restringía su campo de acción solo al mercado de las estaciones de trabajo. La idea era crear una máquina completa, que funcionara con un sistema operativo basado en Unix y el malogrado Mach. Dicho sistema operativo sería desarrollado por un equipo liderado por Avie Tevanian (uno de los desarrolladores de Mach). Rich Page, el que liderara el diseño del Lisa para Apple, sería el encargado del hardware. De esta forma, en 1987 se terminó la edificación en Fremont de una fábrica automatizada para la construcción del que sería su primera computadora: la NeXTcube. Gracias a los 250 millones de dólares de la inversión, Jobs supervisó de manera meticulosa aspectos tras triviales como que la fábrica tuviera el color de pintura gris exacto, y que la caja de magnesio del cubo donde se ubicaba la computadora tuviera bordes de ángulo absolutamente perfectos.

Inicialmente se planteó un diseño basado en el trabajo con disquetes, cuando la mayoría de sus contemporáneos tenían discos de 20 o 40 MB. Con esta decisión el volumen de los disquetes necesarios para albergar el sistema operativo era más grande que el de la caja cúbica de la CPU, y un disco duro con capacidad suficiente por aquel entonces era demasiado caro. La solución parcial a este problema se consiguió con el uso de una unidad magneto óptica fabricada por Canon, con 356MB. Más lenta, pero más barata que un disco duro.

Además de esto, el NeXT Computer albergaba un disco duro del 40MB para funciones de swap de memoria virtual, de 8 a 64 MB de RAM, Ethernet 10Base-2, pantalla de 17 pulgadas en tonos grises de 1120x832 píxels, y un microprocesador Motorola 68030 a 25Mhz. Inicialmente se planteó instalar un Motorola 8800 RISC, pero el fabricante no garantizaba la disponibilidad de la suficiente cantidad de unidades. Hay que tener en cuenta, de que a pesar de que las ventas totales de esta computadora rondo tan solo las cincuenta mil unidades, se tenía pensado fabricar más. La falta de éxito de la máquina se debió a dos factores fundamentalmente: su precio elevadísimo, y lo lento que con el magneto óptico se hacía el desempeño.

Canon además de proporcionar los famosos magneto ópticos, y distribuir la marca en Japón, invirtió en 1989 cien millones de dólares en NeXT, con la condición de poder utilizar el sistema operativo de la máquina (NeXTSTEP), en sus propios desarrollos de estaciones de trabajo. Incluso Canon llegó a lanzar una NeXTstation basada en el procesador Intel GX en el mercado japonés. En 1990 llegó la segunda generación. Esta vez pasó de llamarse NeXTcube, a llamarse NeXTstation. Se presentó en una caja que todo el mundo comparaba a la de una pizza, y se sustituyó los magneto ópticos por disquetes de 2,88MB y 3´5". Además, se incluyó un lector de CDROM, y la posibilidad de un monitor a color. El microprocesador fue sustituido por un Motorola 68040. De esta forma se comercializaron variantes turbo, a 33Mhz y con 128MB de RAM. Hubo también un proyecto para lanzar una versión RISC basada inicialmente en el Motorola 88110, para luego ser sustituido por un PowerPC. No fructificó, siendo el balance general entre las expectativas y los resultados generados por NeXT, negativo. Realmente lo más destacable de los ordenadores de NeXT, es que Tim Berners-Lee uso uno de ellos en 1991, para crear el primer navegador web, y el primer servidor de páginas web.

Respecto al software, los equipos NeXT funcionaban bajo un sistema operativo específico diseñado para ellos: el NeXTSTEP. Tambien se comenzó a portar este sistema operativo a la plataforma PC basada en Intel 486 en 1992, y se comercializó en su versión 3.1 a finales de 1993, pero sin éxito. Básicamente era un Unix, con una interfaz gráfica de usuario, al más puro estilo de los actuales Linux. Las cosas no iban bien para NeXT, y en 1993 decidieron dejar el negocio del hardware, para centrarse en el software. De los 540 empleados, 300 fueron despedidos, y se vendió la factoría de Fremont a Canon. Finalmente, en 1996, Apple anunció su intención de adquirir NeXT, cosa que ocurrió el 20 de diciembre. Apple pagó 429 millones de dólares por la empresa, y con esta operación, Jobs volvía a formar parte de Apple. La intención de los inversores de Apple, era hacer que la nueva versión del sistema operativo MacOS, se basara en NeXTSTEP. Así nació el MacOS X.

4.1.30 Canon

En 1964, con 21 años, el neoyorquino Jef Raskin(1943-2005) ya se había graduado en matemáticas por la universidad estatal de su ciudad natal. El año siguiente se graduaría en filosofía, y otros dos años después haría un máster en informática en la Universidad de Pensylvania, desarrollando como tesis una aplicación musical. De allí marchó a la Universidad de San Diego en California, para seguir con el estudio de la música, pero lo dejó para enseñar arte, fotografía e informática, trabajando como ayudante de profesor en el inicio de los años setenta. Jef Raskin, era joven y poseía una formación académica humanística y científica solida a mediados de los años setenta justos, en el momento del despegue de la microinformática personal. Como era de esperar, tenía mucho que aportar a ese despegue.

En la primera Feria de la Informática de la Costa Oeste, en donde se presentó el Apple II, Raskin conoció a los dos Steven fundadores de la compañía de la manzana, comenzando su relación laborar con ellos. Como Wayne ya no estaba en Apple, Jobs pensó que sería buena idea contratar a Raskin puntualmente, encargándose en primera instancia de escribir el manual de programación del BASIC del Apple II. Con el tiempo, en 1978 Raskin fue contratado a tiempo completo por Apple, como encargado de publicaciones. Era el empleado número 31, y su trabajo no se limitó a la coordinación de las publicaciones. Como el Apple II solo permitía letras mayúsculas en una pantalla de 40 columnas, desarrolló una tarjeta de ampliación para el Apple II que permitiera ver 80 columnas, e incluso desarrollo un nuevo interprete BASIC llamado Notzo Basic, con nuevas y muy útiles funciones. También estuvo implicado en el desarrollo del interprete Apple Pascal, y sobre todo, se mostraba muy crítico con lo difícil que le resultaba al usuario no técnico usar un Apple II, basado en modo texto y comandos que había que memorizar. Así que mientras se diseñaba el malogrado Apple III, Raskin abogaba para que se desarrollara algo radicalmente distinto.

Junto con otros, entre los que cabe destacar a Bill Atkinson, comenzaría el proyecto en 1979. La visión inicial que Raskin tenía de la máquina estaba más cercana a lo que hoy en día son las PDAs, que lo que realmente salió al mercado. Fue en 1981, cuando Jobs se apartó del proyecto del desarrollo del Lisa para centrarse en Macintosh, cuando realmente el Mac se acercó al diseño del Xerox Alto visionado años antes por Jobs en el Xerox Parc. Raskin no estuvo muy contento con el nuevo giro dado al proyecto Macintosh, y abandonaría Apple en 1982, para formar su propia compañía, la Information Appliance, Inc.

Su primer producto en su nueva compañía fue la SwyftCard, que aportaba nuevas funcionalidades de manejo al Apple II, según el concepto de Raskin sobre cómo tenía que primar la interfaz entre  hombre y máquina. En base a eso también se desarrolló un diseño completo de microcomputadora llamada Swyft, que finalmente fue vendido a Canon, y comercializado con el nombre de **Canon Cat**. El Canon Cat, se basaba en el Motorola 68000, tenía 256KB de ROM, y otros 256KB de RAM, con teclado, monitor de 9" monocromo, disquetera de 3'5'', conector de impresora, y modem integrado. Pero lo verdaderamente revolucionario era el planteamiento de su interfaz de usuario. Toda ella era una hoja en blanco, en la que se comenzaba a escribir como si se tratara de una máquina de escribir sin más. Mediante combinaciones de teclas se podía acceder a diferentes funciones básicas, como el acceso al disco, la impresora o la ayuda. Así se podían almacenar unas 80 páginas de texto.

Al salvar los datos al disco, se salvaba la memoria entera de la microcomputadora, incluida la memoria de la pantalla. Cuando se lee, se lee todo otra vez, con lo que se podía llevar todo el trabajo de un Cat a otro sin problemas. Además de esto, permitía escribir programas en FORTH o en ensamblador 68000, ejecutables con tan solo pulsar una tecla. Se empezó a vender muy bien dado su bajo precio, y sus excelentes características útiles en cualquier oficina, pero tras haber vendido 20000 unidades en unos pocos meses, Canon decidió dejar de comercializarlo, por razones de marketing. Parece ser que restaba demasiado negocio al sector de las máquinas de escribir.

Después de esto, en la carrera de Raskin, cabe destacar la publicación en el año 2000 de "*The Human Interface*", en el cual se muestra su filosofía sobre cómo ha de ser la interfaz máquina-humano, y es el culmen de 25 años de su trabajo en este terreno. Raskin es un incondicional de la simplicidad máxima, considerando que incluso el Mac OS es demasiado complicado. "*The Human Interface*" se reeditó cuatro veces, y fue traducida a diez idiomas, incluido el español. Raskin es el padre del término «cognética», también conocido como ergonomía de la mente. Gracias a él, se transformó el arte el diseño de interfaces, de algo basado en criterios personales, a una disciplina de ingeniería con una teoría sólida y demostrable.

4.1.31 Sinclair

El carismático Clive Sinclair (1940-2021) nació cerca de Richmond en Gran Bretaña, y desde muy joven demostró tener una mente inquieta y ágil para todo lo relacionado con la tecnología. En su adolescencia diseñó y ensambló una calculadora programable con tarjetas perforas, y que trabajaba en binario. En esta época, su formación sería principalmente autodidacta, puesto que nunca fue a la universidad, centrándose en el estudio práctico de materias relacionadas con la electrónica y las matemáticas, obviando los formalismos académicos. Montó un laboratorio en su dormitorio, para fabricar amplificadores y radios miniatura, y trabajó escribiendo artículos técnicos para las revistas de electrónica, llegando por méritos propios a ser a los 18 años el director de la revista *Practical Wireless*.

Su puesto de director de Practical Wireless, le permitía estar al tanto de continuo de las novedades en el mercado de la microelectrónica, y conocer de primera mano a los fabricantes y sus nuevos proyectos. Aun pudo profundizar más en ese conocimiento, al simultáneamente trabajar para la United Trade Press como director técnico de la revista Instrument Practice. Con todo ello, decidió fundar en julio de 1962 la Sinclair Radionics Ltd, con la intención clara desde el principio de fabricar dispositivos electrónicos lo más pequeños posibles, y siempre dentro de un rango de precios que todo el mundo considerara baratos.

Para noviembre de 1962, la empresa de Sinclair publicó en varias revistas de electrónica popular, un anuncio de un amplificador que podía montarse sobre una moneda. A este primer producto, le siguieron calculadoras, radios, relojes de pulsera digitales como el **Black Watch** de 1974, y televisores en miniatura como el Microvision, con siempre la misma filosofía: muy pequeño, y muy barato. Así, a lo largo de los años setenta, toda una línea de productos electrónicos de dimensiones reducidas inundó el mercado. Como los negocios prosperaban, Sinclair siendo consciente de que la verdadera revolución tecnológica venia de los Estados Unidos, fundó la *Sinclair Radionics* en Boston en 1974. Con esta influencia, el mercado americano empuja poco a poco la línea de productos Sinclair hacía las microcomputadoras. En Estados Unidos, Commodore y Atari tenían ya microcomputadoras domésticas a precios asequibles a la venta desde prácticamente mediados de los setenta. En Europa no existían estos productos, y Sinclair no permaneció ajeno a este hecho, y al potencial mercado que ofrecía. Aunque lo cierto es que los negocios de Sinclair no siempre eran rentables, o resultaban exitosos. Para finales de los años 70 Sinclair Radionics LTD había acumulado pérdidas. Clive Sinclair continuó su proyecto empresarial a través de una compañía llamada "Abedeals" que adquirió en 1973, y de esta forma y tras varios cambios de nombre (*Sinclair Instrument LTD, Science of Cambridge LTD*, etc), llegaría a fundar la **Sinclair Research LTD** en marzo de 1981.

MK-14

A finales de los años setenta, Sinclair crea la empresa *Science of Cambridge*, y entre esta y otras maniobras comerciales y empresariales lanza al mercado su MK14-ISS: un microcomputador con la apariencia de una calculadora, El MK-14 era muy similar en su diseño a la National Semiconductor Introkit de 1976, utilizando el mismo procesador National Semiconductor SC/MP (Simple Cost Effective MicroProcessor). Este rudimentario microcomputador electrónico digital se programa en código máquina, introduciendo directamente valores hexadecimales en su memoria mediante el teclado. La salida se conseguía mediante ocho dígitos en led rojos de ocho segmentos. A la configuración estándar se podía agregar una interfaz para casete, más memoria RAM para ampliar los 256 bytes iniciales hasta 640 bytes, módulos de entrada salida, e incluso una tarjeta VDI con la que se podía conectar el aparato a una televisión proporcionando una resolución de 32x16 caracteres o 64x64 píxeles monocromos. Aunque lo realmente interesante de este micro era las posibilidades de desarrollar nuevos montajes que podían ensamblarse al 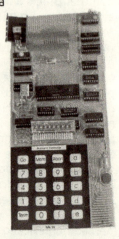 equipo inicial. Todo esto a un precio mucho más económico que el de otras microcomputadoras en kit de la competencia, con lo que se consiguen vender cerca de cincuenta mil unidades.

ZX80

Tan prometedoras pintaban las cosas para el mercado de las microcomputadoras domésticas de bajo coste, que Sinclair volvió a la carga nada más comenzar la década de los ochenta. En enero de 1980, se presentó en una exposición en Wembley el ZX80, y es aquí donde comienza la verdadera revolución Sinclair. Este aparatito de poco más de 23x18 centímetros, costaba tan solo 99.95 libras montado y funcionando, o 79 en kit, cuando los microcomputadores típicos de la época costaban varios cientos o miles de libras.

Sinclair había conseguido reducir tanto los precios, tomando medidas radicales para reducir costes en chips y en carcasa, conectando el equipo a una televisión estándar para la visualización, utilizando una membrana al tacto como teclado de 40 teclas, y haciendo uso de casetes de audio y grabadores convencionales como unidad de almacenamiento de datos. La pantalla proporcionaba 32 columnas por 24 líneas, y la resolución gráfica era de 64x48 en caracteres semigráficos. Como núcleo central del ZX80, Sinclair optó por un microprocesador NEC 780C-1 funcionando a 3.25 Mhz. Este modelo de NEC era un clónico barato compatible con el ya por aquel entonces ampliamente utilizado Zilog Z80. Además de esto, la máquina tenía 4 KB de ROM que contenía el sistema operativo y el intérprete Basic, y 1KB de RAM ampliable a 2,3,4 ó 16KB. Programando en Basic se conseguían escribir instrucciones completas mediante una combinación de teclas. Este mecanismo aceleraba el proceso, y gustó, así que Sinclair lo repetiría en futuras máquinas.

El ZX80 se vendió muy bien tanto en Europa como en América, e incluso otros fabricantes llegaron a fabricar clónicos no autorizados, como el Compshop Microace en Estados Unidos, y los TK-82 y NE-Z80 brasileños. Era pequeño y barato, pero no defraudaba al comprador, que tenía la sensación de estar pagando por un producto menos de lo que valía.

ZX81

El equipo de diseño de Sinclair se percató de que el hardware de veintiún chips que equipaba el ZX-80, tenía que ser optimizado, así que, en marzo de 1981, pocos meses después del lanzamiento del ZX-80, lanzó el ZX-81 que era un ZX-80 con algunas mejoras. Entre estas mejoras estaba el reducir el número de chips a tan solo cuatro. Nite Tiles Ltd. Diseñó el hardware y el Software para el ZX-81, concretamente Richard Altwasser el software y Steven Vickers el hardware. La nueva microcomputadora incorporaba como novedad, cálculos en coma flotante y funciones aritméticas. El Basic había sido ampliado, y se permitía incluso conectar una impresora. Todo ello implementado en 8KB de ROM, y un chip ULA que reemplazaba 18 chips de la arquitectura anterior. Se redujeron con todo esto los costes de fabricación, y el precio final del producto disminuyó, a pesar de ser las nuevas prestaciones manifiestamente superiores. El Z-81 seguía siendo una microcomputadora espartana, así por ejemplo con objeto de mantener el precio bajo, continuaba al igual que su hermano el ZX-80 careciendo de posibilidad de generación de sonido. Pero a pesar de ser en términos absolutos un producto menos versátil que el de la competencia, la relación calidad precio era insuperable.

En España costaba 14.975 pesetas en diciembre de 1982, esto era decir tanto como 27 veces menos que un IBM PC. Investrónica lo distribuyó comenzado así una fructífera relación empresarial con Sinclair, que más tarde daría como frutos productos nuevos con la nueva tecnología que había sido desarrollada por la empresa española, y con ingenieros españoles. En América, la empresa Timex que tradicionalmente se dedicaba a los relojes, lo distribuyó con el nombre de Timex1000, consiguiendo vender 15000 unidades en un mes. Mitsui lo importó a Japón vendiéndolo tambien como rosquillas. Microdigital en Brasil fabricó clones mejorados como el TK-8, mientras que Czerweny en Argentina seguía la misma estrategia.

Todavía mejoraría más el panorama, cuando Sinclair sacó al mercado la ZX Printer en noviembre de 1981, que permitía imprimir en un rollo de papel del tipo caja registradora, la misma resolución que en pantalla ofrecía el ZX-81, y como siempre por un módico precio. Llegados a este punto, antes de entrar a narrar la historia del mítico Sinclair ZX-Spectrum, conviene pausar el ritmo de la narración, y hacer mención aparte de un "clónico" del Sinclair XZ81, llamado Jupiter Ace.

Resulta que los dos diseñadores que habían trabajado indirectamente para Sinclair en el proyecto del ZX81, y lo estaban haciendo en el del ZX-Spectrum, deciden ir por libre con un nuevo diseño. Estos dos señores, Richard Altwasser y Steven Vickers, formaron su propia empresa y después de varias vicisitudes la terminaron llamando Jupiter Cantab Ltd. Cantab viene de "*Cantabidgian*", es decir, de Cambridge.

Altwasser y Vickers, buscaron inversores y capital, y dicho y hecho. Tomaron como base los conocimientos desarrollados trabajando para proyectos de Sinclair, un microprocesador Z80A a 3.25Mhz, 3KB de RAM, y 8 KB de ROM, una conexión de cassette de 300/1500 baudios, un teclado de goma de tipo calculadora, y una salida a televisión que proporciona 32x24 en modo texto, y 256x192 en gráfico. Ensamblaron todo ello, y como resultados obtuvieron un equipo tan potente y sencillo, que con un grabador EPROM y un muy reducido presupuesto, incluso hoy en día se pueden y encontrar en Internet esquemas y manuales sobre cómo construirse un Jupiter Ace partiendo desde cero. Porque a su nueva máquina la llamaron Jupiter Acer.

¿Era el Jupiter Ace un directo competidor del XZ-81 o de su contemporáneo ZX-Spectrum?. Pues no. Para empezar el Jupiter Ace costaba algo más del doble que el Sinclair ZX-81, aunque algo menos que lo del ZX-Spectrum. Para continuar, era un verdadero microcomputador de introducción seria a la informática. Esta última era su principal virtud, y también la principal característica por la que no triunfó. Lo que en definitiva diferenciaba al Jupiter Ace de los productos de Sinclair y sus clones, era su lenguaje de programación. Desde finales de los setenta, la práctica totalidad de los microcomputadores de vocación didáctica y de iniciación, venían equipados de serie con un intérprete Basic. Así fue como de hecho comenzó Bill Gates con su Microsoft a hacer fortuna: desarrollando interpretes Basic para estos primeros microcomputadores domésticos. El Basic, como lenguaje de programación, es sencillo, fácil de aprender, y relativamente flexible. Aunque también es lento, limitado, y de sintaxis y estructura cerradas, que llevan con facilidad a adoptar malos hábitos como programador.

En Jupiter Cantab Ltd. obviaron el Basic, y apostaron por el Forth. El Jupiter Ace, al conectarlo a un televisor y encenderlo, ofrecía toda una plataforma de programación en Forth y por ende ensamblador Z80. Los que en 1983 aprendieron a programar en un Jupiter Ace, veinticinco años después pueden seguir utilizando lo aprendido programando sistemas embebidos, microcontroladores, y sistemas industriales o científicos de todo tipo. El Forth es mucho más potente y flexible que el Basic, pero también tiene una filosofía de programación que requiere de un mayor esfuerzo para su aprendizaje, pudiendo ser un entorno tremendamente hostil.

El Jupiter Acer era un producto realmente bueno, y bien pensado a nivel técnico. No triunfó porque a sus potenciales compradores les interesaban más los videojuegos que la programación, y en menos de un año desde el lanzamiento de su primer y único producto, Jupiter Cantab Ltd. quebró. La cruda realidad era que el mercado doméstico demandaba videojuegos baratos y fáciles de copiar, siendo la justificación perfecta para comprar una microcomputadora el hecho de que permitiera aprender conceptos básicos de informática, y a programar. La justificación en definitiva de la compra de un juguete caro. Por algo las empresas jugueteras comercializaron microcomputadoras, como la Dragon 32, o la Mattel Aquarius.

ZX Spectrum

Tras el éxito de la ZX-81 y la gran influencia que sobre el emergente mercado de las microcomputadoras ejerció, lo mejor aún estaba por llegar y lo hizo en abril de 1982, y bajo el nombre del ya mencionado ZX Spectrum. Varias generaciones de informáticos a nivel mundial iniciaron su andadura en el mundo de las computadoras frente a un ZX Spectrum. En sus dos décadas de vida útil entre equipos originales Sinclair, clónicos con licencia y sin licencia, y adaptaciones y desarrollos ampliando las posibilidades del diseño inicial, el ZX Spectrum es de hecho el microcomputador de 8 bits por excelencia. La cantidad de software, periféricos y desarrollos posteriores que se hicieron para el Sinclair ZX Spectrum, y la influencia sobre generaciones de profesionales de la informática, lo convierten en un verdadero objeto de culto, e icono representativo del siglo XX a nivel mundial.

Toda esta historia comenzó cuando para Sinclair quedo claro que su ZX-81, si bien podía competir con éxito contra productos como el VIC20 de Commodore, ya difícilmente podía hacerlo contra las nuevas microcomputadoras en el mercado, básicamente las Atari XL y las Commodore 64. Como quiera que Clive Sinclair hacía tiempo que no se dedicaba a inventar, y sí a dirigir sus empresas y a tomar decisiones estratégicas sobre el diseño de sus productos, encargó el diseño de los principales componentes de la nueva microcomputadora a terceras empresas. Así, contrata a la compañía Nine Lites Ltd que recordemos había desarrollado sus ZX- 80 y ZX-81, para hacer lo mismo otra vez. Dos ingenieros de esta compañía diseñan ahora también el hardware y el software de la máquina. El hardware fue diseñado por Richard Altwasser y el software y el manual lo desarrollo Steve Vickers justo antes de fundar la Jupiter Cantab

Ltd. La carcasa y su teclado de goma fueron diseñados por Rick Dickinson, que también había diseñado anteriormente el ZX-80 y el ZX-81.

El 23 de abril de 1982 se lanzó finalmente el Sinclair ZX-Spectrum. El nombre de «*spectrum*» viene del latín, y significa arco iris, y hacía referencia a su notable capacidad gráfica y de colores. Poco después, al formar su propia empresa Altwasser y Vickers, la llamaron inicialmente "*Rainbow Computing Co.*"; "rainbow" es arcoiris en Ingles. A nivel de hardware, las características del ZX Spectrum original incluían un microprocesador Zilog Z80 a 3,5 MHz. Contenía también un chip denominado ULA desarrollado por Ferranti, y que reducía el número de estos necesarios en su conjunto. Además, tenía una capacidad de resolución gráfica única de 256×192 píxels. Con una ingeniosa manera de implementar el vídeo con 16 colores usando sólo 8 KB de memoria RAM. Para visualizar la imagen, se conectaba el ZX-Spectrum en un televisor normal y corriente. Respecto a la tan de moda en aquel momento cantidad de memoria, se podía comprar con configuración de RAM con 16K ó 48K, y he aquí el dato. Si el ZX-Spectrum tenía 16KB de ROM, se podría haber comercializado el llamado ZX-Spectrum 48K, con el nombre ZX-Spectrum 64K, y al ZX-Spectrum 16K, haberlo llamado ZX-Spectrum 32K. En realidad, tenían respectivamente 64KB y 32 KB de memoria, aunque en la realidad no fuera así. Resulta que tan barata, quería hacer su nueva microcomputadora Sinclair, que utilizo chips de memoria defectuosos, que tenían uno de sus dos bancos deshabilitado, por lo que la memoria RAM que realmente contenía en sus chips el ZX-Spectrum era el doble de la anunciada. En cuanto a la ROM, en sus 16 KB, incluía un intérprete del lenguaje BASIC SINCLAIR desarrollado por la ya mencionada Nine Tiles Ltd. La mayoría de las microcomputadoras de la época tenían Basic de Microsoft. Las más vendidas, curiosamente, ninguno salvo las de la serie MSX que más adelante veremos lo tenían.

El teclado era de goma, de tipo chiclet en el modelo de 16K y en la primera versión de 48k. Más tarde se mejoraría algo en posteriores versiones. Para almacenar datos y programas, venía preparado para utilizar una cinta de casete de audio común a 1200 baudios, frente a las 300 de su antecesor el ZX-81. Aunque esta era la velocidad soportada por el sistema operativo en

ROM, y por software se podía usar un sistema de carga "turbo" a mayor velocidad, y lógicamente con mayor posibilidad de fallos. Por fin Sinclair ofrecía sonido en sus microcomputadoras, aunque solo se tratara de un altavoz piezoeléctrico capaz de emitir pitidos, y ningún chip de soporte para generarlo. Había que reducir gastos. Por software se podían hacer algunas cosas curiosas, pero por hardware, nada de nada.

Sinclair arrasó en Gran Bretaña en la campaña de navidades de 1982. Otros fabricantes como Acorn con su modelo Electron intentaron competir con Sinclair en el terreno de las microcomputadoras domésticas baratas, pero no pudieron por no tener suficientes unidades preparadas a tiempo. Sinclair apostó fuerte por el mercado británico y europeo, retrasando la comercializaron de su producto en Estados Unidos, para que hubiera suficientes unidades almacenadas en los almacenes europeos, y atender así la demanda de los consumidores. Esta decisión estratégica le impidió desbancar más tarde a Commodore en Estados Unidos, pero le hizo hacerse con el mayor porcentaje del mercado de Europa. Además de esto, las empresas de software que hasta entonces había desarrollado programas para el ZX-80 y el ZX-81 de inmediato se pusieron a desarrollar nuevos programas para el ZX-Spectrum. Nunca hay que olvidar, que por muchas características superiores que tuviera una microcomputadora de aquella época, sin programas no era nada, y cuando se hablaba de programas, uno se refería sobre todo a videojuegos. Además, los programas de ZX-Spectrum se copiaban en su mayoría sin ningún problema con una casete doble, mientras que los de sus competidores como el Commodore 64 eran difíciles de copiar. Hacerse con un ZX-Spectrum era la forma más fácil y barata de tener una microcomputadora doméstica y disponer de software. Por poco más de 50000 pesetas de la época, uno tenía el ZX-Spectrum 48K, en su casa. Lo peor es que había que añadir para que funcionara el conjunto, el precio de un lector grabador de casete más o menos específico, porque con el convencional para música que había en casi todas las casas de la época, los resultados no eran muy buenos. También había que conectarlo a una televisión, y o se secuestraba la del salón dejando al resto sin poderla ver, o se compraba una. Realmente el precio de conjunto puesto a funcionar no era tan barato, y requería un montón de cables y enchufes. La empresa Amstrad se daría cuenta un poco después.

Con el ZX-Spectrum vendiéndose muy bien, y estando en boca de todo el mundo, Sinclair comienza a sacar accesorios para su producto. Así, en julio de 1982, pone a la venta la *Interface 1*, que agregaba al diseño inicial un puerto RS232, que proporcionaba al ZX- Spectrum características de red, permitiendo interconectar hasta 64 unidades a la vez. Además, se comercializa la interfaz Kempston, que permitía conectar un joystick. Más tarde la *Interface 2* permitía conectar unas cintas sin fin a modo de cartucho con 84KB de capacidad llamadas microdrives, dos joysticks, y un cartucho de 16KB que aportaba capacidad para ejecutar software de manera inmediata, al estilo videoconsola. El ZX-Spectrum hizo inmensamente famoso a Clive Sinclair. Incluso en 1983, Margaret Tatcher (en aquel entonces primera ministra británica) ofreció un ZX Spectrum al primer ministro japonés como símbolo del poderío tecnológico británico. Tanta fue su fama, y el reconocimiento al éxito de su empresa, que la Corona Británica le concedió el título de Sir. El éxito en los negocios y el reconocimiento personal estaban del lado de Sir Clive Sinclair. Todo el mundo pensaba que era el inventor del ZX-Spectrum, cuando la realidad era el dueño de la empresa que había contratado a los que lo crearon, y había puesto los medios y las estrategias necesarias para comercializarlo.

El resto del mundo no permaneció ajeno a la sencilla y optimizada arquitectura del ZX-Spectrum. Esta limpieza de diseño hizo que fuera una microcomputadora no muy complicada de clonar, por lo que tras su fulgurante éxito comenzaron a aparecer en todas partes clones no oficiales y sin licencia, que casi siempre eran una copia exacta del original, y en algunos casos lo mejoraban. También hubo clones oficiales como los producidos por Timex en Estados Unidos, o por Investrónica en España. De esta forma en Sudamérica, donde no se llegó a comercializar los productos de Sinclair, los mismos que clonaron el ZX-81 clonarían el ZX-Spectrum.

Dos fueron los clónicos autorizados del ZX-Spectrum. El Timex 2068, y el Inves Spectrum +. El Timex 2068 tenía como extras un chip de sonido específico (el AY-3-8912 que más tarde equiparía los nuevos modelos Spectrum de Sinclair), Basic ampliado, una unidad de cartucho, dos puertos de joystick no compatibles con Sinclair, y posibilidad de conexión a un monitor RGB con modos de video ampliados. El Inves Spectrum+, que llegaría al mercado español cuando los ordenadores de 8 bits ya estaban en retirada a favor de los de 16 bits, se comenzó a comercializar en 1986 a un precio inferior a 20.000 pesetas. Tenía un teclado mejorado y un diseño de la carcasa que lo hacían más cómodo. Incorporaba un botón de reset, un conector estándar de joystick, nueva arquitectura interna, y una EPROM con firmware desarrollado por Investrónica que sustituía la ROM original de Sinclair, y hacía a este clónico Spectrum no compatible al cien por cien con el original.

En Asia ocurría tan solo se comercializó de manera oficial en Japón. Así que en Hong Kong fabricaron todo tipo de clones, calcados y no tan calcados, destacando el Lambda 8300, una especie de híbrido algo más parecido al ZX81 que al ZX Spectrum. En el bloque Soviético y sus países satélites, es dónde nacieron los mejores clones del ZX Spectrum, tiempo después de que en el resto del mundo fuera ya un producto superado. Durante los años 90, se hicieron muchas y buenas replicas, que no se limitaban a ser meras copias, sino que incluían muchas innovaciones como procesadores más rápidos, más memoria, unidades de disco, etcétera. Entre los clones más destacados están el Pentagon en versiones de 48K y 128K, y el Scorpion ZS-256 a 7Mhz y 256K de RAM ampliables. Ambos ordenadores eran compatibles con casi todos los modelos de ZX Spectrum y llevaban una unidad de disco TR-DOS.

Aunque poco antes de que Investrónica lanzara su Inves Spectrum+ al mercado bajo licencia, ya había colaborado de manera directa y definitoria en nuevos desarrollos con la empresa del ya por entonces Sir Clive Sinclair. El año anterior, en 1984, aparecía en el mercado español el Sinclair ZX Spectrum 128. Esta nueva microcomputadora pretendía hacer frente con su arquitectura de 8 bits a los nuevos modelos de arquitectura de 16 bits de la competencia. La baza más importante que Sinclair jugó con este modelo era su compatibilidad 100% con el ZX Spectrum 48K, dado que en el arranque de la máquina se podía seleccionar el modo 48K o el 128K. La gran novedad del nuevo modelo era aparte del obvio aumento de la memoria RAM, un teclado de calidad similar a las versiones Spectrum+ (que en el caso de los modelos españoles además incorporaban teclado numérico aparte), una conexión para monitor estándar RGB, y un chip de sonido como el del Timex Sinclair 2068 de tiempo atrás, es decir, un AY-3-8912. Además de estos adelantos hardware, a nivel de software, la versión española integraba un editor de textos que podía utilizarse nada más encender la máquina.

A pesar del increíble éxito de sus microcomputadoras de 8 bits, debido sobre todo al muy acertado enfoque el ZX-81 y el ZX-Spectrum, Sinclair cometió varios errores importantes a la hora de lanzar nuevos productos al mercado. Clive Sinclair, planteó el lanzamiento de otros dos productos para 1984, el Sinclair C5, y el Sinclair QL.

El Sinclair C5 está considerado entre los diez productos tecnológicos de la historia más desastrosos. Se trataba de un coche eléctrico, o mejor dicho, un triciclo a pedales asistido por un motor eléctrico, alimentado por una batería que se agotaba demasiado rápidamente. Rotundo fracaso, para un producto barato diseñado para las grandes masas, y ser vendido a gran escala, y del que en total se vendieron unas quince mil unidades. Sencillamente era inseguro, incómodo, y carente de utilidad práctica. Más que un vehículo barato y ecológico, era un juguete caro.

QL

El otro producto fallido de Sinclair fue el QL. Esta vez se trataba de una microcomputadora, y el nombre eran las iniciales de Quamtum Leap, lo que en inglés viene a significar "progreso espectacular". Ciertamente lo era comparándolo con el resto de los productos informáticos de Sinclair. Cuando se decidió que era la hora de comercializar un producto informático serio, se optó lo primero por equiparlo con un microprocesador de la serie 68xxx de Motorola. Concretamente el Motorola 68008, de arquitectura basada el 8 bit para el bus de datos externo, y registros internos de 32 y 16 bits. El hecho de tener el bus externo de 8 bits abarataba el coste del diseño, porque permitía utilizar memoria y circuitería de 8 bits, que era mucho más asequible. El microprocesador funcionaba a 7,5 MHz, tenía 48KB de ROM y 128KB de RAM, y podía conectarse a la televisión o a un monitor RGB. En la ROM se instaló un sistema operativo multitarea llamado QDOS, que había creado Tony Tebby, y un excelente interprete Basic llamado Superbasic escrito por Jan Jones. Para completar el conjunto, se entregaba junto con una suite ofimática de la empresa Psion, que incluía procesador de textos, base de datos, hoja de cálculo, y generador de gráficas estadísticas e empresariales. Abacus, Archive, Easel y Quill se llamaban estas aplicaciones. EL QL tenía dos conectores de red llamados QLAN que le permitían comunicarse a 100K con otros QL o incluso otros Spectrum con *Interface I* incorporada.

El teclado del QL era tan mediocre como el del Spectrum+, lo cual hacía incómodo trabajar con él durante cierto tiempo tecleando, y como sistema de almacenamiento en vez de apostar por los disquetes, se utilizaban los mismos *microdrives* del Spectrum integradas en número de dos a la derecha del teclado. El sonido eran simples pitidos controlados por una CPU auxiliar Intel 8049. Además de esto, tanto se quiso adelantar el lanzamiento del producto, que el Sinclair QDOS que trae inicialmente en ROM es defectuoso, o incluso incompleto en las primeras unidades entregadas bajo reserva (se entregaron junto con un cartucho adicional de ROM sin el cual no funcionaba el sistema). Para rematarlo todo, la interfaz de usuario era cien por cien en modo texto, cuando todos sus competidores que llegaron un poco después ofrecían ya interfaz gráfica. Su único mérito aparte de un precio algo más ajustado que la competencia, era haber llegado de los primeros al mercado. Cuando salió tan solo había una microcomputadora personal basada en Motorola 68xxx, y era el carísimo y grandísimo Apple Lisa. Un mes después del lanzamiento del QL, llegaría el Apple Macintosh, y unos meses después los Atari ST y Commodore Amiga.

1985 fue el Annus Horribilis particular de Clive Sinclair. En el terreno personal tuvo que afrontar el divorció con su esposa Anne, con la que llevaba casado desde 1962 y tenía tres hijos. En el ámbito de los negocios, a pesar de que algunas empresas llegaron a comercializar clónicos del QL y parecía comenzar a hacerse un hueco en el mercado, finalmente resultó ser un descalabro empresarial. Lo mismo ocurriría con el vehículo eléctrico C5. De nuevo una empresa de Sinclair quiebra, y esta vez es comprada por su más directo competidor en Europa: Amstrad. Amstrad había llegado más tarde al mercado de las microcomputadoras, pero lo hizo con las ideas claras, aportando productos con una muy optimizada relación calidad precio, y en los que no se percibía tan solo el barato siempre más barato de Sinclair. Amstrad comercializó nuevos sistemas basados en el por entonces estándar en el mercado Spectrum con la marca Sinclair. Incluso llegó a comercializar compatibles con el IBM PC con la marca Sinclair, pero para entonces Clive Sinclair ya estaba desvinculado de los ordenadores con esta marca.

Z88

Clive Sinclair hizo un último intento en el mundo de las microcomputadoras con su Z88. Tras la venta parcial de Sinclair a Amstrad, Sir Clive retiene en propiedad los proyectos en desarrollo de Sinclair Research, pero con el acuerdo con Amstrad de no usar Sinclair como marca comercial. En vista de esta limitación, funda Cambridge Research para poder finalizar el malogrado proyecto Pandora, un viejo objetivo de Sinclair Reseach. El fruto es el Z88.

El Z88 se mantenía con 4 pilas AA alcalinas durante 20 horas seguidas de uso o un año en espera. Para evitar la pérdida de la RAM al cambiar las pilas disponía de un capacitador interno, en lugar de usar una pila de litio extra para asegurar el contenido. Sobrepasar el límite de los 64 Kb direccionables por el Z80, se solucionó mediante un paginado de memoria en bloques de 16 Kb, que permitía una RAM de hasta 3 Mb. Esto se conseguía mediante cartuchos de 32 y 128 Kb o ampliando la RAM interna directamente. Así se vendieron modelos con un máximo 512 KB. Los datos se graban en EPROM de 128 Kb conectada en el conector del Port 3.

A nivel de software, contaba con las aplicaciones típicas de base de datos, hoja de cálculo y procesador de textos en ROM, pero, aunque traía también de serie el poderoso BBC Basic, tenía un serio inconveniente: carecía de editor o debugger. Si se cometía un error al teclear, había que reescribir la línea completa de nuevo. Aunque el Z88 obtiene muy buenas críticas y destaca entre los productos similares como el Amstrad Notepad NC100 o los equipos de Epson, Tandy, Kyocera y Olivetti, por la muy alta resolución y calidad de su LCD, no alcanza el grado de hito revolucionario que esperaba Sir Clive. El incipiente mercado portable se comienza a inclinar del lado de los portátiles PC, que eran mucho más aparatosos y devora baterías, pero que ofrecían el llevar el equipo completo y no un terminal. También comenzaban a venderse bien los equipos tipo Palmtop y PDA, que podían llevarse con comodidad en un bolsillo. Como resultado, a pesar de comercializarse en USA y Europa, y contar con suficientes medios, no triunfó.

Después del fracaso del Z88, Clive Sinclair abandonaría el mundo de los negocios en torno a la informática. En 1990 Sinclair Research estaba formada por Clive Sinclair, y dos empleados más, siendo sus productos estrella bicicletas de motor eléctrico, y plegables. Estas continúan vendiéndolas hoy en día, mientras que Clive Sinclair es últimamente bastante conocido por sus habilidades de tahúr en el póker.

4.1.32 Acorn

Acorn fue el principal competidor de Sinclair en el mercado británico. Fundada en 1978 produjeron microcomputadoras de éxito, aunque con escasa proyección internacional como la Atom la Electron, la BBC Micro, y el Archimedes.

Su microcomputadora más popular, la BBC Micro, se desarrolló en asociación con la BBC (*British Broadcasting Corporation*) y se utilizaron en el proyecto *Computer Literacy*, un programa educativo destinado a promover la alfabetización informática en el Reino Unido. La BBC Micro fue lanzada por primera vez en diciembre de 1981. Existían varios modelos en la serie, incluyendo el BBC Micro Model A, el Model B, el Master Series, y otros. Los modelos iniciales tenían 16 KB de RAM, aunque posteriormente se lanzaron versiones con capacidades de memoria mayores. El BBC Master, por ejemplo, podía tener hasta 128 KB de RAM.

Aunque si por algo Acorn ha pasado a la historia, es por haber sido la creadora de una arquitectura de los microprocesadores que hoy en día vertebra las tecnologías móviles.

ARM

ARM (*Acorn RISC Machines*) es una arquitectura RISC (*Reduced Instruction Set Computer*), diseñada como un proyecto de desarrollo por la empresa *Acorn Computers*. Sophie Wilson y Steve Furber lideraban el equipo, cuya meta era, originalmente, el desarrollo de un procesador avanzado, pero con una arquitectura similar a la del MOS 6502. Fruto de este trabajo nacería en 1985 el ARM 1, aunque la primera versión utilizada comercialmente se bautizó con el nombre de ARM2 y se lanzó al mercado en el año 1986.

 El ARM2 destacaba como uno de los procesadores de 32 bits más simples del mundo, con tan solo 30.000 transistores. Su simplicidad radica en la ausencia de microcódigo, un componente que normalmente ocupa alrededor de una cuarta parte de la cantidad total de transistores en un procesador. Además, en consonancia con las prácticas de la época, carece de caché. Esta característica contribuye a su eficiencia energética, proporcionando un consumo bajo de energía mientras ofrecía un rendimiento superior al de un 286 de la época. En contraste, su sucesor, el ARM3, introduce una mejora significativa al incorporar una pequeña memoria caché de 4 KB. Este añadido beneficia especialmente a los accesos a memoria repetitivos, mejorando aún más el rendimiento del procesador.

ARM se convirtió en la arquitectura dominante en la industria de dispositivos móviles, como smartphones y tablets. La eficiencia energética de los procesadores ARM resultó ser la clave para extender la duración de la batería en estos dispositivos, lo que contribuyó en gran medida a su popularidad. Además, ha demostrado ser altamente adaptable y versátil, lo que le ha permitido expandirse a una variedad de dispositivos más allá de los móviles. Se utiliza en sistemas embebidos, dispositivos IoT

(*Internet of Things*), en incluso servidores y otros dispositivos especializados.

4.1.33 Dragon Data Ltd

Dragon Data se creó en 1982 en Gales, como una subsidiaria de la empresa dedicada a los juguetes Mettoy. El producto estrella de Mettoy en aquel momento eran las muñecas repollo, que llamaban Cabbage Patch Kids en su país natal. Como quiera que las microcomputadoras domésticas a principios de los ochenta estaban consideradas medio juguetes, medio artículos educativos de iniciación a la informática, Mettoy decidió invertir en microcomputadoras. Sorprendentemente, el que crearía Dragon Data, sería a priori el menos juguete de todos los microcomputadores de su época, y el de mayor orientación educativa, didáctica e incluso profesional. Tal vez por eso precisamente no triunfó. Puestos a crear, para poder desarrollar y fabricar el producto, hacía falta más dinero del que Mettoy podía disponer, así que los de la juguetera terminarían por vender la mayor parte de la compañía Dragon Data antes de comenzar la distribución de sus productos. Metoy se quedó con solo con un 15.5% de la compañía, siendo los principales otros propietarios la oficina de desarrollo de Gales con un 23%, y a división de alta tecnología de la aseguradora británica *Prudential Insurance* con un 42%.

En Dragon Data, para empezar, se logró de Motorola una línea de crédito y precios especiales para usar su microprocesador MC6809E como núcleo en torno al cual giraría el diseño. Por aquel entonces el mercado estaba repartido entre Zilog con su Z80 y MOS 6502, y Motorola quería hacerse con parte del pastel. En cuanto a los programas, la empresa de moda para equipar a estas primeras microcomputadoras del software básico de operación era Microsoft, así que Dragon Data adquiere la licencia del Extended Basic, y equipan su nueva máquina con él en la ROM como opción de arranque predeterminada. A nivel de diseño hardware los de Dragon Data no se buscaron complicaciones. Motorola entregaba junto con su catálogo de especificaciones técnicas del 6809 un diseño de microcomputador completo basado en chips Motorola, y los de Dragon Data lo calcaron casi literalmente, implementando un Motorola 6821 para control de entradas y salidas, y un Motorola 6849 como chip de video. Con ello se consiguió una pobre representación de caracteres en pantalla de 32x16 caracteres, y además solo en letras mayúsculas, además de unas mediocres resoluciones gráficas de 128x96 en cuatro colores, y 256x192 en dos colores. Aunque también con esta estrategia se consiguió compatibilidad con el Tandy TRS80 Color, llamado Coco por sus usuarios, pudiendo ejecutar programas del Tandy en el Dragon sin problemas. Claro está, Tandy había copiado también el diseño de su microcomputadora del mismo sitio. Motorola marcaba rumbo, y los fabricantes de microcomputadoras lo seguían.

Lo mejor de todo fue que la elección del microprocesador, los chips, y el diseño de Motorola, hicieron que la microcomputadora de Dragon Data, tuviera un enfoque distinto del resto. Resulta que Motorola se había planteado muy en serio crear un microprocesador de 8 bits, y dar soporte para su uso como base de una microcomputadora. Motorola no solamente desarrolló un hardware eficiente, que tenía algunas características de microprocesador de 16bits e incluso instrucciones específicas para multiplicaciones (cosas que ninguno de sus competidores tenía), también invirtió en equipar a su hardware de un software de calidad profesional. Contrataron a la empresa Microware para crear un intérprete de

Basic estructurado, llamado BASIC09, con el que se podía aprender a programar de manera correcta. Además, se desarrolló un sistema operativo para dar soporte a BASIC09 llamado OS-9, y que corría en cualquier Motorola 6809 con tan solo 64KB de memoria RAM, orientado a procesos, multitarea, multiusuario, tipo Unix. Algo que pasaron quince años antes de tener disponible para ordenadores domésticos con el famoso GNU/Linux. Sorprendentemente este trabajo de Motorola no alcanzó éxito alguno de ventas, y es que el mercado era lo que era. Commodore había diseñado una videoconsola que acabó de rebote siendo un microcomputador doméstico llamado Commodore 64 y arrasó en el mercado. Más caro, difícil de programar en lenguaje de alto nivel, incómodo a bajo nivel, y eso sí con más colores y mejor sonido, y arrasó. Sinclair creó el Spectrum, de teclado de broma, gráficos justitos, sonido espartano, barato, muy barato, y con muchísimos juegos y muy fáciles de copiar, y también arrasó. Ergo realmente lo que los compradores de microcomputadoras domésticas en los años ochenta querían eran gráficos, sonidos, juegos y buen precio. Aprender informática era la excusa para centrarse realmente en las luchas de marcianitos. En Amstrad se supieron dar cuenta desde el principio un par de años después.

Aun con todo, el primer producto, el Dragon 32, estaba listo para la campaña de navidad de 1982 dispuesto a competir principalmente con el ZX Spectrum y el Commodore 64. Este modelo inicial contaba con 32KB de RAM y 16 de ROM, con lo que se abarataban precios, aunque con ello cerraban las puertas al uso del OS-9. En España, costaba 75.000 pesetas de la época frente a las 55.000 del ZX Spectrum, y en conjunto Dragon Data consiguió vender 40.000 unidades tras la campaña navideña. Con esto se plantearon nuevos productos para el Dragon 32, como una unidad de disquete de simple cara y 175KB, y una ampliación de memoria a 64KB que permitiera ejecutar OS-9, dos interfaces RS-232C y una tarjeta gráfica que proporcionara texto de 80 columnas. Estas ampliaciones del Dragon 32, venían en su mayoría de serie en el modelo inmediatamente después comercializado llamado Dragon 64. Además de esto, con el tirón inicial, las cosas progresaban tan favorablemente que se comienza a diseñar un modelo Dragon 128, que aparte de los obvios 128 KB de RAM, vendría equipado con dos procesadores

6809, teclado extendido con keypad numérico, y opción de arranque del sistema operativo OS-9 de Microware de serie.

Sin embargo, se tomaron malas decisiones con la planificación de la producción, y se retrasó demasiado la aparición de la unidad de disco, con lo que las ventas no fueron todo lo buenas que inicialmente se pensó. Además de esto no acababa de consolidarse el desarrollo de programas para el Dragon por parte de las empresas de software, cuando otros modelos como el Sinclair Spectrum o el Commodore 64 contaban con infinidad de títulos ya en sus bibliotecas. Videojuegos baratos, y en todo caso fáciles de copiar, y con una mejor relación calidad precio que el Dragon. Y a pesar de la clara orientación didáctica de los productos de Dragon, el mercado británico no tenía sitio para el en este terreno, ya copado por los Acorn BBC.

Dragon Data intentó sacar nuevos productos de cara a la campaña de Navidades de 1984. Creó dos nuevos diseños: el Alpha y el Beta. El Dragon Alpha contaría con 128 KB de RAM además del microprocesador Motorola 6809, una unidad de disquete 3,5", fuente de alimentación también interna, chip generador de sonido de tres canales, monitor estándar RGB, y como novedad un modem integrado certificado por British Telecom para acceder a BBS, videotex y otros servicios. El Dragon Beta tendría el doble de todo. Doble memoria RAM que el Alpha, doble microprocesador, unidad de disco duro externa además de la interna de 3'5", teclado numérico separado, MODEM, y tarjeta de red, que junto con el OS/9 le permitiría hacer de servidor de ficheros. Pero ninguno de los prototipos llegaría a producción, ya que Dragon Data no consigue los beneficios suficientes como para acometer su fabricación, y la empresa entrará prematuramente en bancarrota. Tandy parece ser la candidata inicial para la compra de Dragon Data. Philips también parece interesarse, aunque finalmente la empresa española Eurohard compra los derechos de la serie de microcomputadoras Dragon.

Eurohard había sido distribuidor de Dragon en España, y al conseguir el apoyo financiero del Instituto Nacional de Industria y de la Sociedad de Fomento Industrial de Extremadura junto con otros inversores financieros, se hace con los productos Dragon 32 y Dragon 64. Las oficinas centrales se crean en Madrid, y la fábrica en Cáceres. A la par que se siguen fabricando los Dragon 64 con el nombre de Dragon 200, se deja de lado los proyectos Alpha y Beta, y se comienza el desarrollo de un equipo compatible con el estándar MSX.

Eurohard

La historia de Eurohard hubiera sido muy diferente de haber salido adelante el proyecto del Ministerio de Educación de España, para la informatización de las aulas, llamado Atenea. En el concurso de adjudicación de 1985, dos eran los equipos claramente favoritos a la adjudicación del contrato: el Dragon 200, y el Secoinsa FM-7. Secoinsa era el importador para España del microcomputador japonés Fujitsu FM-7. Los dos equipos se basaban en el microprocesador Motorola 6809, y por lo tanto los dos podían ejecutar el sistema operativo OS/9, multitarea, multiusuario, y en red. Ideal para la educación por estar basado en Unix.

 Pero el proyecto Atenea se desestimó, y para cuando en 1986 Eurohard presentaba a la prensa el nuevo Dragon MSX, se produjo la suspensión de pagos de la compañía, para al año siguiente cerrar la fábrica de Cáceres. Aquí hay que hacer un

comentario especial, sobre la increíble influencia que el proyecto Atenea hubiera tenido de haber salido adelante, no solo en la malograda Eurohard, sino en la incipiente nueva generación de informáticos que por aquel entonces comenzábamos nuestro aprendizaje. De haber iniciado nuestros pasos conociendo un sistema operativo como OS/9, con todas sus características profesionales y orientación al trabajo en red de múltiples usuarios, muy diferente habría sido el aterrizaje de Microsoft con su Windows, y muy diferente el panorama actual de la informática profesional a nivel de servidores y comunicaciones.

4.1.34 Amstrad

Amstrad significa Alan Michael Sugar Trading, es decir, los negocios de Alan Michael Sugar. Si bien últimamente, la preocupación de este empresario británico nacido en 1947, pasa más por la de coleccionar Rolls Royce y Bentleys que por el desarrollo de nuevos productos relacionados con las computadoras, durante los años ochenta Amstrad fue una de las marcas lideres en ventas en el mercado de la microinformática doméstica, y de la pequeña empresa en varios países europeos incluida España. A la exitosa serie de microcomputadoras domesticas CPC lanzada en 1984, le siguió la orientada a la pequeña empresa y el procesamiento de textos PCW en 1985, y los clónicos PC empezando en 1986. A partir de ahí, Amstrad compró la parte del negocio de Sinclair relacionado con las microcomputadoras, y poco a poco fue perdiendo mercado, incapaz de aportar nada lo suficientemente bueno como para hacer frente a la oferta de sus competidores.

Amstrad se caracterizaba en la época en la que se dedicaba a la venta de computadoras, por vender a precios muy ajustados tecnologías no demasiado punteras, pero eficientes y bien diseñadas. Microcomputadoras de diseño equilibrado, capaces de ofrecer los videojuegos que los usuarios demandaban, y las posibilidades de programación y uso profesional de las que los menos sacaban partido. De esta forma, así como rápidamente en su momento había inundado el mercado con sus equipos de audio "alta fidelidad" baratos, equipados con casetes cuando el Compaq Disc hacía un lustro estaba en el mercado, en el terrero de la informática, Amstrad compró y encargó diseños, y fabricó microcomputadoras basadas en Zilog Z80 (8 bits) cuando el resto de los fabricantes como Atari y Commodore, comercializaban ya las máquinas basadas en procesadores más avanzados como el Motorola 68000. Siguieron en esta misma línea durante los años 90, creando productos como la videoconsola de juegos GX4000, basada en diseños de la década anterior: fracasó. Así que después del lanzamiento de su serie de microcomputadoras portátiles NC en 1992, y su agenda de bolsillo táctil PenPad de 1996, en Amstrad se empezó a orientar más los negocios hacía las telecomunicaciones y menos hacía la informática. A pesar d esto, y después de este rápido resumen, merece la pena hacer un repaso más detallado de la historia y las microcomputadoras creadas por Amstrad, porque estas fueron en España, todo lo más al absorber a Sinclair y su ZX Spectrum, las favoritas de toda una generación de programadores españoles para plataformás de 8 bits.

Para 1968, un Ingles de 21 años hijo de un sastre llamado Alan Sugar, había reunido suficiente dinero en pequeños negocios relacionados con la tecnología, como para crear la que llamó Amstrad PLC ("*Alan Michael Sugar Trading*"). En los primeros tiempos, Alan Sugar se había dedicado a actividades tan variopintas como comprar carrete de fotografía en rollos grandes, para luego recortarlo tapado bajo una sábana para no estropearlo con la luz, y así poder venderlo después al por menor a sus conocidos. Para cuando Sugar funda Amstrad, decide que el enfoque inicial de su empresa era la fabricación de componentes para equipos de audio HIFI y radiocasetes. Básicamente productos baratos y de baja calidad, pero que se vendían bien.

Amstrad conseguía casi siempre precios más bajos que la competencia, entre la que ya desde el principio se encontraba Sinclair. La estrategia del éxito era fabricar las carcasas de estos mediante la técnica de inyección de plástico, en vez de mediante la de formación de vacío que utilizaban otros. De esta forma, fabricó amplificadores, sintonizadores, micro cadenas, equipos de doble pletina sencillos o con plato de disco vertical, teclados musicales sintetizadores, y videos VHS. Para cuando llegaron los años ochenta Amstrad ya cotizaba en la bolsa de Londres, y doblaba anualmente su tamaño año tras año.

En 1983 Alan Sugar se planteó seriamente introducirse en el mercado de la venta y fabricación de microcomputadoras, tras observar el éxito de Sinclair, Commodore o Atari en la venta de estos nuevos productos de electrónica de consumo. Así que encargó el diseño de una microcomputadora a una empresa externa. El primer prototipo resultó ser un fiasco. Se diseñó en torno al microprocesador MOS 6502, mostraba imágenes en un solo color gris sin más posibilidades, y tenía un mapa de memoria RAM mal diseñado. El proyecto fue desechado. Entre tanto Amstrad tenía los diseños iniciales del teclado y casete, y el concepto claro de que el producto tenía que ser asequible, sencillo de conectar y completo incluso con la pantalla incluida, es decir: el que lo comprara lo llevaría a casa, lo conectaría a un solo enchufe, y no necesitaría nada más para empezar a funcionar. Esta filosofía de trabajo en si era un auténtico acierto, pues los equipos de los competidores "secuestraban" la televisión del salón, requerían de varios enchufes para conectar todo lo necesario para funcionar, y de una inversión inicial extra a la compra del equipo en sí, para adquirir el dispositivo de almacenamiento y carga de programas (normalmente casetes).

Amstrad CPC

En agosto de 1983, Amstrad contrató a Roland Perry para dirigir a un nuevo equipo de desarrolladores, y terminar de forma completa y exitosa el proyecto. En este segundo intento se consiguió. Perry se encargó también aparte del desarrollo y diseño hardware de la nueva microcomputadora, de localizar una empresa capaz de dotarla del software necesario. Después de buscar durante un tiempo, terminaría por localizar en la ciudad de Dorking a una empresa llamada Locomotive.

Locomotive tenía desarrollado ya un intérprete Basic para el microprocesador Zilog Z80, así que Perry decidió la sustitución del 6502 por un Z80 a 3,3Mhz, con lo que se forzó contratar a una tercera empresa llamada MEJ Electronics para modificar y concluir el diseño inicial. Los cambios se sucedieron rápidamente, y para septiembre ya se contaba con un esquema completo de las ROMs del sistema operativo. El diseño inicial contaba con 64KB de RAM, 32KB de ROM, unidad de casete incorporada, zócalo para unidad de disquete opcional, puerto centronics para periféricos como impresora, conector para joystick, y salida de audio. El sonido era generado por el popular chip AY-3-8912 de Generals Instruments, con 3 canales de sonido y un canal de ruido blanco. El teclado era de calidad, con teclado numérico aparte, y en la pantalla se podía visualizar texto a 20, 40 u 80 columnas con 25 líneas en modo texto, y una resolución en modo gráfico de hasta 640x200 píxels. Se podía comprar con monitor monocromo en fósforo verde, o en color. Equipando como lo hacía un procesador Motorola CRTC 6845 para el tema gráfico, la calidad de las imágenes era muy buena, ya fuera a 160x200 y 16 colores, 320x200 y 4 colores, o los máximos 640x200 en 2 colores. Curiosamente este chip gráfico podía permitir al nuevo Amstrad modos gráficos de 768x280 en 27 colores, y diferentes efectos y modos de video de los que nunca se sacó partido. La nueva microcomputadora se llamó Amstrad CPC 464 y fue lanzada el 21 de junio de 1984.

Por 75000 pesetas de la época uno tenía un Amstrad CPC con monitor en fósforo verde, y casete listo para funcionar. Sinclair con su ZX Spectrum por 55000 pesetas, resultaba más caro, porque había que comprar la casete y la pantalla aparte. Además de esto el Amstrad CPC tenía mejores gráficos e infinitamente mejor sonido y teclado que el Spectrum 48K, y era algo más barato que el Commodore 64 también, y mucho más completo. Aunque a nivel hardware era similar a los MSX, a nivel software tenía muchos y más variados programas de todo tipo. Todo lo más cuando el hecho de contar con 64KB de RAM y unidad de disquete opcional le permitía ejecutar CP/M, y acceder a toda su biblioteca de software profesional. El Amstrad CPC se lanzó en Gran Bretaña, Francia, Australia, Alemania, y España. No consiguió desbancar en ventas a sus competidores, pero prácticamente todo videojuego que en adelante se creó para microcomputadoras domésticas, tenía su versión para Amstrad CPC.

Al modelo inicial CPC464 le siguió poco después el CPC664, que incluía la unidad de disco incorporada de serie en vez del casete, y un nuevo diseño del teclado. Amstrad apostó por un formato de disquete de 3" con 173KB por cara, cuando en el mercado el estándar era de 5'25" una sola cara y 320KB y se empezaba a imponer el de 3'5" una sola cara y 720KB. La razón era que podía conseguirlas a buen precio para instalarlas en sus equipos sin encarecerlos, y que pronto se hizo con la práctica totalidad del monopolio de la fabricación de disquetes de 3", vendiéndolos a precio realmente caro. Negocio redondo.

El CPC 664 duró en el mercado tan solo tres meses, siendo sustituido por el CPC6128, que contaba con 128KB de RAM, lo que le permitía ejecutar sin ningún problema el CPM en su versión 3. Por 95000 pesetas se podía conseguir con monitor monocromo, y por 135000 en color. Además, al monitor en color se le podía acoplar un sintonizador de televisión, con incluso radio y despertador. La competencia poco después lanzaría máquinas basadas en microprocesadores de la serie Motorola 68xxx, como los Commodore Amiga o los Atari ST, con mejores gráficos y sonido, y mejores posibilidades de procesamiento a un precio muy similar. Sin embargo, Amstrad contaba con la baza de una muy importante librería de software profesional basado en el CP/M que sus máquinas podían ejecutar, y una importante cantidad de títulos desarrollados de manera nativa para CPC, y que exprimían las posibilidades de sus 8 bits. Así se hace líder del mercado francés, pese a la presencia de los nativos Thomson TO y MO, y consigue gran popularidad en Inglaterra y Alemania. Para ello diferentes compañías comercializan bajo licencia los CPC en otros países. Así los CPC se comercializan bajo la marca Amstrad, Orion, Schneider (Alemania), Awa (Australia), Solavox, Siaho, Triumph e ISP.

Para conseguir el permiso de venta del CPC en Alemania Schneider tuvo que hacer modificaciones en los conectores del diseño original, porque las placas base no superaban las normas de interferencias vigentes por entonces en Alemania. Por esto tienen que blindar la placa base, y sustituir los conectores de conexión exterior por nuevos del tipo Delta Centronics. Además de esto, se vende un modelo con teclado tipo QWERTZ que es el estándar alemán, y otro con teclado tipo QWERTY. Schneider España llegaría a distribuir ya al final de la vida comercial del producto, el Schneider CPC 6128 como teclado suelto y como conjunto completo con el teclado y manuales en español. En Estados Unidos los CPC no llegan, porque no hubieran superado las normas, y cuando se intenta por parte de Schneider entrar en el mercado estadounidense Amstrad está en plena ruptura de acuerdos con Schneider, porque la firma alemana le estaba haciendo una competencia no deseada fabricando sus propios modelos de compatibles IBM PC.

En España el CPC6128 fue un éxito completo de la mano de la distribuidora Indescomp, que más tarde se convertiría en Amstrad España. Muchas de las academias de iniciación a la informática de mediados de los años ochenta, equipaban sus aulas con equipos Amstrad CPC 6128, pues era ideal para la enseñanza del BASIC, el CP/M, el procesador de textos WordStar que ejecutaba bajo CP/M y la base de datos DBase II también bajo CP/M. Incluso Borland comercializa su versión CP/M de Turbo Pascal, y Microsoft su Microsoft Cobol y Microsoft Macro Assembler. A todo esto, se unía los cientos de juegos desarrollados por decenas de pequeñas empresas, y todo el software desarrollado bajo el sello Amsoft, que la propia Amstrad había creado para dotar de programas a sus microcomputadoras.

1985 fue un año crucial para el mercado de la microinformática. En Europa solo el Commodore Amiga y el Atari ST inquietan al CPC de Amstrad, mostrando a las claras su superioridad como microcomputadoras más avanzadas. Los MSX se venden solo en España, y su crónica carencia de software de calidad hace que no sean competencia para los CPC. Sinclair que por aquel entonces era el principal competidor de Amstrad en el mercado de los 8 bits, y había intentado dar el salto a los 16 bits y el entorno profesional con su QL, se descalabra.

Amstrad PCW

Amstrad mantuvo lo que ya tenía en el mercado doméstico, y dió el salto al terreno profesional con su serie PCW. Los Amstrad PCW eran básicamente microcomputadoras CP/M puras. Desde finales de los años setenta diferentes marcas en Estados Unidos y Asia habían construido máquinas equivalentes. Como ejemplo el PPC 2000 de la Pertec Computer Corporation de 1978.

Monitores en modo texto monocromo sin buena capacidad gráfica, teclado de tacto correcto y robusto que permitía teclear durante toda la jornada laboral, unidades de disquete, impresoras matriciales, y posibilidad de utilizar el sistema como terminal de trabajo de uno mayor. La fórmula era ya veterana en el mercado, pero Amstrad supo darle el enfoque correcto. Se embebió una placa base basada en Z80 con la suficiente RAM dentro de un monitor de fósforo verde, se le agregó en el lateral la unidad de disquetes, y se le conectó un teclado externo de calidad, y una impresora matricial de 9 agujas todo ello a un precio ajustado. El resultado: el Amstrad PCW, el producto del que Roland Perry como jefe de desarrollo de todas las computadoras Amstrad durante el tiempo que la empresa se dedicó a la informática, dice sentirse más orgulloso hoy en día.

Inicialmente por 399 libras esterlinas en el mercado británico, y unas 150.000 pesetas en el español, el usuario se hacía con un sistema completo de oficina incluido el software, que tan solo requería de un enchufe para comenzar a trabajar. Los competidores cobraban por un sistema análogo en funcionalidad unas 10.000 libras esterlinas, basados en tecnologías más modernas y caras, pero funcionalmente equivalentes. El PCW era una compra redonda. En cuanto al hardware inicialmente se lanzaron dos modelos: el PCW8256 y el PCW8512. El primero con 256KB de RAM y una disquetera de 3" y 180KB por cara. El segundo con 512KB de RAM y dos disqueteras. Los dos equipaban un microprocesador Z80 a 4Mhz, que igual que en el caso de los CPC funcionaba a 3.3Mhz dado que estaba sincronizado con el video. La ROM era de 48KB. Equipaban un chip de video diseñado por Amstrad que le permitía mostrar 720x256 píxeles en pantalla en monocromo verde, y texto en 90x32 caracteres. Algo que los hacía equivalentes a nivel gráfico con las tarjetas *Hercules* para IBM PC y compatibles, y superaba los 80x25 caracteres de estos.

En cuanto al software los PCW no tenían nada instalado en la ROM, excepto las rutinas de paso de control y arranque a la disquetera. Si se encendían sin disquete la pantalla se quedaba completamente en verde sin dar ningún tipo de mensaje, dando la apariencia de estar roto. Así que venían con varios disquetes de arranque, como el del procesador de textos LocoStript de Locomotive, los disquetes del CP/M+, un intérprete Mallard Basic muy optimizado para el trabajo con ficheros y orientado al desarrollo de aplicaciones de gestión, y el Dr. Logo. Aunque realmente no parece que tuviera mucho sentido la inclusión de un disquete con el lenguaje de programación Logo. La biblioteca completa de software CP/M también funcionaba en su mayoría. Aparte de esto, dado sus capacidades gráficas bastante aceptables y su éxito de ventas, aunque no numerosos, se podían encontrar videojuegos en el mercado para el PCW.

Con el tiempo Amstrad llegó a equipar sus PCW con monitores en fósforo blanco, y una impresora de margarita en los modelos PCW9256 y PCW9512. También acabó ofreciendo la posibilidad de conectar impresoras de otros fabricantes en el PCW10, y adoptó finalmente la disquetera de 3´5". En el modelo de final de la serie llamado PCW16, también se ofrecía un entorno gráfico gobernado mediante ratón, y un sistema operativo fundamentado en hacer click en iconos, llamado Rossane.

En medio del salto evolutivo entre de las microcomputadoras de 8 bits, a las compatibles IBM PC de 16 y 32 Bits, sucedió algo que conmociono el mercado europeo. Amstrad anunció el 7 de abril de 1986 que había comprado de Sinclair Research «...los derechos mundiales de venta y fabricación de todos los ordenadores de Sinclair hasta la fecha, junto con la marca registrada Sinclair y los derechos de propiedad intelectual referidos a ordenadores y accesorios». Por 5 millones de libras, se hizo con una empresa dos años antes costaba 80, y que incluía los derechos sobre el ZX Spectrum, y todo el stock de máquinas y piezas en los almacenes de Sinclair. Nada más que ese stock de almacén costaba ya esos 5 millones de libras, y Amstrad lo vendió sin problemás, recuperando rápidamente la inversión.

Con la licencia del producto estrella de su eterno competidor en el bolsillo, Alan Sugar siguió jugando bien sus cartas, y decidió abandonar definitivamente la plataforma Sinclair QL y lanzar tres nuevas variantes del Spectrum. El Sinclair Spectrum +2, basado en el Sinclair Spectrum 128K, con una unidad de cinta integrada idéntica al CPC 464. El Sinclair Spectrum +3, con una unidad de disco integrada idéntica a la del CPC 664 y 6128. Y finalmente el Spectrum +2A/+2B, que usaba la placa del +3 en una caja de un +2 con unidad de cinta. Pero lo mejor estaba aún por llegar, y el verdadero vuelco del mercado de las computadoras europeo lo protagonizaría Amstrad al decidir fabricar nuevos ordenadores compatibles con el estándar IBM PC, a un precio cinco veces inferior al que la competencia marcaba en aquellos días en el mercado.

Amstrad PC

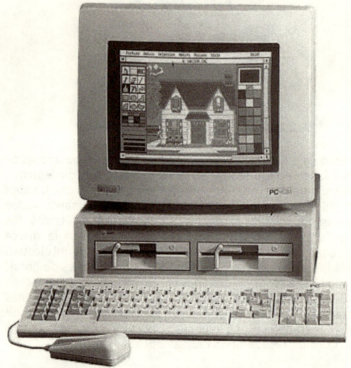

En la segunda mitad de los años ochenta, comenzaba a quedar claro que el estándar definido por IBM con su PC acabaría por barrer del mercado a otras plataformas. Alan Sugar era consciente de ello, y en 1986 Amstrad lanza su primer IBM PC compatible: el PC1512. Por 399 libras esterlinas en Gran Bretaña, y tras unos pocos meses de su lanzamiento alrededor de 100000 pesetas en España, el que lo quería lo tenía. Era un PC con algunas características que lo hacían un tanto especial. Tenía un microprocesador Intel 8086 a 8 Mhz, 512KB de memoria RAM, expandibles a 640KB, un adaptador de gráficos a color integrado, compatible con el estándar CGA y con un modo especial de alta resolución con 16 colores. La placa base contaba con tres ranuras de expansión, con potencia suficiente para conectar un disco duro EISA con controlador incorporado.

Aunque lo difícil era encontrar discos duros de terceros que entraran físicamente en la reducida carcasa de la CPU, de tamaño no estándar. Podía venir equipado con 1 o 2 discos flexibles de 51/4 pulgadas de 360K y un disco duro fabricado a propósito para este modelo de 10 o 20 MBytes. También contaba con Interfaz serie RS 232 y paralelo Centronics, con conectores estándar. Además, en la placa base había un zócalo para el coprocesador matemático 8087, y un conector en la parte trasera para un lápiz óptico. La pantalla incluía la fuente de alimentación del sistema, y era específica para este modelo, pudiendo ser en color, o monocromo en fósforo blanco. Contaba con un reloj en tiempo real y memoria de configuración que mantenía su contenido alimentado por pilas. El sonido lo proporciona un altavoz con control de volumen sin ningún hardware específico encargado de gestionarlo. De haberse decidido en Amstrad dotar al PC1512 y sus sucesores de un chip de sonido de 3 voces, equivalente al del IBM PC jr, o a los Tandy 1000, hubiera sido la máquina perfecta a todos los niveles.

A nivel gráfico se apartaba un poco del estándar CGA, y siendo compatible con este, lo mejoraba. Tenía un modo texto de 40x25 caracteres en 16 colores, otro de 80x25 también en 16 colores, 320x200 píxeles en cuatro colores en modo gráfico, 640x200 en monocromo, y como novedad un modo especial de 640x200 en 16 colores. A este modo especial le sacaba partido el entorno gráfico GEM (*Graphic Environment Manager*) desarrollado por Digital Research, y que era la respuesta de los creadores del CP/M a los sistemas Windows para PC. El GEM del Amstrad PC era similar al que traían los Atari ST de la época. Y claro está, para manejarlo contaba con un ratón de bola con dos botones compatible Microsoft. El teclado era de tipo QWERTY estándar de 85 teclas, y de calidad razonable, aunque inferior a los de la competencia.

En cuanto al software, y aparte de la obvio BIOS en ROM compatible, venía con los disquetes del MSDOS 3.2 de Microsoft, aparte del mencionado GEM con su GEM Paint, y el DOS Plus de Digital Research que permitía ejecutar aplicación CP/M 86 y MSDOS. Para los programadores traía un excelente BASIC 2 desarrollado por Locomotive, con acceso a las funciones gráficas de GEM y que se podía integrar con él. A todo ello había que incluir la inmensa biblioteca de software ya desarrollado y en expansión para la plataforma PC. Y esta vez el software no era en su mayoría juegos, sino de todo y para todo. Ya no era un microcomputador para iniciarse, o una máquina con características que permitía hacer planteamientos más o menos serios como el CPC6128, era una autentico ordenador personal moderno, de la misma línea evolutiva directa que los actuales.

Tras el éxito del PC1512, se lanzó una versión mejorada con 640KB de RAM y tarjeta gráfica EGA denominada PC1640, y con la incorporación de este a la gama, el negocio fue redondo, provocando la caída de precios de otros competidores del mercado de los compatibles PC, como Philips y Olivetti, o la entrada de otras empresas en el negocio de fabricación de PC que tradicionalmente no lo hacían, como Commodore y Atari.

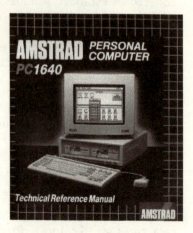

Con el tiempo Amstrad lanzaría también una serie de ordenadores portables. Concretamente en 1988 llegarían los PPC 512 y los PPC 640. Básicamente PC1512 y PC1640 conectados a un pequeño monitor LCD a resoluciones CGA, y que podía funcionar con diez pilas convencionales cuando no estaban conectados a la red, devorándolas prácticamente en minutos. Eso si el teclado era excepcionalmente bueno.

Y a la vez que los portables y la continuación de la gama de PCs en versiones con microprocesadores 286 y 386sx, Amstrad lanzó los PCs compactos Sinclair PC 200 y Amstrad PC 20 como parte de una nueva estrategia de marketing. Resulta que Amstrad podía poner la marcha Sinclair a cuantos nuevos ordenadores quisiera. Sinclair tenía nombre y tradición en el mercado, desde el lanzamiento del ZX Spectrum en la época en la que Sinclair todavía era de Clive Sinclair. Amstrad planteó crear un Sinclair PC atrayendo compradores anunciándolo como una máquina PC, capaz de ejecutar todos los videojuegos del ZX Spectrum, y utilizando una carcasa similar a las de los Atari ST y los Commodore Amiga. Pero al venir equipados con tarjeta gráfica CGA, y ser un PC mondo y lirondo resulto ser un fiasco total. La máquina no era compatible con el ZX-Spectrum ni por emulación, y ni siquiera esta vez Amstrad quiso poner a sus PC, un chip para control de sonido que le dotara de algo más que los simples pitidos de altavoz. Cuando se vendió el producto en una carcasa bajo el nombre de Amstrad aún se vendió peor, siendo el Amstrad PC20 hoy en día un auténtico objeto de coleccionista difícil de localizar.

Junto con toda su gama de PC compatibles, Amstrad entró también de lleno en el mercado de las impresoras. Anteriormente había sacado las Amstrad DMP 1 y Amstrad DMP 2000 para las microcomputadoras de 8 bits, pero la primera era una impresora con interfaz compatible CPC de 7 bits, con lo que solo valía para los CPC, y la segunda era demasiado lenta. La Amstrad DMP 3000 que se comienza a vender con los exitosos 1512 y 1640 ya es una impresora convencional. Más tarde la Amstrad DMP 4000 que estaba equipada ya con carro ancho de 132 caracteres, y la Amstrad DMP 3160 mete de lleno a Amstrad entre los fabricantes de impresoras matriciales de 9 agujas y NLQ. Aunque Amstrad intentó también el mercado de la alta calidad con su gama de 24 agujas LQ, no lo logró por no conseguir precios suficientemente competitivos.

Con la llegada de los años noventa, Amstrad intentó también introducirse en el mercado de las videoconsolas con su GX4000 que básicamente eran un CPC+ sin teclado dentro de una carcasa, y con la única opción de un cartucho para la carga de software. Fracaso total al igual que la gama CPC+, y es que los tiempos andaban ya maduros y la última revisión de la serie CPC de Amstrad que continuaba siendo de 8 bits, resultaba difícil encajarla en un mercado en el que comenzaban a imponerse los 32bits con todas sus características avanzadas y su potencia. Bajo esta denominación de CPC+ Amstrad lanzó dos modelos a finales de 1991, el CPC464+ y el CPC6128+. Eran los equivalentes a los modelos anteriores, con una carcasa y un teclado rediseñado, y modos gráficos ampliados de los que prácticamente ningún juego sacó partido. Los dos equipaban un gamepad, y una unidad de cartucho para cargar los juegos de manera rápida del mismo tipo que los de la GX4000, aunque poco hubo en el mercado para este formato.

En los 90 se lanza también la serie NC. Muy parecidos a los Z88 que Cambridge Computer había lanzado al mercado de la mano de Clive Sinclair. Los NC100, NC150, y NC200 eran pequeños ordenadores basados en Z80 con una reducida pantalla LCD, que permitían portar y generar datos desde y hacía PC. Los teclados de estos modelos eran realmente buenos, e incluían software y manuales de calidad, pero no triunfaron. El NC100 lanzado en septiembre de 1992, venía equipado con un microprocesador Z84C00 a 6Mhz en formato PLCC de 44 pines. Tenía una ROM de 256KB que contenía un procesador de texto con combinación de correspondencia, una agenda de direcciones, un calendario con alarmas y carente de efecto 2000, pero que curiosamente tenía el efecto 2099. Además de esto una calculadora, un software de emulación de terminal que hacía uso de los conectores serie y paralelo en la parte trasera de la carcasa, y el BBC Basic completaban la dotación software. Todos estos programas los movía con tal solo 64KB de RAM. La pantalla LCD era de 480x64 píxeles lo que le permitía mostrar 80x8 caracteres alfanuméricos. Incluso se podía ejecutar el CP/M 2.2 en esta máquina, pero aun con todas estas acertadas características, el éxito fue discreto. Aun con los 128KB de RAM extra y las mejoras software del NC150, y la pantalla ampliada de 16 líneas y la disquetera del 3'5" compatible MSDOS del NC200 no se vendió lo suficiente.

En 1993 Amstrad intentó vender también el Amstrad PenPad, una PDA similar al Apple Newton, y lanzada sólo unas semanas antes. También fue un fracaso comercial, porque padecía varios problemas técnicos y de manejabilidad, y carecía de la mayoría de  las características que incluía el Apple Newton, a pesar de tener un precio más bajo. Además, sus dimensiones de 115x160x27 milímetros la hacían más similar a un libro por tamaño que a una PDA. Pero en definitiva el problema fue que el sistema de trabajo de pantalla táctil, sobre la que se escribía directamente con un lapicero de plástico, no gustó ni con este ni con otros modelos similares de la competencia.

Tras el fracaso de la gama CPC+, NC, y del PenPad, a todo esto, se unió la pérdida de credibilidad en la gama PC causada por una partida defectuosa de discos duros Seagate que causó numerosas pérdidas de datos y devoluciones de equipos. Alan Sugar sabiamente decidió que Amstrad dejara el negocio de la informática para centrarse en las telecomunicaciones y la fabricación de decodificadores de TV. Hoy en día la empresa sigue trabajando en este sector, a pesar de que Alan Sugar ya se desvinculara de ella tras retirarse de la gerencia hace un tiempo. Por cierto, al igual que a Clive Sinclair, la corona británica le concedió el título de Sir.

4.1.35 MSX

A comienzos de la década de los ochenta, en pleno auge de la industria de las microcomputadoras domésticas, el mercado estaba plagado de

máquinas de hardware muy similar, pero incompatibles entre sí a nivel de software y periféricos. Kazuhiko Nishi de origen japonés, era por aquel entonces vicepresidente de Microsoft, siendo en ese momento el principal negocio de la recientemente creada Microsoft, desarrollar intérpretes Basic para todas las empresas fabricantes de microcomputadoras domésticas. Esto llevó a Microsoft a realizar gestiones para crear junto a fabricantes japoneses, un hardware que siguiera unas mismas especificaciones, de forma que en todos los modelos de

microcomputadoras sirviera el mismo intérprete Basic.

Con este proyecto en mente, en una primera toma de contacto con Matsushita Electronics, se determinó usar el Spectravideo SV318 que la compañía fabricaba en Taiwan, como modelo de referencia sobre el cual crear el estándar. El primer prototipo se llamó MNX como unión entre las siglas Matsushita-Nishi y la X haciendo referencia a un número indefinido de referencia de modelo. Sorprendentemente MNX estaba registrado, por lo que finalmente se decidió utilizar MSX, sustituyendo "N" por "S", justificándolo en que Sony era la primera compañía que había obtenido los derechos de distribución y venta del nuevo ordenador. En definitiva, MSX quería decir Matsushita-Sony X. Aunque sin embargo el propio Nishi ha dicho en varias ocasiones a posteriori que MSX proviene de "*Machines with Software eXchangeable*" (máquinas con programas intercambiables).

Sea como fuere finalmente Microsoft se aliaría con la Kabushi Kaisha ASCII, y definieron el estándar final, presentándolo oficialmente el 27 de junio de 1983 en Tokyo bajo las siglas de MSX. Nishi entonces cuando contactaba con diferentes fabricantes de hardware para convencerles de que fabricaran según el estándar, les decía que la "X" de MSX representaba su compañía, y que la "X" sería sustituida por la inicial de su compañía. Incluso a Bill Gates le dijo que MSX significaba "Microsoft eXtended".

La norma MSX-1 definía que una microcomputadora MSX tenía, un microprocesador Zilog Z80A a 3.58 MHz, y una ROM de 32 KB, 16KB para sistema operativo y 16KB para el intérprete MSX BASIC V1.0. Además de esto una memoria RAM con un mínimo de 8KB, un procesador de video Texas Instruments TMS9918 con una RAM de video de 16KB (40x23 y 32x24 caracteres, 256x192 píxeles en 16 colores, y soporte para sprites por hardware), y un chip de sonido General Instrument AY-3-8910, que proporcionaba 3 canales de audio y 8 octavas. Además de esto debía de contar con un teclado de 73 teclas, una o dos conexiones de cartucho de 50 contactos, y conexiones de casete de 1200/2400 baudios, video RF, Impresora, Joystick, y disquetera. Sony con su serie HitBit, Mitsubishi y Toshiba en Japón, y Philips en Europa, fueron los primeros que comenzaron con la fabricación de los MSX. El éxito en Japón y Brasil fue total, en Estados Unidos nulo, y en Europa reducido a España, Holanda, y en lo que entonces era la URSS donde el gobierno soviético adquirió miles de ellos para equipar las aulas. Curiosamente el primer modelo comercializado por Philips en Europa, el VG8000, no era compatible completamente con el estándar MSX, puesto que carecía de puerto de impresora.

En España se pudo comprar esta máquina, a partir de las navidades de 1984. Aunque para entonces solo dos marcas lo ofrecían, Sony con su HitBit 75 y Toshiba con su  HX-10. Poco después Canon se uniría a ellos con su HX-10. A nivel mundial Canon, Daewoo, Mitsubishi, National, Panasonic (Matsushita), Fujitsu, General, Goldstar (LG), Hitachi, JVC, Kyocera, Philips, Pioneer, Samsung, Sanyo, Sony, Spectravideo, Toshiba, Yamaha y Yashica lo fabricarían.

La gran ventaja de los MSX explotada en profundidad, eran los cartuchos hardware tipo videoconsola, donde no solamente se incluía el programa del videojuego, sino también hardware que lo mejoraba. Para el primitivo MSX original, Konami llegó a lanzar en 1986 los llamados "MegaROM", con 128KB extra de memoria e incluso su propio chip de sonido. Pero antes de que esto sucediera, en 1985 aparecería una nueva versión de las máquinas MSX, denominada MSX2. La revisión del MSX inicial, incluía mejoras gráficas y sonoras con nuevos chip de video (Yamaha V9938) y sonido (Yamaha YM2149), y la inclusión de unidades de disquete de 3'5" inicialmente de 360KB y finalmente de 720KB. La ROM era de 48KB, 32KB para el sistema operativo, y 16KB para el intérprete Microsoft MSX Basic 2.0. La RAM tenía que ser de un mínimo de 64KB. La idea parecía ser esta vez, el hacer del MSX algo más que una videoconsola, con ciertas capacidades de programación. Se trataba de competir con los Commodore Amiga, y con los Atari ST, aportando al mercado una máquina capaz de hacer muchas otras cosas aparte de ejecutar vistosos videojuegos. Para empezar, teniendo un Z80, suficiente RAM, y disquetera, Digital Research sacó una versión especial de su CP/M para los MSX2, el CP/M Plus 3.0, específicamente adaptada las posibilidades gráficas y sonoras del MSX. Con ello daban acceso al nuevo diseño, a la biblioteca de programas profesionales para CP/M que llevaba casi una década desarrollándose. En Brasil sí que se conseguiría introducir esta computadora en el mercado profesional.

Además de esto el sistema operativo MSX-DOS de Microsoft entregado con las MSX2, la hacían en cierto modo compatible a nivel comando con un PC, y le daban la posibilidad de utilizar disquetes en el mismo formato que un PC. Por su parte algunos fabricantes se encargaron por su cuenta de desarrollar para sus máquinas software de aplicaciones. Ejemplo paradigmático de esto fue el Philips VG-8235, de gran éxito en España. Philips Ibérica encargaría a la compañía de software Opera Soft (clásico del software de entretenimiento para máquinas de 8 bits durante los años 80, creadores entre otros de los míticos

Livingstone Supongo y La Abadía del Crimen), programar un entorno gráfico al estilo Atari ST o Commodore Amiga, que corriera bajo MSX-DOS, para ser entregado junto con la máquina. De esta forma se pretendía añadir un extra de cara al potencial comprador. Este entorno gráfico llamado Ease, aparecería también en versión IBM PC compatible ejecutándose bajo MSDOS. En una época en la que el Windows 1.0 funcionaba mal y era inestable e incompleto, Ease funcionaba de manera estable, e incorporaba procesador de textos, hoja de cálculo, base de datos, y gráficos. Aunque Ease era un producto español, y no hubo campaña de marketing o inversión que garantizara su continuidad.

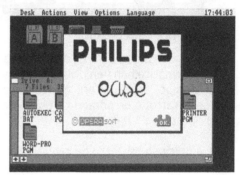

Simultáneamente a su fracaso en Europa, se creó en Japón una nueva versión de la máquina, los MSX2+, con mejores gráficos y sonido una vez más. Estas máquinas no salieron de Japón y fueron prácticamente desconocidas en el resto del mundo, siendo de los pocos que lo fabricaron Panasonic, Sanyo y Sony. Panasonic seguiría en solitario en el mundo MSX, y a finales de 1990 decidió ir más allá con el estándar y se convirtió en la única empresa que fabricaba los MSXturbo. Estos presentaban un microprocesador Z80A ayudado por otro microprocesador R800 de 16 bits adicional, junto con un coprocesador S9000 que se encargaba de la coordinación entre ambos microprocesadores. Finalmente 1993 fue el año definitivo de la despedida del MSX. Se dejaron de fabricar modelos y el software quedó reducido a aportaciones de usuarios aficionados y fanáticos, que llegan aun hasta nuestros días.

4.2 Quinta generación

Si bien es cierto que a partir de la cuarta generación los cambios en la informática han venido siendo más paulatinos y sostenidos en el tiempo, Japón lideró el proyecto una quinta generación que se desarrolló en paralelo a boom de la informática personal de la década de 1980.

Este ambicioso esfuerzo de investigación que comenzó en 1982, tenía como objetivo principal el desarrollo de una nueva clase de computadoras basadas en la Inteligencia Artificial (IA). En esta vía, se hicieron esfuerzos para desarrollar nuevos lenguajes de programación más orientados a la lógica y declarativos, como Prolog, que se utiliza para la programación en lógica. Además, hubo un énfasis en la utilización de sistemas con procesadores paralelos masivos para mejorar el rendimiento de las tareas de IA, popularizándose la arquitectura de conjunto de instrucciones reducido (RISC) en el diseño de procesadores, lo que llevó a un mejor rendimiento en comparación con las arquitecturas complejas de conjunto de instrucciones (CISC) que se venía utilizando de manera preferente hasta entonces.

Por iniciativa del MITI (Ministerio de Comercio Internacional e Industria de Japón), se llevó a cabo una conferencia internacional en 1882 en la que el físico Kazuhiro Fuchi anunció un programa de investigación. El 14 de abril de ese mismo año, el gobierno japonés tomó la decisión oficial de lanzar el proyecto, dando origen al ICOT (*Institute for New Generation Computer Technology*). Este instituto fue establecido bajo la dirección de Fuchi, quien más tarde sería sucedido por Tohru Moto-Oka como director. El proyecto contó con la participación de investigadores provenientes de diversas empresas japonesas especializadas en el desarrollo de hardware y software, incluyendo nombres destacados como Fujitsu, NEC, Matsushita, Oki, Hitachi, Toshiba y Sharp.

Tras más de una década de trabajo, a mediados de la década de 1990 se determinó que no estaba logrando alcanzar los resultados previstos. Las computadoras actuales continúan operando de la misma manera, ya que existen numerosos casos en los que resulta inviable implementar la paralelización, e incluso cuando se logra realizarla en muchos casos no se observa ninguna mejora discernible en el rendimiento. También suele ocurrir en situaciones desfavorables, puede haber una disminución del rendimiento.

4.3 Computación Cuántica

La computación cuántica se origina a partir de la teoría cuántica, la cual es una rama de la física que estudia el comportamiento de las partículas subatómicas. Aunque las ideas fundamentales de la teoría cuántica se desarrollaron a principios del siglo XX, fue en la década de 1980 cuando los científicos comenzaron a explorar la posibilidad de utilizar los principios cuánticos para realizar cálculos de una manera diferente a la computación clásica la que hemos estado tratando en ese libro, con la salvedad de algunos tipos de computación analógica que vimos al comienzo.

El concepto clave detrás de la computación cuántica es el qubit, la unidad básica de información cuántica. A diferencia de los bits clásicos en base a los cuales Shannon enuncio si Teoría de la Información, y que pueden tener los estados de 0 o 1, los qubits pueden aprovechar los fenómenos de superposición y entrelazamiento cuántico. Gracias a a superposición, un qubit puede estar en múltiples estados al mismo tiempo, mientras que por el entrelazamiento dos qubits permanecerán correlacionados de manera que el estado de uno dependa del estado del otro incluso a distancias muy grandes.

En 1981, el físico David Deutsch de la Universidad de Oxford, propuso por primera vez la idea de una máquina de Turing cuántica, sentando las bases teóricas para la computación cuántica, que desde entonces se llaman Church-Turing. Más tarde en 1985, el proplo Deutsch y el también físico y matemático Richard Feynman, de manera independiente argumentaron que las computadoras cuánticas podrían simular sistemas cuánticos de manera más eficiente que las computadoras clásicas. Este campo, el de la simulación de sistemas cuánticos, ha venido siendo en la práctica el principal ámbito de aplicación de las computadoras cuánticas. Las computadoras cuánticas, por lo tanto, se puede afirmar que aparecieron en la década de 1980 tra el estudio «Simulación de física con computadoras» elaborado por el premio nobel Richard Feynman y Yuri Manin. En él, Feynman argumentaba mediante el mediante el método científico que una computadora cuántica poseía el potencial para simular fenómenos físicos a los que una computadora convencional no llegaba.

Mas allá de la simulación de sistemas cuántica, en 1994, el matemático Peter Shor desarrolló un algoritmo cuántico que podría factorizar números grandes en tiempo polinómico. Este tiene implicaciones importantes para la criptografía. En esta misma de vía de aplicación de la computación cuántica a nuevos problemas, en el mismo año el físico Lov Grover desarrolló el algoritmo de búsqueda cuántica que permite encontrar un elemento deseado en una base de datos no ordenada con mayor rapidez que los algoritmos clásicos actualmente aplicados. Se anuncia que los ordenadores cuánticos trabajan hasta 158 millones de veces más rápidos que la supercomputadora más sofisticada. Estos avances teóricos sentaron las bases para la investigación y desarrollo posterior en el campo de la computación cuántica, tanto a nivel de algoritmos y programación, como a nivel de hardware. De esta forma en 1998, Isaac Chuang del Laboratorio Nacional de Los Álamos, Neil Gershenfeld del MIT y Mark Kubinec de la Universidad de California en Berkeley crearon la primera computadora cuántica de 2 qubit, en la que podía cargarse con datos y generar una solución. Poco después, en 1999 Yasunobu Nakamura y Jaw-Shen Tsai de la Universidad de Tokio crearon un circuito superconductor que podía emplearse como un qubit. También, en el año 2000, se creó el primer ordenador de 7 qbits en el Laboratorio Nacional de Los Álamos.

Los últimos años, esta área y la de la inteligencia artificial han sido las dos principales ramas de la informática en la que se ha continuado avanzando. Hoy en día, la computación cuántica sigue siendo un área activa de investigación con el potencial de transformar la informática y resolver problemas que son prácticamente imposibles para las computadoras clásicas.

4.4 Software

Software como ya vimos al comienzo de este libro, es un término que se refiere al conjunto de instrucciones que permiten a una computadora realizar tareas específicas. El software es la parte lógica y no tangible de un sistema informático, que contrasta con el hardware, que se refiere a los componentes físicos de la computadora. Algunos informáticos afirman «hardware es lo que puedes golpear, y software es lo que puedes maldecir».

4.4.1 Lenguajes de programación

Con el desarrollo de las primeras computadoras electrónicas, rápidamente nació la necesidad de programarlas, es decir, de almacenar en memoria la información sobre la tarea que iban a ejecutar, en vez de tener que modificar la estructura física de la computadora para cada ejecución de programa. Recordemos que las primeras computadoras de la era moderna, del estilo del ENIAC, se usaban como calculadoras simples a las que se les indicaban los pasos del cálculo, uno por uno. Recordemos también que John von Neumann planteó el modelo de arquitectura de computadora que lleva su nombre, en el cual se introduce ese concepto de programa almacenado. En una arquitectura de tipo von Neumann, se considera a la memoria de la computadora como conjunto de celdas en las que sencillamente se almacenan números. Estos números pueden representar o bien los datos sobre los que se trabaja, o bien el programa.

Los lenguajes de programación más primitivos fueron los lenguajes de código máquina. En memoria se almacenaban un conjunto de números directamente interpretables por la unidad de procesamiento de la computadora. La portabilidad de estos programas era nula, porque eran hechos completamente a medida de la máquina. Programar en código máquina resulta complicado y muy propenso a cometer errores de codificación. Lo que vendría a partir de este punto, fue un intento por acercar el lenguaje de programación de las computadoras, al ser humano. Nunca hay que olvidar, que por avanzado que sea el lenguaje de programación, y lo cercano al lenguaje humano, finalmente siempre el código acaba traduciéndose a una enorme lista de unos y ceros que es lo único que la computadora puede interpretar.

El primer paso que se dio en este sentido fue la abstracción dada por el Lenguaje Ensamblador, y de la mano de este, las primeras herramientas automáticas para generar el código máquina. Esto solucionaría muchos errores difíciles de detectar, pero fáciles de cometer. Sin embargo, el ensamblador requiere un conocimiento avanzado de la computadora para la que se programa. Esto es lo que se llama un lenguaje de bajo nivel, es decir, cercano a la máquina, pero lejos del lenguaje humano.

Durante los años cincuenta, con la difusión del uso de las computadoras en la comunidad científica, se daba obviamente el caso de que sus potenciales usuarios eran expertos en Física, Química o Geología, pero no en Ciencias de la Computación. Esto hacía que programar una computadora fuera algo no al alcance de todos cuantos los necesitaban. Para solucionarlo se desarrollaron una serie de lenguajes de alto nivel (cercanos al lenguaje humano), alguno de los cuales perdura en uso hasta nuestros días. El primer de estos lenguajes fue el FORTRAN (FORmula TRANslation), un lenguaje orientado a los cálculos matemáticos.

A finales de 1953, el trabajador de IBM John W. Backus presentó una propuesta a sus superiores para desarrollar una alternativa al lenguaje ensamblador utilizado en la programación de la IBM 704. Backus trabajaba en una IBM 701 escribiendo programas para el cálculo de trayectorias balísticas, y pensaba que era sumamente aburrido escribir todas esas líneas de código en ensamblador. La propuesta fue aceptada, y él y su equipo prepararon finalmente un borrador de las especificaciones de este lenguaje de programación en 1954. El primer manual de FORTRAN (Formula Translating System) apareció en octubre de 1956, y el primer compilador de FORTRAN en abril de 1957. Este era un compilador orientado a optimizar el código, dado que los potenciales clientes en principio eran reacios a utilizar un lenguaje de programación de alto nivel, a menos que el código generado por su compilador, tuviera un rendimiento comparable al generado directamente en lenguaje ensamblador. El éxito llegó rápido para el FORTRAM, y en 1960 existían compiladores de FORTRAN para los IBM 709, 659, 1629 y 7090, existiendo más de cuarenta versiones de compiladores FORTRAM para otras computadoras de otros fabricantes, en el año 1963. Fue sin duda el primer lenguaje de alto nivel de éxito.

El segundo de los lenguajes de alto nivel aparecido fue el LISP (LISt Processing – Procesamiento de listados). Fue inventado por John McCarthy en 1958 cuando trabajaba en el MIT. En 1960 publicaría su diseño, mostrando que, con algunos operadores simples y una notación para las funciones claramente definida, se puede construir un lenguaje de programación Turing Completo (equivalente a la máquina universal de Turing) para los algoritmos.

La primera implementación del Lisp fue creada por Steve Russell para una computadora IBM 704. Aunque Rusell haya pasado a la historia más por ser el programador del primer videojuego de éxito de la historia (el Spacewar) que, por implementar el Lisp, aunque fuera de manera parcial. El primer compilador completo de Lisp, lo crearon en 1962 Tim Hart y Mike Levin. Desde entonces el LISP ha evolucionado, siendo su ámbito de utilización sobre todo el relacionado con aplicaciones de la llamada Inteligencia Artificial.

El lenguaje COBOL (COmmon Business -Oriented Language, Lenguaje Común Orientado a Negocios) fue creado en el año 1960 con el objeto de servir de herramienta de programación no para la resolución de problemas científicos, sino para las tareas de gestión empresarial. Para crear este lenguaje considerado el dinosaurio de la programación, se constituyó la comisión CODASYL, compuesta por fabricantes de ordenadores, usuarios y el Departamento de Defensa de Estados Unidos. Este nuevo lenguaje fue diseñado inspirándose en el lenguaje Flow-Matic de Grace Hopper y el IBM COMTRAN de Bob Bemer, ya que ambos formaron parte de la comisión. El COBOL ha sido un lenguaje ampliamente utilizado y en evolución desde su nacimiento. En un informe de 1997 se concluía que el 80% de los 300.000 millones de líneas de código existentes en aquel entonces, estaban escritas en COBOL, y que además de esto cada año se escribían 5.000 millones de nuevas líneas.

IBM por su parte, creaba sus propios lenguajes de programación para sus computadoras, independientemente del resto de fabricantes, y de estándars. Así por ejemplo se crearía en 1964 el lenguaje de programa RPG (Report Program Generator), especializado en la generación de informes y listados. Originalmente había sido creado para la familia 1400, pero su éxito vendría con el sistema 360. Esta especie de "COBOL" de IBM, de funcionalidad similar, y estructura y sintaxis diferente, todavía hoy en día es ampliamente utilizado en la gama de minicomputadoras AS400.

El lenguaje de programación ALGOL (lenguaje algorítmico), fue desarrollado conjuntamente por un comité de científicos europeos y estadounidense, partiendo de una reunión mantenida en 1958 en Zurich. De aquí nacería el ALGOL 58, que sería utilizado principalmente por científicos e investigadores de los Estados Unidos y Europa. En aplicaciones comerciales apenas tuvo impacto, puesto que carecía de estructuras de entrada y salida de datos, y los fabricantes de equipos apenas tuvieron interés por él. COBOL y FORTRAM hacían todo lo que por aquel entonces se necesitaba. La especificación ALGOL 60 fue sin embargo convertido en el estándar para la publicación de los algoritmos de programación, y tuvo un efecto profundo en el desarrollo de lenguajes futuros, como el BASIC o el PASCAL.

El BASIC (Beginners All-purpose Symbolic Instruction Code - código de instrucciones simbólicas de propósito general para principiantes), fue creador por John George Kemeny y Thomás Eugene Kurtz, profesores de la universidad privada Dartmouth College, Hanover, Nuevo Hampshire (Estados Unidos). Su

propósito no era el de crear ningún tipo de aplicación de orientación especifica, sino enseñar a los estudiantes a escribir programas usando terminales de computador en tiempo compartido de comienzos de los años sesenta.
Kemeny y Kurtz partieron de ocho principios para crear su lenguaje inspirado en otros de alto nivel:

- ✓ Facilidad de uso por parte de principiantes.
- ✓ Lenguaje de propósito general no especializado.
- ✓ Permitir a los expertos añadir características avanzadas.
- ✓ Interactivo.
- ✓ Mostrar mensajes de error claros y amigables.
- ✓ Responder rápido para los programas pequeños.
- ✓ No requerir un conocimiento del hardware.
- ✓ Proteger al usuario del sistema operativo.

BASIC se popularizó rápidamente entre las minicomputadoras de la serie DEC PDP y Data General Nova, siendo universalmente conocido con la llegada de la revolución de las microcomputadoras domésticas de los años setenta y ochenta. Prácticamente toda microcomputadora tenía una interprete BASIC en ROM. Con el tiempo Microsoft llevaría el BASIC a su máxima potencia, creando las diferentes versiones del compilador Visual Basic, orientado a objetos y en entorno gráfico. Hay que señalar aquí la diferencia entre un lenguaje interpretado y uno compilado. El compilado traduce las líneas de código máquina, genera un ejecutable, y este es el que más adelante se utiliza. El interpretado traduce líneas de código sobre la marcha a código máquina y las ejecuta. El compilado es más rápido en ejecución, y el interpretado más inmediato y ágil para la programación rápida de pequeñas aplicaciones.

En la segunda mitad de la década de los sesenta, en el National Radio Astronomy Observatory de Kitt Peak, Arizona, Charles H. Moore y Elisabeth Rather diseñaron un nuevo y revolucionario lenguaje de programación llamado FORTH. Su nombre viene de la contracción de la palabra inglesa "fourth" (cuarto/a), dado que sus creadores lo consideraban el destinado a ser el lenguaje de programación de las computadoras de la cuarta generación. La contracción del nombre fue impuesta por la limitación del tamaño de nombre de archivo a cinco caracteres, que tenía el sistema operativo del IBM 1130 donde se creó. FORTH es difícil de ser catalogado como de lenguaje de alto nivel o de bajo nivel, puesto que tiene características de ambas categorías. El lenguaje de programación FORTH fue inicialmente diseñado para aplicaciones de astronomía, aunque evolucionó hasta ser aplicable al resto de los campos de la ciencia.

La flexibilidad que FORTH otorga al programador, para crear nuevas instrucciones y estructuras de programación, lo hacían el favorito de muchos programadores serios. Tuvo su momento de auge en los años ochenta, llegándose a comercializar algunas microcomputadoras como la Jupiter Ace, que en ROM tenían un intérprete FORTH en vez de uno BASIC. Sin embargo, la dificultad que para un usuario novel implicaba el aprendizaje de FORTH, le hizo caer en desuso a nivel del usuario medio. Hoy en día se encuentra en aplicaciones embebidas en muchos dispositivos de control de procesos.

Niklaus Wirth (1934-2024), ingeniero en electrónica y científico suizo, fue un destacado pionero en el diseño de lenguajes de programación, liderando proyectos emblemáticos como Euler, Algol W, Pascal, Modula, Modula-2 y Oberon, que marcaron hitos en la evolución de la informática moderna. Su contribución más influyente, el lenguaje Pascal, se consolidó como un modelo de programación estructurada, ampliamente adoptado en entornos educativos y profesionales para enseñar principios fundamentales y fomentar buenas prácticas en el desarrollo de software.

Diseñado como un lenguaje basado en ALGOL, Pascal recibió su nombre en honor al matemático y filósofo francés Blaise Pascal, conocido por su legado en el cálculo y la física. Previamente, Wirth había creado Euler, bautizado en homenaje al matemático suizo Leonhard Euler, reafirmando su tendencia a vincular sus proyectos con figuras clave de la historia de la ciencia. Pascal tuvo un impacto notable en la industria, siendo utilizado en el desarrollo de sistemas como el Apple Lisa y el Macintosh. En estos proyectos, los listados originales en Pascal del sistema operativo fueron traducidos manualmente a ensamblador Motorola 68000.

Durante los años noventa, Pascal experimentó un resurgimiento con Delphi, la versión orientada a objetos desarrollada por Borland. Este entorno potenció su uso para la creación de aplicaciones trascendiendo su propósito inicial como herramienta académica, consolidándose como una solución robusta y versátil para el desarrollo de software comercial.

LOGO fue diseñado por Danny Bobrow, Seymour Papert y Wally Feurzeig en 1967, con la intención de crear un lenguaje de programación de muy fácil aprendizaje, para iniciar en la programación de computadoras a niños y jóvenes. Su característica más típica es la de poder producir gráficos de tortuga, es decir, guiar a una tortuga virtual, mediante palabras escritas para que realice un dibujo en pantalla. Además de eso, mediante el teclado de las líneas de programación tradicionales, puede emplearse para enseñar los principales conceptos de programación. LOGO tuvo su momento de gloria a comienzos de los años ochenta, cuando para todas las microcomputadoras de éxito existía un intérprete, y comenzaba a introducirse la enseñanza de la informática en las escuelas. Sin embargo, LOGO, ha quedado relegado a un papel muy secundario en la actualidad.

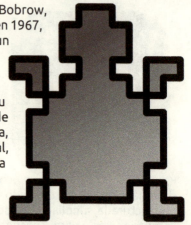

El lenguaje de programación C, es sin embargo los últimos años, el lenguaje de programación por excelencia. C fue creado entre 1969 y 1973 por Kenneth L. Thompson, Brian Kernighan y Dennis M. Ritchie, ambos tres trabajadores de los laboratorios Bell. C era una evolución del lenguaje B, que a su vez era una simplificación del lenguaje BCPL (Basic Combined Programming Language - Lenguaje de Programación Básico Combinado). BCPL a su vez era evolución del CPL (Combined Programming Lenguaje, que fue desarrollado entre el Laboratorio de Matemática en la Universidad de Cambridge y la Unidad de Computación de la Universidad de Londres en la década de los sesenta. CPL había sido influenciado por el ALGOL60, pero en vez de ser pequeño, elegante y simple, CPL era grande, tosco y complejo. C no es nada de esto.

El C se diseñó pensando en ser el lenguaje en el que se crearía el sistema operativo UNIX. Por ello, la idea era que solo fueran necesarias unas pocas instrucciones en código máquina, para traducir una instrucción C. Es por eso que C es relativamente un lenguaje de bajo nivel, orientado sobre todo la programación de sistemas. En 1973 se reescribió el núcleo completo del UNIX, creado originalmente en ensamblador PDP-11 en C. En 1978 Brian Kernighan y Dennis Ritchie publicarían lo que fue la primera edición del lenguaje de programación C. El C documentado en este libro, es conocido entre los programadores como K&R, a diferencia de las posteriores versiones, que conformaban el estándar ANSI C.

Por último, y dejándonos muchos sin citar, recordaremos aquí también el lenguaje de programación Python. Guido van Rossum comenzó a trabajar en Python en diciembre de 1989 mientras estaba empleado en el Centro para las Matemáticas y la Informática en los Países Bajos. La primera versión, Python 0.9.0, fue lanzada en febrero de 1991. Python ganó rápidamente popularidad debido a su sintaxis limpia, su facilidad de aprendizaje y su versatilidad. Se convirtió en uno de los lenguajes más utilizados en diversos campos, como desarrollo web, análisis de datos, inteligencia artificial, aprendizaje automático y scripting. La Python Software Foundation fue creada en el año 2001 para promover, proteger y avanzar en Python. Contribuye al desarrollo del lenguaje y apoya proyectos relacionados con Python.

4.4.2   Microsoft

A finales de los años 60, Bill Gates y Paul Allen se conocieron en la escuela privada de élite de Lakeside, en Seattle, Estados Unidos. Los dos compartían una gran afición por las computadoras en general, y fue por ello por lo que comenzaron una larga y fructífera relación de amistad y negocios.

El abuelo de Gates era un rico banquero llamado James Willard Maxwell, que creó un fondo fiduciario de un millón de dólares para su nieto. El padre de Gates era un adinerado fiscal de Seattle. Gates era un joven de clase media alta, que tenía los medios necesarios para emprender cualquier empresa que se propusiera. Paul Allen (1953-2018) un par de años mayor que Gates, era el hijo del director asociado de la Biblioteca de la Universidad de Washington. Allen, gracias a su talento, pronto conseguirá trabajo como programador para Honeywell en Boston. Allí se rescontraría con Gates.

En enero de 1975, por medio de Paul   Allen, un ejemplar de la revista Populars Electronics con información sobre el nuevo Altair 8800 llegó a las manos de Bill Gates.   Al verlo, Gates entendió que el precio de las por aquel entonces caras y poco prestacionales

microcomputadoras pronto comenzaría a bajar, y esto sin duda quería decir que la venta de software para ellas sería un negocio beneficioso. Gates apostó por crear un intérprete de lenguaje de programación BASIC para el Altair 8800. El Basic era ideal para las limitaciones de los primeros microcomputadores, así que Bill Gates contactó con Ed Roberts, fundador de MITS, la empresa que había creado el Altair 8800, y le preguntaron si quería una demostración. Roberts aceptó reunirse con ellos para ver una demo en unas pocas semanas.

Por primera vez, y como punto de partida de su nueva empresa, Gates estaba ofreciendo en venta un producto que no tenía. No tenía ese intérprete BASIC, y ni tan siquiera tenía un sistema Altair 8800 en el que desarrollar y poner a prueba uno. Sin embargo, Paul Allen había escrito un emulador de Intel 8008 que corría en un Digital PDP-10, así que partiendo de esta base y de la guía de programación del Altair, Allen escribió un emulador de Altair 8800 para un PDP-10. De esta forma desarrollaron y probaron el intérprete en un PDP- 10 de la Universidad de Harvard. Gates y Allen tuvieron problemas con los funcionarios de Harvard que no estaban de acuerdo con el uso que se le estaba dando al material perteneciente a la universidad, así que compraron tiempo de computación de un servicio de tiempo compartido en Boston, y de esta forma consiguieron completar su interprete Basic. Durante el tiempo de desarrollo, contrataron a Monte Davidoff para escribir las rutinas de aritmética de punto flotante, pensando acertadamente que la inclusión de esta característica haría muy superior su intérprete al de otros competidores.

Una vez terminado su primer producto, el intérprete Basic incluyendo su propio sistema de E/S, un editor de línea, y el soporte para aritmética de punto flotante, cabía en solo cuatro kilobytes de memoria. Esto dejaba mucho espacio para el programa interpretado y era en definitiva un buen producto. Así que almacenaron la versión final del intérprete en una cinta perforada que el Altair pudiera leer, y Paul Allen voló a Alburquerque para mostrar su nuevo producto a Ed Roberts. A última hora, Allen se dio cuenta de que se había olvidado de escribir el programa de arranque para leer la cinta en la memoria, así que escribiendo directamente en lenguaje ensamblador, terminó el programa antes de que el avión aterrizara. Solo cuando cargaron el programa en un Altair 8800 de verdad, delante de su posible comprador, supieron que el intérprete funcionaba. Roberts se quedó con el producto. Además, ofreció un contrató a Allen para mantenerlo y mejorarlo como director de software de MITS. En vista del éxito y lo prometedor del negocio, Gates decidió apostarlo todo y dejar Harvard el 4 de abril de 1975, para marchar a Alburquerque y fundar junto a Allen la empresa Micro-Soft (con guion en medio). En realidad, el término Microsoft, fue usado por primera vez en una carta de

Gates a Allen el 29 de noviembre de 1975 y el 26 de noviembre de 1976 se convirtió en marca registrada.

Micro-Soft produjo varias versiones de su intérprete Basic para el Altair 8800. A la original de 4K le siguió otra de 8K, una Extended Basic, otra Extended ROM Basic que venía precargada en la máquina, y una Disk Basic que soportaba el uso de disquetes. Además de esto desarrollaron otras versiones del intérprete para otros sistemas, funcionando también por ejemplo en arquitecturas basadas en los microprocesadores Motorola de la serie 6800.

Por aquella época comenzaron también las primeras acciones de Micro-Soft contra la piratería de software. En un club de usuarios llamado Homebrew Computer Club en California, un miembro llamado Dan Sokol, se hizo inicialmente con una cinta previa a la venta del interprete Basic del Altair 8800. Hizo 25 copias de la cinta, y la distribuyó en una de las reuniones del club animando a los usuarios a hacer más copias. Bill Gates escribió para el boletín del 31 de enero de 1976 de este club de aficionados, una carta abierta como respuesta a esas copias.

«Para mí, el asunto más crítico en el mercado de aficionados ahora mismo es la falta de: buenos cursos de software, libros, y software en sí mismo. Sin buen software y un propietario que entienda sobre programación, un ordenador de aficionado es malgastado. ¿Se escribirá software de calidad para el mercado del aficionado? Porque como la mayoría de los aficionados saben, muchos de ustedes roban el software. El hardware es algo que se paga, pero el software se comparte. ¿A quién le importa si la gente que trabajó en él cobra? ¿Es justo? Lo que se hace robando software es evitar que se escriba buen software. ¿Quién va a esforzarse en hacer un trabajo profesional para nada? ¿Qué aficionado emplearía tres años de su vida en programar, encontrando fallos, documentando el proyecto, para distribuirlo libremente? El hecho es que nadie

antes que nosotros habíamos invertido tanto dinero en software para aficionados.»
Bill Gates no podía imaginar en los comienzos de Microsoft, que proyectos basados en programadores altruistas como GNU/Linux triunfarían años después. Pero a pesar de la copia ilegal del software que desde el comienzo de sus tiempos Microsoft ha venido soportando, el negocio del desarrollo de intérpretes Basic para microcomputadoras domésticas fue viento en popa. Apple Computer, fabricante del Apple II,

Commodore, fabricante del PET, y Tandy Corporation, fabricante del Radio Shack TRS-80, fueron los primeros clientes de Microsoft. Incluso parar 1977 Micro-Soft tenía su segundo producto en el mercado, el intérprete de lenguaje Fortran.

El mercado de la tecnología hardware de microcomputadoras domésticas, estaba experimentando una fuerte subida en Japón, el 1 de noviembre de 1978 se creó la "ASCII Microsoft" (ahora llamada "Microsoft Japón"). Poco después, el 1 de enero de 1979 la sede central de la compañía se trasladó de Albuquerque a Bellevue, Washington. La compañía se reestructuró el 25 de junio de 1981 para convertirse en una compañía incorporada en el estado de Washington, y de ahí cambio su nombre a "Microsoft Inc". Como parte de la reestructuración, Bill Gates se convirtió en el presidente de la compañía y Paul Allen en vicepresidente ejecutivo.

El mercado de los intérpretes de lenguajes de programación era realmente limitado, así que Microsoft comenzó a apostar por el desarrollo de sistemas operativos. Como siempre ha sido la política de Microsoft, nunca se partió de cero. El primer sistema operativo que la compañía tenía intención de lanzar al mercado era una variante de Unix para microcomputadoras de 16 bits. Lo anunció el 28 de agosto de 1980, y era una licencia de Unix System V adquirida de AT&T en 1979 a través de una licencia de distribución. Dado que no tenía licencia para llamarlo Unix, Microsoft le llamó Xenix, y contrató a la empresa Santa Cruz Operation para adaptar su sistema operativo a diferentes plataformás. XENIX no se vendía directamente al usuario final, sino que Microsoft vendía licencias a los fabricantes de ordenadores que deseaban utilizarlo en sus equipos. La primera adaptación de XENIX se hizo para el microprocesador Zilog Z8001. En esta variante del Unix llegó la primera versión del procesador de textos de Microsoft, Microsoft Word. La aplicación originalmente llamada *"Multi-Tool Word"*. Llegó a hacer popular su eslogan de *"What You See Is What You Get"* (lo que ves es lo que usted consigue") o *WYSIWYG*. Word era también la primera aplicación para microcomputadoras con características tales como la capacidad de escribir el texto en negrita. Fue lanzado en su primera versión en la primavera de 1983, y las copias libres de la demo fueron entregadas junto con la revista PC World, siendo el primer programa en ser distribuido en disco con una revista. Sin embargo, a mediados de los años ochenta Microsoft había salido del negocio del Unix enteramente.

El verdadero pelotazo Microsoft lo daría no con un sistema operativo basado en UNIX, sino con una basado en CP/M. El sistema operativo Control Program/Monitor había sido desarrollado en 1975 por Gary Kildall para el microprocesador Intel 8080/85 de 8 bits, y para el Z80 de Zilog, también de 8 bits. A finales de los años 70s el CP/M era un estándar de facto para las primeras microcomputadoras personales, existiendo gran cantidad de software desarrollado para ejecutarse en cualquier microcomputadora capaz de ejecutar CP/M. Cuando IBM a comienzos de los años 80s, estaba desarrollando su microcomputador personal modelo 5150, comenzó a sondear el mercado en búsqueda de un sistema operativo para su nueva máquina. El microprocesador usado en el IBM 5150, era el Intel 8088, que funcionaba internamente a 16 bits y externamente se comunicaba por un bus de 8 bits, así que se necesitaba una versión adaptada de CP/M en caso de querer dotar al 5150 de este sistema operativo.

IBM se dirigió a la empresa de Gary Kindall (Digital Research) en busca del producto, ofreciendo 250000 dólares por el mismo, y a la vez sondeó el mercado con otros proveedores como Microsoft, con el que había entrado en contacto para el desarrollo del interprete Basic con el que equiparía la nueva máquina. Bill Gates ofreció al representante de IBM Jack Sams, un producto que no tenía y que pertenecía a otra empresa. Esta empresa era la Seattle Computer Products, que llevaba tiempo dedicándose a la venta de microcomputadoras en kit. De hecho, en junio de 1979 la Seattle Computer Products había presentado un kit basado en el nuevo microprocesador de Intel 8086 (16 bits puro), y al darse cuenta a partir de noviembre de ese año de que su kit no conseguía el volumen de ventas esperado porque carecía de sistema operativo, decidieron hacerse con uno. Hasta entonces lo único que la compañía de Seattle podía vender con la placa, era el Microsoft Basic-86, que Microsoft había desarrollado en uno de los primeros prototipos. El problema era que, aunque la Seattle Computer Products quería ofrecer la versión de CP/M 16 bits con su placa, la fecha del lanzamiento por parte de Digital Research era incierta. Así que, en abril de 1980, asignó a uno de sus empleados llamado Tim Paterson, la tarea de crear un "clon" del CP/M que funcionara en arquitecturas Intel de 16 bits. A este clon con algunas modificaciones, le llamaron QDOS (Quick and Dirty Operating System) (sistema operativo sucio y rápido) Este sistema operativo tenía una estructura de comandos y una interfaz de programación de aplicaciones que imitaba al sistema operativo CP/M. Patterson compró un manual de CP/M y programó su sistema operativo tomando CP/M como base, en tan solo un mes y medio. La empresa lo comercializó luego bajo el nombre de 86-DOS.

Pero volviendo a Microsoft e IBM con su nuevo y flamante modelo 5150, Bill Gates que había ofrecido el QDOS a IBM sin ser suyo, se las ingenió para por 50.000 dólares hacerse con los derechos del QDOS. Así que, en julio de 1981 justo un mes antes de que IBM lanzara su modelo 5150 al mercado, tenía un "nuevo" sistema operativo, y se los cedió a IBM que lo incluiría en sus nuevos ordenadores con el nombre de PC-DOS. Además de esto, el trato incluía la posibilidad por parte de Microsoft, de venderlo de manera independiente a otros fabricantes. Ahí estaba el verdadero negocio para Microsoft, y ahí realmente comenzaba la historia del MSDOS, y el verdadero éxito empresarial de Microsoft. Con el tiempo, al percatarse de la jugada de los de Microsoft, los de *Seattle Computer Products* les demandaron por haber encubierto su relación con IBM para comprar el producto barato, y finalmente Microsoft pagó un millón de dólares a la empresa en donde desarrollo el QDOS Tim Paterson para zanjar el tema. Bill Gates con esto consiguió cerrar el mayor negocio de la historia de la informática.

Cuando Gary Kildall examinó PC-DOS de IBM, y encontró que calcaba la interfaz de programación y usuario de CP/M, intentó demandar a IBM, que en ese momento afirmó que PC-DOS era su propio producto. Sin embargo, el abogado de la empresa de Kildall, Digital Research, no creyó que las leyes entonces en vigor estuviesen lo bastante claras como para realizar la demanda. No obstante, Kildall se enfrentó a IBM y les convenció para que ofrecieran CP/M-86 (el sistema operativo de Digital Research CP/M de 16 bits) con el IBM 5150 y sus sucesores, a cambio de una liberación de responsabilidades.

Se dice que Kildall podía demostrar que el QDOS contenía código de CP/M, introduciendo un comando en el QDOS que mostraba el nombre de Kildall y un mensaje de copyright. Nadie conoce este comando, y Tim Paterson insiste que el software de QDOS era un trabajo original suyo, y ha negado referirse o usar de otra manera el código de CP/M mientras lo escribía. Después del lanzamiento inicial, y debido al gran éxito del IBM PC, la IBM pidió a Microsoft que desarrollara una versión del DOS que fuese compatible con un disco duro. A este lo llamaron PC-DOS 2.0 y era una reescritura casi completa del DOS, así que, para marzo de 1983, ya quedaba muy poco de QDOS.

Conforme el mercado de las microcomputadoras evolucionaba, cada vez era más patente que el uso de una interfaz de usuario gráfica en un sistema operativo acabaría por imponerse a la simple y pura línea de comandos. Apple había marcado distancias del resto de los grandes productores de microcomputadoras, con el lanzamiento del Macintosh en 1984. Atari tenía para comienzos de 1985 la gama ST estructurada en base a una versión CP/M de 16 bits y una interfaz gráfica llamada GEM desarrollada por Digital Research, los verdaderos antagonistas de Microsoft en sus comienzos. La respuesta de Microsoft no se haría esperar.

En 1981 Microsoft comenzó un nuevo proyecto llamado *Interface Manager*. El fruto de este proyecto fue presentado en al público el 10 de noviembre de 1983. Más tarde, en 1985, el Interface Manager sería renombrado como Microsoft Windows. Microsoft nunca especificó oficialmente el número 1.0. Windows 1.01 fue realmente la primera versión de Windows comercializada, y tenía incluido un administrador de archivos, calculadora, calendario, tarjetero de archivos, reloj, libreta de apuntes y emulador de Terminal. Esta versión, se distribuía en 5 disquetes de 5 1/4" de 360 KB, tenía soporte para gráficos CGA, Hercules y EGA, y podía manejar diecinueve modelos diferentes de impresoras. Su mayor limitación consistía en no ser un entorno multitarea. Dos años más tarde llegó Microsoft Windows 2.0 y se haría un poco más popular que su antecesor. Permitía tener ventanas superpuestas, lo cual generó un conflicto con Apple, que consideraba que Microsoft había copiado el entorno gráfico del Mac. La limitación era que Windows seguía basándose en la plataforma 8088, así que paralelamente, Microsoft e IBM trabajaban conjuntamente en el desarrollo de otro sistema operativo llamado OS/2, que tenía una ventaja importante sobre Windows, y es que aprovechaba mucho mejor la capacidad del procesador del momento, Intel

80286. Además, también soportaba memoria virtual y multitarea. Como el equipo de IBM y de Microsoft cooperaban entre sí en el desarrollo de sus sistemas operativos para PC, cada uno tenía acceso al código del otro. Así que Microsoft desarrollo Windows 3, a la vez que cooperaba con IBM en OS/2. Finalmente, la versión más competitiva y que acabó acaparando el mercado, fue Windows 3.0 convirtiéndose en 1990 en un duro rival para el Macintosh de Apple.

En estos años empeoraba el entendimiento entre IBM y Microsoft, los cuales disentían en como enfocar el futuro de los desarrollos. Mientras que IBM se decantaba por el OS/2, Microsoft insistía en desarrollar todavía más Windows. La solución se acordó haciendo que IBM desarrollara el OS/2 2.0 y Microsoft el OS/2 3.0, superando así al OS/2 1.3 y Windows 3.0. Pero las diferencias entre las dos empresas eran demasiado grandes. Microsoft utilizó la apariencia de su OS/2 3.0 en su Windows 3.0, y esto terminó con sus acuerdos con IBM. Entonces IBM sacó al mercado el OS/2 2.0 mientras que Microsoft rebautizaba su proyecto OS/2 3.0 en el que llevaba trabajando desde noviembre de 1988, con el nombre de Windows NT. Debido a los acuerdos iniciales entre las dos empresas los productos eran muy parecidos, pero Microsoft pisó fuerte con la promoción de Windows NT y el público apenas lo notó. Windows NT (Nueva Tecnología) fue comercializado por primera vez en julio de 1993. Había contratado para su desarrollo, a un grupo de desarrolladores de Digital Equipment Corporation (creadores del PDP-11 el VAX y el VMS), liderados por Dave Cutler para construir OS/2 3.0, y muchos elementos usados reflejan la experiencia de este grupo con el VMS. El SO fue diseñado para correr en múltiples arquitecturas, con el núcleo separado del hardware por una capa de abstracción de hardware. El Windows NT es el núcleo que evolucionaría hasta los Windows actuales.

Microsoft comenzó a triunfar a gran escala con el lanzamiento el 24 de agosto de 1995, de su Windows 95. Hacían falta 13 disquetes de 1´44 MB formateados en un formato especial, para instalarse. Este era en realidad un "sistema operativo" muy diferente al Windows NT pero Microsoft trabajó para hacerlos lo más compatibles posible. Una de las mayores ventajas del Windows 95 era que, aunque necesitaba el MS-DOS 7.0 como base, tenía una instalación integrada. De esta manera el usuario solo tenía que instalar el Windows 95 mientras que con las versiones anteriores había que comprar los dos sistemas por separado e instalar Windows encima del MS-DOS. Además de esto incorporaba un subsistema en modo protegido que estaba especialmente escrito para sacar partido de los procesadores 80386 o superiores. Con este subsistema Microsoft se aseguraba las compatibilidades y evitaba que las nuevas aplicaciones dañaran a las otras. Windows 95 era un sistema hibrido entre 16 y 32 bits.

La consagración de Microsoft en el terreno de los sistemas operativos para usuario domésticos vino en junio de 1998 de la mano de su producto Windows 98. Internamente, la primera versión fue enumerada como la 4.10.1998. A raíz de este sistema operativo, que incluía el navegador Internet Explorer 4 incorporado, Microsoft fue demandada en Estados Unidos por prácticas de monopolio. Por esta demanda, se desarrolló una segunda versión en 1999: Windows 98 Second Edition. Ésta eliminaba errores, agregaba soporte para USB, y permitía a varios ordenadores conectarse a la vez a una misma conexión de Internet.

Microsoft Windows 2000

Aunque la verdadera baza de Microsoft para final de siglo era su sofisticado y revolucionario Windows 2000. Este sistema operativo salió al mercado el 17 de febrero del año 2000, en versiones tanto de estación de trabajo como de servidor. Supuso la entrada real de Microsoft en el terreno de los sistemas operativos profesionales. Los comienzos del siglo XXI, quedaron sin embargo marcados por la retirada de Bill Gates como máximo responsable de Microsoft (Director Ejecutivo, lo que los anglosajones llaman CEO), y la incorporación a ese puesto de Steve Palmer. Esto ocurría en enero del 2000. Este graduado en

314

Harvard en Matemáticas y Económicas, posee una mente tan brillante, como carácter estrafalario, siendo famosas sus puestas en escena en presentaciones de nuevos productos de Microsoft.

Una de sus primeras decisiones fue lanzar el 14 de septiembre del año 2000, poco después del lanzamiento de Windows 2000, y en base a una supuesta demanda del mercado, un nuevo sistema operativo para el mercado doméstico más avanzado que el Windows 98. Con esta decisión Microsoft lanzó con prisas una versión estéticamente igual al Windows 2000, y con alguna de sus características a nivel práctico, llamado Windows Millenium. Este nuevo Windows, tan solo funcionaba bien cuando el sistema venía incorporado de fábrica, en la mayoría de los casos en que se instalaba como actualización de software era difícil de configurar o incluso imposible. Este ha sido unos de los productos más criticados de Microsoft y con el que Microsoft se estrenó en el siglo XXI.

4.4.3 Digital Research

La historia de Digital Research es la de Gary Kildall (1942-1994) su fundador y principal desarrollador de sus productos. Kildall  nació en Seattle, Washington, en una familia de tradición marinera. Su vocación eran las matemáticas, así que estudió en la Universidad de Washington con la idea de convertirse en profesor de esta materia. Entonces se dedicaría a la docencia en la Escuela Naval de Posgraduados de Monterey, California. Fue allí donde conoció de la existencia de un nuevo dispositivo llamado microprocesador. Compró un Intel 4004 y comenzó a escribir programas de cálculo relacionados con temas navales para él. Pero en vista de sus limitaciones contactó con Intel, los cuales vieron la importancia de su trabajo, y lo contrataron como asesor. Para profundizar en sus conocimientos sobre computadoras, abandonaría su trabajo por un tiempo, para en 1972 conseguir un doctorado en Ciencias de la Computación por la Universidad de Washington, y luego regresar. En ese momento publicaría un artículo sobre la teoría de análisis de flujo de datos. A Kildall le proporcionaron los de Intel varios sistemas basados en microprocesadores 8008, y 8080 y en 1973 desarrolló el primer lenguaje de alto nivel para programación de microprocesadores, el PL/M. Este lenguaje se basaba el PL/I (Programming Lenguaje 1) que IBM había creado para su serie de computadoras IBM 360, y compartía algunas de sus características con el C. PL/M significaba *"Programming Lenguaje for Microcomputers"*. Kildall desarrollaría también el mismo año,

unas rutinas de control de disquete para poder utilizarlo con el lenguaje PL/M. Intel no mostraría interés por esto, y si por el PL/M, así que estas rutinas acabaron formando parte de un sistema operativo completo que Gary Kindall (en la imagen de la derecha) desarrollaría alrededor de 1975: el CP/M (Control Program for Monitors). La creación de este sistema operativo coincidiría con el lanzamiento del exitoso Mits Altair 8080.

Microsoft como ya sabemos crearía para el Mits Altarir 8080 su primer producto, el intérprete Basic, y la recién creada Intergalactic Digital Research de Gary Kildall un sistema operativo completo. Sin embargo, Gary Kildall que era un excelente programador, no era tan bueno para los negocios como Bill Gates, el cual llamó directamente a Mits para venderle su producto. Kildall anunciaba su sistema operativo en las últimas páginas de las revistas de computación, y se dedicaba a venderlo directamente los sistemas operativos para microcomputadoras, ejecutándose en prácticamente todas las microcomputadoras basadas en Intel 8080 o Zilog Z80.

La empresa Intergalactic Digital Research fue creada por Kildall y su esposa Dorothy McEwen, la cual eligió el nombre al que pronto se le quitaría el rimbombante "Intergalactic". Así como en Microsoft Paul Allen programaba, y Bill Gates vendía el producto, en Digital Research Dorothy McEwen se encargaba de los temás comerciales, y Gary Kildall programaba. Las dos empresas consiguieron hacer negocio durante el segundo lustro de los años setenta, Microsoft con sus lenguajes de programación, y Digital Research con sus sistemas operativos. Parecía existir un acuerdo tácito para que ni Microsoft desarrollara sistemas operativos, ni Digital Research lenguajes de programación.

La historia daría un giro en 1980 cuando IBM se dirigió a Digital Research buscando una versión del CP/M para su primera computadora personal, la que saldría del proyecto Acorn, la primera IBM PC. Los negociadores del IBM hablaron con Dorothy, mientras Kildall se divertía volando en su avioneta. Le ofrecieron firmar un acuerdo de no divulgación del sistema operativo adquirido con derechos plenos por parte de IBM. Dorothy consideraba muy limitante este acuerdo y no supo negociar una alternativa satisfactoria para ambas partes, así que IBM dejó de lado Digital Research para escuchar a Microsoft. Aquí Bill Gates tuvo la oportunidad de su vida y supo aprovecharla. Adquirió una copia el sistema operativo de Digital Research con algunas modificaciones llamada QDOS, y se lo vendió a IBM. De esta forma nacería el MSDOS, la subida espectacular de Microsoft, y la caída en desgracia de Digital Research. Posteriormente Digital Research aceptó las condiciones de IBM y se entregaría como opción con el IBM PC el sistema operativo CP/M-86 (versión del CP/M para microprocesadores 8086), pero al precio superior al PCDOS (240$ el sistema operativo de DR, y 40$ el de Microsoft). Como colofón tampoco se llegó a un acuerdo sobre la cantidad a percibir, por todo el número de copias que IBM solicitaba. Dorothy McEwen, después de tener el destino del futuro de la informática en sus manos, dejó Digital Research, y se separó y divorció de Gary Kildall en 1983. DR mantendría diversos pleitos de manera oficial y privada con Microsoft, por el tema de la autoría del llamado MSDOS.

Gary Kildall tomaría entonces la decisión estratégica de crear una versión multiusuario y multitarea del CP/M, a la que llamarías MP/M, compatible además con DOS. También crearía a mediados de los ochenta un sistema operativo similar al del Apple Macintosh, llamado GEM. Este sistema triunfó en la plataforma Atari ST con su versión GEM/1, y tuvo

un discreto éxito para PC en su versión GEM/2 en equipos como el Amstrad PC1512. El GEM/3 fue eclipsado rápido por el Windows de Microsoft.

En 1987, se lanzó la primera versión del DR DOS, totalmente compatible con MS-DOS, superior en opciones y a precio esta vez competitivo. Microsoft reaccionaría creando rápidamente las versiones 5 y 6 de su MSDOS, añadiendo características facilitadas por DRDOS como la gestión de memoria, transferencia de archivos, selector de tareas y compresión de disco. Esta era la época en la que los fabricantes avispados de clónicos vendían su PCs anunciando el doble de la capacidad real de los discos duros, porque aplicando los algoritmos de compresión en tiempo real de estos sistemas operativos, teóricamente se conseguía esa capacidad de almacenamiento.

Finalmente, Gary Kildall vendió DR a la empresa Novell en 1991, y se retiró del mundo de la informática. Novell se haría con ello aparte de con sus sistemas operativos, con un nutrido conjunto de lenguajes de programación, intérpretes y compiladores de lenguajes C, Pascal, Forth, COBOL, PL/I, PL/M, BASIC, y Logo. Gary Kildall moriría en extrañas circunstancias en 1994 a los 52 años.

4.4.4 Software Libre: GNU/Linux

A finales de la década de los ochenta, el futuro de los hasta entonces considerados microordenadores domésticos, se planteaba muy prometedor. Los fabricantes de hardware habían desarrollado computadoras basadas en microprocesadores de 32 bits, con una potencia de cálculo y procesamiento comparables a las que en décadas anteriores tenían los grandes sistemas, los precios bajaban, las capacidades subían... y sin embargo, a nivel de software y de sistemas operativos, estás nuevas máquinas seguían trabajando con los antiguos sistemas operativos monotarea, monousuario, de principios de la década.

Andrew S. Tanenbaum, era muy conocido por todos los que éramos estudiantes de informática por entonces. En la universidad de entonces, una de sus obras de obligada consulta y estudio era «Sistemas Operativos: Diseño e Implementación». En este libro, tras un estudio general sobre los servicios que debe proporcionar un sistema operativo y algunas formas de crear éstos, introduce su propia implementación del UNIX en forma de código fuente en lenguaje C y ensamblador, además de las instrucciones necesarias para poder instalar y mejorar el mismo. El fruto práctico de esta obra se podía encontrar por aquel entonces en forma de dos disquetes de 3,5" y 1.44 MB, que ejecutaban un rudimentario sistema UNIX llamado MINIX, en máquinas basadas en arquitectura Intel 386.

El finés Linus Torvalds a sus 21 años era un brillante estudiante de Ciencias de la Computación en la Universidad de Helsinki, con cinco años de experiencia programando en C. Tomó como base el MINIX de Tanenbaum y el libro *"Design of the Unix Operating System"* escrito en 1986 por Maurice J. Bach, y se decidió a crear su propia implementación de Unix para ordenadores los fundamentos del núcleo y funcionaba sobre una máquina con el MINIX instalado, esto es, para compilar y jugar con LINUX era necesario tener en ejecución el sistema operativo MINIX de Tanembaum. Esta versión inicial se desarrolló en un PC 386 a 33 Mhz, con 4MB de RAM.

El 5 de octubre de 1991, Linus anunció su primera versión 'oficial', la 0.02 con esta versión ya se podía ejecutar el bash (GNU Bourne Shell) y el gcc (GNU C compiler). Después de la versión 0.03, Linus cambió este número por 0.10 y tras las aportaciones de un grupo inicial de usuarios se incrementó de nuevo la denominación a 0.95, reflejando la clara voluntad de poder anunciar en breve una versión 'oficial' (con la denominación 1.0. La enumeración de las versiones de LINUX implica a tres números separados por puntos, el primero de ellos es la versión del sistema operativo y es el que distingue unas versiones de otras cuando las diferencias son importantes. El segundo número indica el nivel en que se encuentra dicha versión. Si es un número impar quiere decir que es una versión de desarrollo con lo cual se nos avisa de que ciertos componentes del núcleo están en fase de prueba, si es par se considera una versión estable. El último número identifica el número de revisión para dicha versión del sistema operativo, suele ser debido a la corrección de pequeños problemas o al añadir algunos detalles que anteriormente no se contemplaba con lo cual no implica un cambio muy grande en el núcleo.

Linux™

Es de importancia vital señalar que LINUX no sería lo que es sin la aportación de la Free Software Foundation y todo el software desarrollado bajo el soporte de esta asociación, así como la distribución del UNIX de Berkley (BSD), tanto en programas transportados como en programas diseñados para este, y que forman parte de algunas distribuciones del Linux. Fue a partir de enero de 1992, mes en el que en Linux se adoptó la Licencia Pública General (GPL), cuando Linux comenzaría realmente a crecer y a convertirse en algo popular y útil de la mano de organizaciones como la Free Software Foundation.

La Free Software Foundation (Fundación para el Software Libre), fue fundada en octubre de 1985 por Richard Matthew Stallman.

Este carismático programador que se considera a su mismo un jáquer creó una organización dedicada a eliminar las restricciones sobre la copia, redistribución, entendimiento, y modificación de programas de computadoras. Para ello entre otras cosas da cobertura legal, económica y logística al software libre, mediante el proyecto GNU.

El proyecto GNU se inició en 1984, siendo uno de sus objetivos el de crear un sistema operativo completo tipo Unix de software libre: el sistema GNU. El núcleo de GNU no está finalizado, así que se usa GNU con el núcleo Linux. La combinación de GNU y Linux es el sistema operativo GNU/Linux, usado actualmente en millones de computadoras. El nombre GNU, que significa «ñu» en inglés, es un acrónimo recursivo de «¡GNU No es Unix!», por eso el signo de GNU es un ñu. Stallman aboga públicamente porque en español se diga sistema operativo "*Ñulinux*".

Así como la mascota del GNU es un ñu, la del Linux es un simpático pingüinito llamado Tux. Larry Ewing fue el que en 1996 lo crearía, después de que Linus Torvalds lo eligió. Respecto al nombre de Tux hay dos versiones. La primera hace referencia a que los pingüinos parecen vestir un esmoquin, que en inglés se dice "*tuxedo*". La segunda es que Tux es acrónimo de "*Torvalds UniX*". Del sistema GNU/Linux se han venido encontrado diferentes distribuciones desde finales del siglo XX hasta nuestros días. Algunas de ellas son cien por cien libres y gratuitas, otras no lo son porque las empresas que la crean cobrar una cantidad por el soporte. En una distribución GNU/Linux típica, el código Linux no representa más del 8% del total, siendo todo el resto código del proyecto GNU.

4.4.5 Internet

En 1958, en plena guerra fría, se creó en los Estados Unidos la agencia gubernamental de investigación, ARPA (*Advanced Research Projects Agency*). Esta agencia se creó en respuesta a los desafíos tecnológicos y militares que la U.R.S.S. planteaba, y de esta agencia y su trabajo surgirán una década más tarde los fundamentos de la futura red Internet. La agencia, bajo control del Departamento de Defensa se organizó en forma independiente de la comunidad de investigación y desarrollo militar. El cumplimiento de su misión durante las siguientes décadas le llevaría a desarrollar y proveer aplicaciones tecnológicas no convencionales para la defensa. ARPA será la responsable de una gran parte de la investigación en computadoras y comunicaciones de carácter innovador durante las primeras generaciones de computadoras.

En la década de los sesenta la única manera de comunicación remota entre computadoras era mediante muy limitados radio enlaces, o haciendo uso de la línea telefónica con un modulador demodulador de señal (módem como el de la imagen de más arriba). Con este sistema lo más sofisticado que se llegó a crear fue un multiplexor que permitía a cada terminal remoto tener una fracción de tiempo en la línea telefónica de entrada a la computadora central. De esta situación surgió el planteamiento, de que pasaría si estas redes de computadoras primitivas fueran dañadas por una guerra nuclear. Paul Baran, empleado por aquel entonces de la Rand Corporation, ideó los fundamentos de cómo tendría que ser una red de computadoras basada en conmutación de paquetes. Además de esto Baran sería pionero en el desarrollo de las redes inalámbricas, y en otros terrenos de la ciencia, fue también el inventor del detector de metales que se utiliza aún hoy en día en los aeropuertos. La idea con respecto a la conmutación de paquetes era hacer uso de un multiplexor, capaz de descomponer cada comunicación en pequeños segmentos llamados mensajes. Las computadoras conectadas entre sí a través de las líneas telefónicas enviarían ese mensaje rápidamente. En estos mensajes se debería contener información de la ruta a seguir, de modo que cada máquina del sistema debería saber a dónde enviar cada mensaje. La ruta del mensaje a través de la red es flexible, por lo que a pesar de poderse encontrar en algún momento algún nodo de la red caído, la red siempre se mantendría funcionando. Baran diseñaría este sistema no con la idea de hacerlo lo más rápido posible, sino para hacerlo para el mayor número posible de usuarios, y bajo las peores condiciones imaginables. En paralelo a Baran, Donald Davies en el Laboratorio Nacional de Física de Gran Bretaña crearía un sistema análogo, por lo que el primer sistema de red operacional basado en conmutación de paquetes fue creado por Davies.

Por otra parte, en el MIT de Mássachusetts, otro investigador en la misma línea, llamado Joseph Carl Robnett Licklider, describió en agosto de 1962 su concepto de Galactic Network. Licklider conceptualizó una red interconectada globalmente a través de la que cada uno pudiera acceder desde cualquier lugar a datos y programas. Esto en esencia era la Internet actual, aunque entonces era un sueño de ciencia ficción. En octubre de 1962, Licklider fue nombrado director del Information Processing Techniques Office (oficina de técnicas para el procesamiento de la información), una división de ARPA, que a su vez dependía del Pentágono. Fue bajo su mandato, y por su impulso, que se decidió destinar grandes cantidades de dinero a las investigaciones que permitieron la construcción de la red ARPANET.

De manera independiente ya se venían llevando a cabo proyectos similares, aunque de menor envergadura. Por ejemplo, en los Laboratorios Lincoln de Mássachussets, Larry Roberts trabajando con Thomás Marill, usó una línea telefónica dedicada para conectar su computadora TX-2 a la computadora de Systems Development Corporation en Santa Mónica. Con ello su computadora ejecutaba los programas en la remota más potente, para acto seguido recoger los resultados. Aunque estos experimentos no repercutían de manera directa en resultados prácticos inmediatos, puestos que los costos eran elevadísimos y la velocidad lenta. No sería hasta 1966 cuando ARPA proporcionó medios a 17 centros en todo Estados Unidos para interconectarse de manera eficiente. ARPA cubrió los costos de líneas telefónicas a larga distancia para que los investigadores pudieran usar recursos de computadoras remotas directamente desde sus centros. Robert Taylor, uno de los posteriores padres de Internet, fue uno de esos afortunados usuarios de Arpanet, y el principal promotor de que ARPANET fuera de uso público y no institucional.

Robert Taylor, tenía tres terminales en su oficina, cada uno con una línea telefónica separada que conectaba a un ordenador remoto uno en el MIT, otro en Berkeley, y el tercero con la Corporación de Desarrollo de Sistemas en Santa Mónica. Entonces se planteó que tres terminales eran innecesarios, cuando con un solo terminal tendría que poderse conectar a todos las computadoras de todo el país. Con el tiempo ARPA daría respuesta a las preguntas de Taylor, construyendo una red en un comienzo experimental, basada en la tecnología de conmutación de paquetes de Paul Baran. A esta red se le llamo ARPANET (Advanced Research Projects Agency Network), y una compañía del Cambridge de Mássachusetts llamada Bolt, Beranek and Newman (BBN) ganó el contrato para construir los *Interface Message Processors* (IMPs), que se usaron como nodos entre ordenadores para la ARPANET inicial.

El primer de los IMPs se instaló en septiembre de 1969 en el centro de investigación de ARPA llamado UCLA, después llegaron también al Instituto Investigación Standford en Menlo Park, California, a la Universidad de California en Santa, y a la Universidad de Utah en Salt Lake City. Una vez que estos centros se conectaron por medio de líneas telefónicas, los IMPs en estos cuatro sitios empezaron a intercambiar paquetes a larga distancia y nació ARPANET. Esta red inicial daba tres servicios: acceso a computadoras remotas mediante sesiones de terminal, transmisión de archivos, e impresión remota. Inicialmente no se contempló el uso de correo electrónico por no considerarse importante. De esta forma en 1971 ARPANET tenía 15 nodos, y el 1972 incluiría 37.

Ray Tomlinson, graduado en ingeniería eléctrica del MIT, sería trabajador de BBN a partir de 1967, con lo cual trabajó de manera directa en la construcción de ARPANET. Para la red de BBN desarrolló un programa llamado SNDMSG (SeND MesSaGe) para enviar mensajes entre las distintas terminales de una misma computadora. Cuando en 1971 la red de BBN quedó integrada en ARPANET, Tomlison modificaría este programa para que sirviera para enviar mensajes entre diferentes usuarios conectados a la red de ARPANET. El decidió utilizar la @ (arroba), para unir el nombre del usuario destinatario y del servidor en donde se encontraba. Con esto los científicos en ARPANET empezaron a comunicarse colectivamente por medio de las listas de correo electrónico.

Aunque aparte de ARPANET, otras redes de carácter científico florecieron en la década de los setenta. Todas estas redes entre si tenían dificultades en interconectarse, debido no al hardware, sino a la incompatibilidad de los protocolos de comunicación que utilizaban. Incluso los satélites de la propia ARPA, y las redes basadas en radio enlace de ARPA, no podían conectarse a ARPANET. Para solucionar este problema ARPA auspició el desarrollo de un nuevo estándar de comunicación llamado *Transmission Control Protocol/Protocol Internetwork* (TCP/IP), que ha sido desde entonces un conjunto de protocolos que ha permitido la conexión de las redes, con diferentes estructuras y orígenes. Debido a que los científicos se referían a la "red de redes" como "Internet" este nuevo grupo de redes que utilizaban TCP/IP empezó a ser conocido como Internet. Esto ocurría oficialmente el uno de enero de 1983, fecha del nacimiento oficial de Internet. Sin embargo, a pesar de su gran crecimiento, Internet permaneció siendo desconocida para el gran público hasta octubre de 1988 cuando el gusano de red creado por Robert Morris Jr. generó el caos dentro de la red, y saltó la noticia a los medios de comunicación.

El crecimiento de Internet en número de usuario y volumen de información experimentado a finales de los 80 y principios de los 90, llevó a algunos a plantearse seriamente crear herramientas para localizar y ordenar la información. "Archie" fue un programa que se convirtió en una de esas herramientas básicas para el usuario de Internet. "Archie" permitía a los usuarios obtener una lista de direcciones de Internet de tipo FTP (transferencia de ficheros) con una simple consulta. La primera versión se escribió en 1990 por Alan Emtage, Bill Heelan, y Peter J. Deutsch, entonces estudiantes en la Universidad McGill de Montreal.

Con toda esta vertiginosa evolución, el uno de junio de 1990 ARPANET fue desconectada, y los nodos donde ARPANET operaba fueron reemplazados por otros de redes nuevas en Internet. Poco después, en 1991, la herramienta "Gopher" sustituiría a "Archie" como la favorita de los internautas. Esta vez no se trataba de un simple listado de sitios FTP. Gopher permitía a los propietarios de la información organizar sus datos en menús, y publicarlos en Internet. El protocolo Gopher fue presentado por la Universidad de Minnesota, y su nombre puede proceder tanto de la mascota de la universidad (un gopher, una ardilla de tierra), como del coloquial go-fer, ir-por o "ir a por/buscar información". El éxito de Gopher fue tremendo, en dos años miles de servidores Gopher se unieron a la red en todo el mundo, cada uno con su colección de directorios, archivos y punteros a información en otros Gophers. Con tal cantidad de Gophers, se crearía un índice llamado Verónica (Very Easy Rodent Oriented Net-wide Index to Computarized Archieves). La base de datos Verónica tenía en 1993 más de un millón de entradas desde el menú Gopher.

Mientras esto ocurría a nivel mundial, en la frontera entre Suiza y Francia, Tim Berners-Lee, científico británico trabajador desde junio de 1980 del CERN Organización Europea para  la Investigación Nuclear, (aunque las siglas "provisionales" desde 1952 significan *Conseil Européen pour la Recherche Nucléaire*, es decir, Consejo Europeo para la Investigación Nuclear), ideó una manera de organizar la información basada en Internet, y los recursos que él necesitaba para sus investigaciones. Llamó a su sistema el World Wide Web, conocida también como WWW o W3, y puso el primer servidor de página web a funcionar en una computadora Next Cube. Era el 6 de agosto de 1991. Beners usó hipertextos con punteros y direcciones a otros temas, para exponer los resultados de los trabajos de la comunidad científica del CERN. El sistema gustó mucho, y comenzó a ser usado a todos los niveles.

En 1993 Marc Andersen, del *National Center for Supercomputing Applications* (NCSA), creó un navegador sencillo y amigable de páginas web llamado MOSAIC. Este navegador tenía soporte para elementos multimedia, permitiendo acceder a ellos mediante un simple clic de ratón y sin necesidad de complicados documentos para publicar gráficos o imágenes. El binomio de página Web y Mosaic, y los programas similares que luego saldrían al mercado como Netscape y Opera transformaron por completo la apariencia y funcionalidades de Internet, siendo este el detonante de que la red comenzara a incorporar multimedia e información a todo color.

Internet consiguió a finales del siglo XX la auténtica revolución de los procesos de transmisión de la información, permitiendo que ésta fluya desde entonces sin restricción por todo el mundo. En España, el jurado del Premio Príncipe de Asturias de Investigación Científica y Técnica de año 2002, supo apreciar esto y concedió dicho premio a Tim Berners-Lee y a los otros que consideraba creadores de internet.

Para este jurado Vinton Cerf fue el creador del conjunto de protocolos TCP/IP, siendo este el protocolo actualmente usado en Internet. Cerf diseñó este protocolo entre 1982 y 1986, creando también el primer servicio de correo electrónico de internet, el MCI MAIL, precursor de los sistemas actuales. Actualmente sigue en activo en el diseño de la Internet del futuro.

Lawrence Roberts fue el responsable del protocolo X25, y del desarrollo de las fórmulas que permiten el enrutamiento y localización de los servidores en las redes de conmutación de paquetes. En la actualidad dirige la empresa Caspian Networks, dedicada a la investigación sobre redes. Sus proyectos están dirigidos a la optimización y mejora de Internet.

Robert Khan fue otro de los creadores del conjunto de protocolos TCP/IP. Además de esto fue el responsable de la puesta en marcha de la Agencia de Proyectos Avanzados para la Defensa de Estados Unidos (DARPA). Él fue también el que organizó la primera demostración pública de Arpanet, en octubre de 1972. Este mismo año sería el director del IPTO (Information Processing Techniques Office), dependiente de DARPA. Desde este lugar inició el programa multimillonario del gobierno norteamericano, llamado Strategic Computing Program, lo que suponía el mayor paso dado hasta aquel entonces en la investigación informática. Trabajó también en la versión IPv6 del protocolo de Internet.

4.4.6   La Informática y la cultura popular

La castellanización ya reconocida del término inglés «freaky» como friqui, proviene del adjetivo anglosajón «*freak*»', que significa extraño, estrafalario, extravagante, estrambótico. En España, friqui se considera aquel que hace de una afición en concreto, una obsesión de la que se vuelve fanático consiguiendo un conocimiento de esta más allá de lo normal, y haciendo de su vida gire en torno a ella. Un «lamer» no es un verdadero friqui, aunque a los profanos pueda parecérselo. Por lo general los friquis de la informática odian a los *lamers*, es decir, a los que se aprovechan de los recursos que ofrece la comunidad informática sin aportar nada a cambio.

La palabra «*hacker*» que ya está reconocida como «jáquer» en español, designa por definición a la persona con grandes habilidades en el manejo de computadoras que investiga un sistema informático para avisar de los fallos y desarrollar técnicas de mejora. Viene del inglés «*to Hack*» que significa dar un hachazo, y es el término que se utilizaba para describir la peculiar forma en que los técnicos telefónicos arreglaban dispositivos defectuosos, es decir, un golpe seco para desbloquear los mecanismos trabados. La persona, como en la imagen, que daba dicho golpe era el jáquer. Luego este término se integró en la jerga cotidiana de los estudiantes del MIT, que en la década de los cincuenta trabajaban con la computadora IBM 407, artefacto que fallaba con frecuencia y al cual se le solía golpear sin miramientos en busca de una eventual solución. Con el tiempo este calificativo se aplicaría a los que se dedicaban a dar nuevos, inusuales o inesperados usos a la tecnología, basándose en su conocimiento profundo de la misma. Así los que partiendo de una Atari 2600, la conectaban a una tostadora y conseguían programar así un temporizador de tostado eran auténticos jáqueres.

Con la evolución del significado, durante la mayor parte de los últimos años e incluso hoy en día, jáquer se utilizó para designar al que penetra en los sistemas informáticos de computadoras remotas. Además, también se utiliza para referirse a alguien que, además de programar, disfruta desensamblando sistemas operativos y programas para entender su lógica de funcionamiento, realizando operaciones de ingeniería inversa. Al jáquer que elimina las protecciones lógicas y a veces físicas del software se le llama «*cracker*». Por consiguiente, un *crack* es el programa desarrollado por un cracker, que permite realizar esta operación. Un «*virucker*» es un jáquer programador de virus, que dedican su creatividad a generar, desarrollar y diseminar programas nefastos para la comunidad informática. Lo justifican diciendo que así ponen a prueba la seguridad del sistema, es decir, esgrimiendo sus argumentos sería lícito plagar la autopista de aceite y clavos, para poner a prueba la seguridad de los vehículos que por ella circulan. Por último, un «*sneaker*» es un jáquer contratado por una empresa para analizar sus sistemas de seguridad, con la intención de subsanar errores.

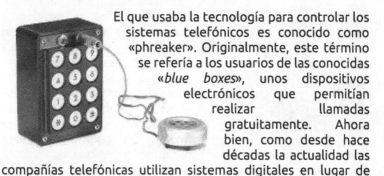

El que usaba la tecnología para controlar los sistemas telefónicos es conocido como «phreaker». Originalmente, este término se refería a los usuarios de las conocidas «*blue boxes*», unos dispositivos electrónicos que permitían realizar llamadas gratuitamente. Ahora bien, como desde hace décadas la actualidad las compañías telefónicas utilizan sistemas digitales en lugar de electromecánicos, se ha pasado a utilizar muchas de las técnicas de jáquer. Con el paso de los años y la evolución de las tecnologías de la telefonía, los phreakers ciertamente lo han tenido cada vez más difícil. Como comparación hemos de recordar que, en sus inicios, allá por los años 70, para engañar a las centralitas telefónicas de los Estados Unidos se utilizaba un silbato que venía de regalo en las cajas de cereales marca *Cap'n Crunch*, y que emitía una frecuencia que la centralita interpretaba como tono de control.

4.4.7 Efecto 2000

En el cambio de milenio, el mundo informático se enfrentó a un problema conocido como "efecto 2000". Este era un error de software causado por poca previsión de los diseñadores de los sistemas, que inicialmente no estaba pensado duraran tanto tiempo en explotación. En estos sistemas para economizar memoria, el almacenamiento de fechas se hacía solo con los dos últimos dígitos del año, asumiendo siempre el 19 por delante. Esto sobre el papel tendría como consecuencia que después del 31 de diciembre de 1999, sería el 1 de enero de 1900 en vez de 1 de enero de 2000. Hay que tener en cuenta que aun en nuestros días la mayor cantidad de software existente a nivel mundial está programada en Cobol, siendo algunas de las aplicaciones que hoy se ejecutan, las herederas directas del código evolucionado originalmente tecleado en los años sesenta.

En la práctica, los programas que contaban el número de años a través de la sustracción de las fechas obtendrían una cantidad de años negativa. Por ejemplo, si una persona nació en 1972, la edad de esta persona en 2000 sería: 00-72 = -72 años. Por otra parte, los programa que cuentan el año utilizando los dos últimos dígitos añadiéndole "19", al intentar mostrar el año después del 1999, el programa mostraría 19100.

Conforme se acercaba el año 2000, se hablaba de caos y catástrofes económicas en el mundo entero provocadas por este error. Si embargo, se afrontó el problema a tiempo, y tras la inversión pertinente de horas de trabajo y dinero apenas si hubo consecuencias debidas al llamado efecto 2000. Si bien es cierto, que algunos sistemas personales basado en versiones antiguas de Windows, 1.x, 2.x y 3.x al cumplirse el primer segundo del año 2000, asumieron la fecha del 1 de abril de 1980: el del lanzamiento del MSDOS. Los Macintosh de Apple corrieron otra suerte, ya que sus sistemas operativos Finder y Multifinder disponibles hasta la fecha, representaban como último año el 2029, existiendo además la posibilidad de ser modificado.

En UNIX el problema se planteará sin duda para algunos sistemas en un futuro. De manera estándar, la fecha en Unix es representada mediante el llamado sistema POSIX. Este hace uso de un número

entero de 32 bits con signo. Este número representa la cantidad de segundos pasados desde 1 de enero de 1970. Calculando se llega a la conclusión de con el rango de números entonces disponible [-2.147.483.648 - 2.147.483.647], el año 2038 será el último año representable por un sistema Unix estándar. Aun con todo lo que se trabajó para evitarlo, con la llegada del nuevo milenio sí que hubo una serie de problemas relacionados con el efecto 2000, e incluso alguno de ellos fueron hechos públicos. De entre ellos por ejemplo en Australia, las máquinas de validar billetes de autobús de dos estados no pudieron funcionar. En Onagawa, Japón, una alarma sonó en la planta de energía atómica dos minutos después de la medianoche por esta causa, y en la red de comunicaciones del operador de telefonía móvil más grande de Japón (NNT), se suprimían los nuevos mensajes recibidos en lugar de los viejos cuando se llenaba la memoria. En Estados Unidos, 150 máquinas de juego de las pistas de carreras de Delaware dejaron de funcionar, y el observatorio naval donde funciona el reloj principal que marca el tiempo oficial del país, divulgó que la fecha era el 1 enero de "19100" en su página web. Lo mismo pasó en Francia con el servicio nacional de meteorología y su web. En Gran Bretaña fallaron las transacciones de tarjetas de crédito. En Italia la empresa Telecom envió los primeros dos meses de cuentas, con fecha de enero de 1900. En España, se detectaron y corrigieron problemas menores en dos centrales nucleares, en alguna gasolinera con la facturación, y en el sistema de recogida de datos de tráfico.

5 Para saber más

Llegados este punto, y optando por no hacer aquí una enumeración exhaustiva y formal de toda la bibliografía y diferentes fuentes consultadas para realizar este libro, se enumera a modo de orientación las principales fuentes de información, que el lector que desee corroborar lo que aquí se expone o ampliar la información vertida puede consultar.

✓ El **Museo Nacional de Ciencia y Tecnología de España** (MUNCYT) posee una colección formada por miles de piezas, muchas de ellas expuestas, que son parte material de la historia de la ciencia y la tecnología de nuestro país.

✓ Existen además numerosos. **museos históricos de la informática** a lo largo de la geografía española, somo el de la Universidad Politécnica de Madrid, la Universidad Politécnica de Valencia, la Universidad Politécnica de Valladolid, la Facultad de Informática de Barcelona, la universidad de Zaragoza. Además, diferente asociaciones y particulares organizan exposiciones y eventos de retrocomputación, en los que tener contacto con la historia de la informática y las computadoras.

✓ El **Museo Torres Quevedo** se encuentra Escuela Técnica Superior de Ingenieros de Caminos de la Universidad Politécnica de Madrid, ofreciendo a sus visitantes una completa colección de máquinas, documentos originales, prototipos e instrumentos que pertenecieron al ingeniero e inventor español.

✓ **Bletchley Park** es el museo de Reino Unido sobre tecnología que fue el complejo al que fueron destinados los mejores matemáticos, ingenieros y físicos para descifrar el código Enigma durante la IIGM. Está a unos 80 kilómetros de Londres, en Bletchley, Milton Keynes, Buckinghamshire.

✓ El **Deutsches Museum von Meisterwerken der Naturwissenschaft und Technik,** con 4,8 hectáreas es el museo de ciencia y tecnología más grande del mundo y que, según se comenta, requiere de 8 jornadas completas para visitarlo en su totalidad. En él se exponen un catálogo de 18000 objetos de un fondo total de 60000. No demasiado lejos de allí, en Berlín, se encuentra el **Computerspielemuseum**, para aquellos que disfrutan del aspecto lúdico de las computadoras. Aunque si lo que se quiere es visitar el que se dice es el mayor museo de computadoras del mundo, en la ciudad alemana de Paderborn se encuentra el **Heinz Nixdorf MuseumsForum**.

✓ El **Computer History Museum** (CHM) se encuentra en Mountain View, California, Estados Unidos. La dirección exacta es 1401 N Shoreline Blvd, Mountain View, CA 94043. El museo se dedica a preservar y presentar la historia de la computación y la tecnología de la información. Cerca de allí, se encuentra el **Tech Museum of Innovation** en San José, California. La dirección exacta es 201 S Market St, San Jose, CA 95113. En el mismo valle (Silicon Valley) está el **Intel Museum** que se encuentra en Santa Clara. La dirección exacta es 2200 Mission College Blvd., Santa Clara, CA 95054. Este museo es operado por Intel y ofrece a los visitantes la oportunidad de aprender sobre la historia y los logros de la compañía en el campo de la tecnología de la información y los semiconductores.

✓ El **Miraikan** el distrito de Odaiba en Tokio (Japón), es un espacio expositivo creado por la Agencia de Ciencia y Tecnología de Japón y que abrió sus puertas en julio del año 2001, centrando su actividad en la robótica y la informática desarrollada en el país del sol naciente.

✓ El **Archivo de la Web Española** es la colección formada por los sitios web, que incluye blogs, foros, documentos, imágenes, vídeos, y de más material, que se recolectan con el fin de preservar el patrimonio documental español en Internet y asegurar el acceso al mismo. Puede consultarse a través de internet en la web de la Biblioteca Nacional de España (BNE).

✓ Pueden localizarse en internet para su consulta, colecciones completas de las **revistas** Amstrad User, MicroHobby, Amiga World, Atari User, Club Commodore, PC World, MSX

Magazine por citar alguna, en la que consultar información sobre una computadora o un sistema en concreto.

✓ El libro **«Ciencia y Tecnología»** de Carlos Sanches del Rio (ISBN 9788497428521) contiene información detallada sobre la evolución historia de la tecnología en España.

✓ **"The Innovators: How a Group of Hackers, Geniuses, and Geeks Created the Digital Revolution"** de Walter Isaacson (ISBN 9781471138805), abarca la historia de la informática desde Ada Lovelace y Charles Babbage hasta los pioneros de Silicon Valley. De este mismo autor es de obligada consulta su **"Steve Jobs: The Exclusive Biography"** (ISBN 9781408703748)

✓ **"Code: The Hidden Language of Computer Hardware and Software"** de Charles Petzold (ISBN 0137909101) ofrece una fascinante perspectiva sobre cómo funcionan las computadoras y la evolución de la tecnología.

✓ **"La Catedral de Turing: Los orígenes del Universo Digital"** de George Dyson (ISBN 9788418056659), examina los primeros días de la informática digital y la construcción del Instituto de Estudios Avanzados de Princeton.

✓ **"Programadores en acción"** de Susan Lammers (ISBN 9788476141519) recoge un conjunto de entrevista a multitud de programadores de la década de 1980 y anteriores, protagonistas de los principales avances en el sector.

✓ **"Steve Jobs"** de Walter Isaacson (ISBN 8499897312) es considerada una biografía oficial. Se basa en más de cuarenta entrevistas con Jobs a lo largo de dos años, así como en entrevistas con más de cien familiares, amigos, adversarios, competidores y colegas. Del mismo autor **"Los innovadores: Los genios que inventaron el futuro"** (ISBN 1101873280) expone una línea de argumentación en la que la intersección de las artes y las ciencias, junto con la colaboración entre personas de diversas disciplinas, ha sido la clave de la revolución tecnológica que ha hecho posible el mundo en el que vivimos.